Uyan, Aç Kalbini!

ESRA Ö. ERDOĞAN

1968 yılında İstanbul'da doğdu. İstanbul Bilgi Üniversitesi Uluslararası Ticaret Yönetimi mezunudur. Çok küçük yaşlardan itibaren varoluşa meraklı olması onu büyük bir arayışa itti. Çeşitli vesilelerin bir araya gelmesiyle 1993 yılında Tasavvuf Melamilik öğretisiyle tanıştı ve bu sayede hayata olan bakış açısı tamamen değişti. Çok yönlü bir bakış açısıyla ve hiçbir öğretiye bağımlı olmadan gelişmeye ve "kendini bilme" yolculuğuna devam etmektedir.

Ruhsal gelişimci ya da diğer anlamı ile ruhsal şifacı olma yolculuğunda kendisine katkıda bulunan Tobias'dan "Cinsel Enerjiler Eril-Dişil Dengelenmesi" ve "Veçheler" Semra Ayanbaşı ve Ercüment Ayanbaşı'dan "Dikşa", Gülüm Omay'dan "Reiki 1" ve Nilgün Sarar'dan "Yeniden Bağlantı-Şifalanma" ve Ron La Place'dan "Merkaba" uyumlamaları aldı.

Erdoğan, eril-dişil dengelenmesinin önemini vurgulayarak "İlahi Dişil Farkındalığı ve DNA Uyumlanması" başlığı altında seminerler vermektedir. Kişisel gelişim çalışmalarında kullandığı *Adesus Eye Dualite Kartları* hazırlamıştır. Doğaya ve özellikle hayvanlara olan düşkünlüğü sebebiyle vegan tarzı beslenmeyi tercih ediyor. *Derki.com*, *The Wise*, *Trendus*, *Yuvaya Yolculuk* dergilerinde yazıları yayınlanmaktadır.

Danışmanlık için:
www.adesuseye.com
www.instagram.com/Esra_ Erdoğan77
www.twitter.com/shana144
www.facebook.com/Esra Ö Erdoğan
uyanackalbini.blogspot.com.tr
Esrerdo@yahoo.com
Telefon: (0) 212 3517829

Uyan, Aç Kalbini!
© 2015, ALFA Basım Yayım Dağıtım San. ve Tic. Ltd. Şti.

Kitabın tüm yayın hakları Alfa Basım Yayım Dağıtım Ltd. Şti.'ne aittir.
Tanıtım amacıyla, kaynak göstermek şartıyla yapılacak kısa alıntılar dışında,
yayıncının yazılı izni olmaksızın hiçbir elektronik veya mekanik araçla çoğaltılamaz.
Eser sahiplerinin manevi ve mali hakları saklıdır.

Yayıncı ve Genel Yayın Yönetmeni M. Faruk Bayrak
Genel Müdür Vedat Bayrak
Yayın Yönetmeni Arzu Çağlan
Kitap Editörü Ece Özbaş
Kapak Tasarımı Füsun Turcan
Sayfa Tasarımı Ayşe Ersoy Yılmaz

ISBN 978-605-9709-12-5
1. Baskı: Şubat 2016

Mona Kitap, Alfa Yayın Grubu'nun tescilli markasıdır.

Baskı ve Cilt
Melisa Matbaacılık
Çiftehavuzlar Yolu, Acar Sanayi Sitesi, No. 8, Bayrampaşa-İstanbul
Tel.: (0) 212 674 9723 Faks: (0) 212 674 9729
Sertifika No. 12088

Genel Dağıtım
Alfa Basım Yayım Dağıtım San. ve Tic. Ltd. Şti.
Alemdar Mahallesi, Ticarethane Sokak No. 15 34110 Cağaloğlu-İstanbul
Tel.: (0) 212 511 5303 Faks: (0) 212 519 3300
www.alfakitap.com - info@alfakitap.com
Sertifika No. 10905

ESRA Ö. ERDOĞAN

Uyan Aç Kalbini

YAŞAMIN İLAHİ KODLAMASI

İÇİNDEKİLER

BU KİTAP SİZE NE ANLATIYOR? 11

GECE YÜRÜYÜŞÜ 21

Birinci Bölüm

DNA 12 SARMALI VE KOPYA İNSAN 45

İkinci Bölüm

MİRAÇ 73

Üçüncü Bölüm

DNA İPLİKÇİĞİ KODU ve

KOPYA BEDENİN SONLANMASI 89

Dördüncü Bölüm

DNA İPLİKÇİĞİ KODU ve

KOPYA BİLGİNİN SONLANMASI 129

Beşinci Bölüm

KOPYA KİŞİLİĞİN (VEÇHELERİN)
SONLANMASI 195

Altıncı Bölüm

BEDENİN İÇ ÇAKRALARI
TİTREŞİM DÜZEYLERİ 229

Yedinci Bölüm

DNA İPLİKÇİĞİ KODU ve
KOPYA İNSANIN SONLANMASI 283

SORULAR VE CEVAPLAR 301

SONUÇ 321

YAZARA İLHAM VEREN ÜSTATLAR 343

TEŞEKKÜR

Yolculuğumda bana ışık olan değerli hocalarım Ahmet Taner Oğuz'a, Ayşen Çiftçi'ye, Muhyiddin-i İbni Arabi, Saint Germain ve İnanna'ma...

Bu kitabın oluşumu büyük ölçüde seminerlerdeki konuşmalarımla canlandı, bunları büyük bir özveriyle yazan kadim dostum Dilber Akay'a...

Canım ablam Selma Özkalkan'a ve ailemin diğer fertlerine...

Kitabın çıkması için verdiği tüm destekler için canım dostum Şah Yaycı'ya...

Kitabın yazılmasını büyük bir heyecan içinde bekleyen dostlarıma...

Kitaba enerjisiyle büyük destek olan canım editörüm Ece'ye...

Sevgili yayın yönetmenim Arzu Çağlan'a...

Kitabın meditasyon müziklerini yapan sevgili dostum Cüneyt Oktay'a...

Kitaba verdiği dijital destek için sevgili Cüneyt Varcı'ya...

Kitabım için emek harcayan sevgili dostum Özge Altınoklu'ya...

Sevgili yayıncım Vedat Bayrak, beni yüreklendirdiğiniz için,

Teşekkür ederim.

Tüm kalbimle sevgimdesiniz...

DNA'nın aktifleştiğini

Yeniden doğduğunu

Hayal et

Kalbin hissettiği alanı

Zihinden arındır

Alt düşüncelerden

Beş duyuyla sınırlı

Duygulardan

Çık

Bak! Kalptesin

Zihin yok

Bak! Boşluktasın

Ölüm yok

O zaman İlahi olana

"Selam" ver

"Ben Ben'im"

"Şimdi" de var ol

Zeytin dalı uzatıyorum

Al...

BU KİTAP
SİZE NE ANLATIYOR?

Bu kitap ruhsal DNA'nızın aktivasyonunun önemine dikkat çekmek ve sizi yeni bilince hazırlamak amacıyla yazılmıştır. Bu kitap bir din kitabı değildir. İslam felsefesi ve araştırması için yazılmamıştır. Kur'an'dan aldığımız örnekler sadece bütünlüğü aktarmak ve yeni bilinç farkındalığına dikkat çekmek içindir. Kitabı okuyan her kişiye, kitaptan alması gerekenleri ve almadıklarını öylece bırakarak yaklaşmalarını rica ediyorum. Kendinize, kelimelerin ötesine, yani ruhsal DNA'nızın sırrına açma izni verirseniz, bilgeliğinizin kendiliğinden ortaya çıkmasına da şahitlik edebilirsiniz.

Gerçek şahitlik aslında görülmeyene inanmaktır. Görülmeyene inanç duymak; görülmeyenin şekline, tarzına, yapısına, sistemine, formuna da görülür hale gelmesi için fırsat vermektir. Böylelikle insan kendi eğilimlerine göre yaratımın aracısı olduğunu fark edebilir. Görülmeyen, ancak sezgisel olarak bildiğimiz âlemin tüm hakikati DNA'larımızda mevcuttur.

Aktivasyonu hayatımıza geçirdiğimizde, hepimiz öz varlığımızın sırrına, aslına uyanarak kopyadan çıkacağız. Diğer bir deyişle; görünen âlemin yüzeyselliğinden, iç âlemimize yolculuk başlatacağız.

Tasavvufun hakikatte var olmasının sebebi de; görülmeyen âlemin verilerine dayanarak görünür olanın iç âlemden meydana geleceğini anlatmasıdır. "Ne varsa şu âlemde, bir benzeri Adem'de!" diyen Sunullah Gaybi'ye göre evren ve insan tek bir hakikatle bütünleşiktir. Ya da Hermetik[1] bilgiye göre; "Yukarısı nasılsa, aşağısı aynıdır" bilgisi aynı şeyi söylemektedir.

Bu ifadenin altını çizmek istiyorum.

Yukarısı ve aşağısı arasında bir fark yoksa burada "hüküm" kimdedir? Yukarısı mı bizi yönetiyor yoksa aşağısı mı?

Aşağısı biz isek ben "hükmün" dışarıdan dayatılan ve itaat ettiğimiz şekilde olduğunu gözlemliyorum. Biz gücümüzü yukarıya verdiysek ve "birlik" yerine "onlar" kavramı oluşturarak, kendi hükmümüzü "aynılaştırılmak, yönetilmek" olarak kurguluyoruz demektir.

O zaman Sorumluluk Tanrısı iş başında, Umut Tanrısı devrede midir? Evet! Kim yaratıyor bu kavramları? Biz!

Peki, farkındalık devrede midir?

Hayır. Hasbelkader bir şeyler oluyordur ve bu olan şeyler bizim dışımızda gelişiyordur diyerek sorumluluk almayan bir nesli sürekli kendimiz doğuruyoruz. Yağmur, kar, sel, deprem dahil her şey bizim sorumluluğumuzdadır. Biz içimizdeki gücün farkında olamadan neler yarattığımızı bir bilsek, dünyayı bu düşük titreşimde tuttuğumuzun bilincine varıp sorumluluğunu alarak yükselişi seçeriz. Tüm bunların yanı sıra gücümüzü «benim adıma şunu yarat, bolluğu aç, sağlığımı düzelt» diyerek başkalarına, hatta meleklere vermeye çok meraklıyız. Yaratıcı olmayı neden istemeyiz? Çünkü bizim

---

1 Hermetik: Sümerlerde Ningishzida, eski Mısır'da Toth, İslamiyet'te İdris Peygamber ismiyle bilinen Hermes, insanlığın ve insanlık tarihinin en fazla etkilendiği insan olarak bilinir. Trismegistus Hermes (üç kere yüce Hermes) denmesinin sebebi üç kutsal sanat olan astroloji, simya ve okült felsefede usta olması ve bunları öğretmesidir.

dışımızda gelişen olaylara kızmak, suçlamak ve kurban psikolojisine girmek en sevdiğimiz oyuncaklardır.

Bu oyuncakları artık bırakma zamanı gelmedi mi?

DNA aktivasyonu bizlerin sorumluluğumuzu almamızla alakalı olacaktır, aksi takdirde bunun mümkün olmayacağını söylemek zorundayım. Sorumluluk derken Enel Hak[2] sırrına kabul vermekten söz ediyorum.

"Ben Ben'im" demek *ilahi olan yanıma kabul veriyorum ve yaratıcılığımı onurlandırıyorum* demektir. *Eril (dışarısı-yukarısı) olan ve dişil (içerisi-aşağı) olanı denge içerisinde bütünleştiriyorum* demektir.

İçeriden dışarıya ne çıkartıyoruz?

Ben Ben'im farkındalığında hangi hükümle deneyimdeyiz?

Yüksek bilinç (bilgeliğimiz-âlimliğimiz) devrede değilse seçim şansımız yoktur. Seçim sadece korku dolu bir anlayışla, düşük insan bilinciyle oluşur. Hüküm için Nahl 43 der ki:

"Bu 'anlayın' emri âlimler içindir. Âlim olmayan, âlimlerin Kur'an-ı Kerim ve hadis şeriflerinden anladığı hükme uyar (Bilmiyorsanız âlimlere sorun)."

Kısaca; anlamak için kendi içimizdeki DNA'da var olan âlimliğe bakmaya cesaret ederek, yaratıcı sorumluluğunu almak önemlidir. Yoksa âlim olmayan düşük bilincimiz daima arayış içerisinde olacaktır. Bu, eski enerjidir. Yeni enerjide, bilinçte buna yer yoktur.

Yeni Bilinç kendi üstatlığına ve âlimliğine sahip çıkmaktır. Beklenti yerine seçim, arayış yerine deneyim,

---

2   Ben Hakkım- Ben Benim.

yönetilmek yerine yüksek bilinç farkındalığında hüküm veren olduğumuzda, bunun en derin anlamı: sonsuzluğun daimi akışında olabilmektir.

DNA Aktivasyonundan Önce

Şimdi "DNA aktivasyonundan önce neleri fark etmemiz gerekir?"diye soranlara şöyle cevap vermek istiyorum:

Biz neyi seçiyorsak ve bunun sorumluluğunu alıyorsak sarmallar ona göre yeniden düzenlenecektir. Eğer en başta, "Kendimi, sevgiyi, şefkati, barışı, özgürlüğü, üstatlığımı, yaratıcı olmayı, yeni Dünya'yı, birliği seçiyorum" diyorsanız o zaman "Ben Benim" (Enel-Hak) devreye girer ve hasarlanmış DNA şifalanmaya başlar. DNA şifalanmaya ve aktifleşmeye başladığında da yaşlanma durur. Hücreler en üst kapasiteyle çalışmaya başladığında tıpkı DNA'nın ışık iplikçileri gibi bedeniniz de ışıkla kaplanır ve gerçekten ışık olursunuz.

DNA aktive olduğunda hayatımızda bizi tıkayan her şey kendiliğinden çözümlenmeye başlar. Yüksek farkındalık ve bilinç açığa çıkar. Korku dolu yaşamdan özgür yaşama adım atarız. Hastalanmayan bedenlere sahip oluruz. Şifacı olduğumuzu anlamaya başlarız. Hayatımıza bolluk ve bereket akmaya başlar. Sevginin gücünü çok yoğun bir şekilde hissetmeye başlarız. Ruhsal yeteneklerimizi fark ederiz. Duru-görü, işiti dediğimiz medyumik özelliklerimiz devreye girer. Daha fazla huzur, dinginlik ve yaratıcılık deneyimlemeye başlarız. Ancak her şeyden önemlisi neden dünyada var olduğumuzun arayışını sonlandırırız. Kısacası uyanış ve aydınlanma başlar ve merdivenleri çıkmaya başlarız. Bu bağlamda DNA sarmalları, genetik sarılım merdiveni gibidir. Zikzaklar çizerek kıvrılan, basamak basamak tıpkı bir merdiven gibidir. her şeyden önce bu merdivenleri çıkacağımız inancımızdan asla taviz veremeyiz.

Dr. Martin Luhter King şöyle der:

"İnanma yolunda ilk adımı atın. Merdivenin tamamını görmeniz gerekmiyor. Sadece ilk adımı atın."

Basamak çıkmak, yükselmek çok çeşitli hikâyelerde mevcuttur. Ali Baba ve 40 Haramiler çok zorlu geçitlerden geçtikten sonra merdivenlerden çıkmış ve kapalı bir mağarayla karşılaşmış, ancak orada şifreli bir sandık varmış. Daha sonra onun içinde çok değerli hazinelerin olduğunu ancak şifreyi çözünce görmüşler. Ben de bu sandığın hikâyesinde olduğu gibi DNA'nın ışık iplikçiklerinin şifrelerini açacak olanların çok değerli hazinelerle karşılaşmalarına temenni ve niyet ediyorum.

Gizli hazinelerin içinde olduğunun bilincinde olanlara ne mutlu!

Hz. Yakub'un merdiveni, Hz. Musa'nın dağa çıkması, Hz. İsa'nın yükselişi. Ancak benim için bu kitapta çok önemle vurguladığım Hz. Muhammed'in Miraç-yükseliş hadisesidir ki burası asıl merdiveni anlamamız açısından çok önemlidir. Mevlânâ "Yaratıldığımız an, bir merdiven dayandı önümüze, ona tutunup yükselelim" diye boşuna söylememiştir.

Kitabın içeriğinde, Miraç'ın -merdivenin- yükselişin bizim için ne kadar önemli olduğunun DNA aktivasyonu açısından öneminin altını çizdim. Kendi öz varlığımızın beden, bilgi, kişilik(huylar) ve insan tanımıyla kopya bir şekilde asırlardır örtülü olduğuna dikkat çekmek istedim; çünkü kendimizi bu dört özellikle tanımladığımız her an karanlığa gitmeye mahkumuz. Hakikat bütün bunların ötesinde mevcuttur. Gerçek bilgi ancak böyle erişilebilir hale gelir.

Bilgilerin Tamamı DNA'da Mevcuttur

Kadim bilgilerin tamamı DNA'da mevcuttur ve kendisi nesilden nesile bilgi aktararak birçok gizemi ve öğretiyi; insanlar, nesneler ve olaylar aracılığıyla aktarmıştır. Hepsinin ortak özelliği de insanın hakikatinin hak olduğu gerçekliğidir. Tasavvufa göre bu hakikat önce ilim (kopya olursa veri) boyutunda sonra sıfat (kopya olursa kişilik) boyutunda ve de zat (kopya olursa sınırlı insan) boyutunda tecelli eder. Kitabımız bu üç boyutu geniş bir biçimde ele alarak İnsan-ı Kamilin ne olduğunu, yeni bilinçle onun açığa çıkarılmasını anlatmaktadır. Öncesinde beden farkındalığında olmanın ne kadar önemli olduğunu vurguluyorum, zira tüm çalışmalar eğer biz kutsal mabette olursak geçerlidir. Tam ve bütün olmak ve bilge varlıklar haline gelmek için bedenimizi yok sayamayız. Kadim bilgilerin hemen hepsi beden tapınağımızda vardı ve şimdi yeniden düzenlenen ışık, şifreli iplikçiklerde saklandığı yerden çıkmaya başladı. Bedenimizin yeniden aktive edildiği ve ilahi olanın enerjisi çözüldüğünde, kozmik ışınlar fiziksel bedenimize çekilecek. Hücrelerimiz kendi kendilerini yeniden düzenlemeye başladığında büyük bir değişim içinde olacağız. DNA aktivasyonunun en temel unsuru budur.

Bilincimiz açıldıkça büyük bir gözle karşılaşacağız. Fiziksel gözümüzün ötesinde mevcut olan ve her şeyi gören Allah'ın bizi aslında nasıl gördüğünün sırrına vakıf olacağız. O göz tektir ve hepimiz o gözün enerjisiyle asırlardır deneyim içindeyiz. Böylelikle eski bilgileri de bu gözün farkındalığıyla hatırlamaya başlayacağız. Tarihi tüm bilgilerin ve öğretilerin kapalı zannettiğimiz bilincimizden akmasına izin vereceğiz ve hatta bununla da kalmayarak gezegenler ve galaksilerle ilişkimizi bir nevi kütüphaneye gidip kitap alır gibi kurabileceğiz. DNA nasıl 12 sarmallı ise bilginin de on iki kitaplığı farklı boyutlara yerleşmiştir. Geçmişte, kitaplık dediğimiz bilgi üssüne girmek için çok fazla çaba sarf etmemiz gerekiyordu. Artık aktifleşen DNA aracılığı ile bunu çok rahatlıkla kendi iç sistemimizle yapacağız.

Tasavvufun önde gelen isimlerinden olan Muhyiddin Arabi yukarıdaki örneğe denk düşecek şekilde insan hakikatini bakın nasıl anlatıyor:

"Hak Teala burçlarında olan hazinelerden ve etkili bilgilerden bir şey almak için 12 melaikenin elinde bulunan bu yıldızlardan her bir yıldızı atlas feleği (burçlar feleği-on ikinci felek) içinde yerleştirmiştir."

Yine Muhyiddin Arabi'ye göre:

"...burçlar feleği denmesinin sebebi, Allah 12 burç yarattı. Bu feleğin hareketi ihtiyari; diğer feleklerin hareketi ise ona bağlı olarak mecburidir! Bu burçların özü melaikelerdir."

İnsanın çok boyutlu DNA'sını anlatacak harika bir örnek, 12 melaike bana göre DNA sarmallarında mevcuttur. Bilgiler, sarmallar aktifleştikçe yerleştikleri yerden yüzeye doğru gelmeye başlayacaktır.

Bir bilgiyi fark edebilmek için önce bunun DNA'da gizli olduğuna şüphesiz bir inanç duymak gereklidir. DNA aslında kendini asırlardır ifşaetmektedir. İçimizdeki bu kehanet mucizesi hem spritüel hem de bilimsel anlamda fark edildikçe kadim bilgilerin ortaya çıkarılmasının ve sıralanmasının en açık göstergesi olacaktır.

Bilim adamları DNA'nın gizemini laboratuvar ortamında çözmeye çalışırken, kadim varlıklar onun gizemini çoktan çözmüş durumdadır. Bulgularını en basit şekilde de önce doğaya bakarak sonra da insanla eşleştirerek yapmışlardır.

Kadim varlıklar aslında kronolojik bir sıralamayla gitmiştir. Nasıl ki bir icat daha sonra diğer bir icadı tetikliyorsa, spiritüel alanda da insan sırrının ne olduğu bilgisinin kademe kademe ortaya konması da; önce medeniyetleri, dogmaları, öğretileri, doktrinleri, dinleri, şifacıları, medeniyetleri, kehanetçileri, peygamberleri ortaya çıkarmıştır. Evrimleşen DNA'nın sırrı, insanoğlununun evrimiyle eşzamanlı bir şekilde çözümlenmektedir.

Burada çok önemli bir durum vardır. Eğer DNA'nın evrimleşmesi dursaydı insanlığın evrimleşmesi de durur muydu? Diğer bir deyişle; görünmeyen âlemin devamlılığı insanlığın alıcılığıyla eşzamanlı olarak deneyimden deneyime, kendinden kendine tecelli etmeseydi, dünya hâlâ var olmaya devam eder miydi?

Kadim bilgiler ve tasavvuf, *âlemin kendinden kendine tecelli ettiğini* söyler. Bu tecelli asırlardır devam ediyor. Diğer bir deyişle; sonsuz olan kaynak kendisine başka başka medeniyetler, dinler ve öğretiler aracılığıyla değişik şekillerde form vererek deneyimliyor. O, hiç yok olmadan bugüne kadar ve bundan sonra da böyle olacak. Öğretiler ve dinler devamlı değişik şekillerde aktarılıyorsa da, öz hiç bir zaman değişmez ve sabittir. Gerçeğin ve hakikatin anlaşılmasının farklı yolları ve yöntemleri olabilir. Bunu şöyle düşünmekte fayda var: Eğer böyle olmasaydı tek bir öğreti ile onu tanımlamaya ve ezberlemeye kalkardık ve deneyimler çok tekdüze ve bıktırıcı olurdu. Çeşitlilik, tekâmülün olması içindir. Altın, saf halden, bir işlemden geçirilip başka formlara dönüştürülmesine rağmen özünden bir şey kaybetmez. Kolye de olsa, bilezik de olsa, küpe de olsa o yine özünde altındır. Değişik formlara, binlerce değişik şekillere de sokulsa da onu yine altın olarak biliriz. Altın altınlığından hiçbir şey kaybetmez. Her seferinde onu yeniden tasarlamak ve forma sokmak ve modelini değiştirmek isteriz. 1930'larda yapılan bir yüzükle 2015'de yapılan yüzük arasındaki tek fark onun değişik bir form almasıdır. Yaratıcı olmanın ne anlama geldiğini anlamak için asırlardır bu şekilde yaparak hep birlikte bunu tekâmül ediyoruz.

Bugünkü eğitim sisteminde pilot okullardan örnek vererek açıklarsak: Nasıl ki; müfredat değişikliği önce denenerek diğer liselere yavaş yavaş adapte ediliyorsa buradaki durum da aynıdır. Sümer medeniyetleri tabletler aracılığıyla işaret bırakarak evrenin nasıl başladığının ipuçlarını diğer medeniyetlere aktarmıştır. Ve daha sonraki medeniyetler de (Akat, Mısır, Babil, İnka, Maya, Aztek) bunun aynısını yapmıştır ve bu bilgiler DNA'larımız aracılığıyla nesilden nesile aktarılmaktadır. Bizler de bir sonraki nesillere aynı şeyi yapmaya devam edeceğiz.

İslami literatüre baktığımızda Alevilerde 12 İmam gerçeği vardır. Nedir bu 12 sayısı gerçekte? Ya da şöyle sorayım. Tarihte neden hep 12 sayısı kullanılmıştır?

İsa'nın 12 havarisi var.

Astrolojide 12 burç var.

Bir gün ve bir gece 12 saate bölünmüş.

Bir yılda 12 ay var.

Musa'nın asası Nil'i yardığında 12 pınar fışkırmış.

Yunanlıların Olympos tanrıları 12'ydi.

12 gezegen var.

MÖ 4000'ler; Sümerlerde 12 burç (gezegenler) inancı vardı.

MÖ 3500'ler; Osiris'in 12 müridi vardı.

Mısır heykelleri, 12 sayısı ve katlarına göre yapılırdı.

MS 500'ler; Kral Arthur'un 12 yuvarlak masa şövalyesi vardır.

Çin takvimi 12 hayvanlıdır.

Kelime-i Tevhid 12 harflidir.

Yakup'un 12 tane oğlu var.

İncil'de Hz. Meryem'in başında 12 yıldızlı bir taç var.

Buda'nın 12 tane öğrencisi var.

Göbekli tepe kazılarında 12 tane T şeklinde sütun bulunmuştur.

Dünya'nın çapı yaklaşık olarak 12 bin km'dir.

Bunu elbette insanın sırrının 12 sayısı olmasına dayandırıyorum. Ebcet hesabı ile insan 12 ediyor. DNA, 12 sarmalını ifade ediyor ve görüldüğü gibi asırlardır, günümüze kadar hiç değişmeden gizemiyle kendini aktarıyor. Yine insana baktığımızda içindeki yedi çakrası, dışındaki beş çakrasının da toplamı yine 12 ediyor ve bu da DNA'nın 12 sarmalıyla uyumlu hale geldiğinde bizler kim olduğumuzun ve kim olmadığımızın gerçeğine uyanmaya başlıyoruz.

Aç gözünü uyan artık!

GECE YÜRÜYÜŞÜ

"Sahibini bulan gerçek sahiptir..."

İnanna[3]

Henüz iki buçuk yaşımdayken benden büyük üç ablam benimle oyun oynadığı sırada kendimi fark ederek "buradayım, bu bedendeyim" diyen sesimi duydum. Bu kitabın yazılmasına vesile olan bu ses benim hayat yolculuğumun sırrıdır.

Bundan sonraki yıllarda ben, bu bedende neden olduğumun takıntısıyla yaşadım. Tüm dinlerin ortaya çıkış şekillerini, kadim öğretileri, mitolojik hikâyeleri, medeniyetleri, kültürleri, üstatların hayatlarını öğrendikçe gerçek sahiple buluşmanın derin arzusunu duydum. Buraya tesadüf eseri olarak gelmiş bir varlık mıydım yoksa çok daha büyük bir hikâye mi vardı? DNA bu anlamda ne ifade ediyordu? Resule gelen "Rabbinin adı ile oku" sırrı DNA'yı okumak olabilir miydi? Bunun cevabını düşündüğümde, çok zeki olan ilahi enerji kendini DNA aracılığıyla ifade ettiğini içgüdüsel olarak bana hissettirmişti.

Yakın çevrem bana sıkıntılarını anlattıklarında onlara her zaman kalıcı çözümler sunan bilge yönümü fark etmem ve bana "Mucizevi bir şekilde söylediklerin gerçekleşti, bunu nasıl yapıyorsun?" dediklerinde ben yine aynı soruyu soruyordum kendime: Bu bedende olmanın

---

3   Sümerlerde aşk, bereket ve savaş tanrıçası –ed.n.

sorusu kehanetçilik olabilir miydi? Eğer öyleyse ben kehanetçi olmak istemiyor muydum?

Hiçbir sorunun cevabı beni tatmin etmedi. Ben daha büyük bir şey bekliyordum. "Bu bedendeyim" diye şaşıran sesin sahibini görmeyi istiyordum. Belli ki daha önce başka bir yerdeydi ve şimdi bulunduğu bedene yerleşiyordu. Kendimi daha fazla sorgulamadan gerçeğin önüme açılmasına niyet ettim...

Dünyaya doğuştan iki eli kırık olarak gelmişim. İki elimdeki başparmağım avucumun içine doğru kıvrıktı. Daha sonraki yıllarda bir vesileyle sadece bu iki parmağın kırık olmadığını elimin komple kırık olduğunu öğrenmiştim. Ellerimde hiçbir zaman ağrı olmadı. O zamanlar çok garip olan bu durumun daha sonra benim için şifaya açılan pencere olduğunu anlamam bana hiçbir şeyin tesadüf eseri olmadığını göstermişti. Şaman bir şifacı, benim kırık ellerimi kullanarak birçok insana bu sayede şifayı aktarabildiğimi ve bunun benim için bir ödül olduğunu söylemişti. Benim bu bedende olmamın soru ve cevabı şifacılık olabilir miydi? İşte bu beni en çok tatmin eden düşüncelerden biri oldu.

İçindeki Şifayı Fark Etmek

Aslında şifanın gücünü insanlara anlattığım zaman konuya, bunun herkesin içinde var olduğunu söyleyerek başlarım. Bunu fark etmek gerçek şifadır. Duygu ve düşüncelerin arasında sıkışıp kalan yüzlerce insanın içindeki şifacıyı uyandırmalarıyla çok çabuk iyileştiklerine tanık oldum. Takıntılarının, bağımlılıklarının, korkularının, endişelerinin, kurban sendromlarının basitçe içlerindeki şifacıya izin vererek özgürleştiklerine şahit oldum. Ve şimdi uyanan şifacıların bunu DNA'ları çalışarak nasıl başaracaklarına rehberlik ediyorum. Bu anlamıyla DNA'mızla çalışarak ve ona talimat vererek onun aktifleşmesi için gereken tek şeyin "niyetin gücü" olduğunu anlatıyorum.

Kendinizde olanları kavramak ve onları kabul etmek arasında çok ince bir çizgi var. Kendinizi bilmeye ve tüm bilgileri hayatınızda uygulamaya başladığınızda, o çok baş belası durumla karşı karşıya kalırsınız: Şüphe! Şüpheyi terk ettiğinizde bu bedende ne aradığınızın cevapları gelmeye başlayacak.

Şimdi derin bir nefes alın ve arkanıza yaslanın... DNA'nıza aktifleşmesi ve tüm bilgileri size aktarması için talimat verin! Dünya biz burada olmayı kabul ettiğimiz için var, bu gerçekliğe uyanın...

Gerçek Doğum

Rahman suresi ikinci ve üçüncü ayetine baktığımızda ne görüyoruz: "2-Allemel Kur'an (Kur'an'ı, öğretti.) 3-Halakal insan (İnsanı, O yarattı).

Önce Kur'an var. Niçin? Bizim için. Oysa biz insandan sonra Kur'an varmış zannediyoruz. Demek ki biz buraya zaten tüm bilgi ve donanımı almış olarak geliyoruz. DNA'larımızda bu bilgelik ve insanlığın gerçek sahibinin kim olduğu gerçeği zaten mevcut.

İnsan, Hz. Ali'nin dediği gibi "Ben canlı Kur'an'ım"ın sırrıdır ki; bu aslında tüm kitapların toplandığı bir kutsallıktır. Bu hakikatin ışığında görmemiz gereken büyük tablo, insanın kendisini zannettiğinden daha büyük bir varlık olduğu gerçeğidir. Eğer Kur'an sırrıyla buraya geliyor olmasaydık ve de içimizde yaşayan kütüphanemiz olan DNA'mızda kayıtlı kadim bilgiler, öğretiler ve ruhun dili olmasaydı; tüm bunları nereden biliyor olabilirdik? İşte benim gerçek sahibimi bularak kendimi özgürleştirdiğim yer de bu sırrı taşıyor olduğumdan şüphe etmememdir.

Hiçbir şeye geç kalmadınız. Aksine şimdi yepyeni bir kimlik kazanacağınız "bu benim" diyeceğiniz gerçek bir doğuma hazırlanın. Rahim bilgisi bu defa sizin bilinçli bir şekilde, rahman olanın sırrı ile, bir üstat olarak yaşamanın kapısını aralamanızı sağlayacak... İşte bu kadar değerliyiz...

Kur'an'ı öğrendiğim yer sırrımdan

İnsan göründüğüm yer ilahi elbiseden

Sahibimi buldum hakikatimden

Gerçek sahip oldum evvelden...

Sıçramalar

Bir sıçradım, iki sıçradım üç sıçradım! Babam ben dokuz yaşımdayken felç geçirmişti. Artık yürüyemeyen ve kendini ifade edemeyen bir insan halini almıştı. Kırk gün hastanede yattıktan sonra evimize geri döndüğünde onun ilk sözcükleri "ben artık yarım adamım" olmuştu. Bu kafama klişe bir sözcük olarak yerleşmişti. Babam bundan sonra hayatını yarım bir adam olarak yaşayacaktı. Tabii ben de...

Kendimi savunmasız, yalnız ve korkak hissediyordum. İçime kapanık bir çocukluk yaşıyordum. Her an dokunsanız ağlayacak bir şekilde duruyordum. Okulumu sevmiyordum. Ders çalışmaktan hiç hoşlanmıyordum. Tatilde verilen ev ödevleri kabusum oluyordu. Hikâye kitaplarını mutlaka yarım bırakıyordum. Aslında çoğu şeyi yarım bırakıyordum. Konuşmalarımı, arkadaş ilişkilerimi, okulumu, çok severek oynadığım basketbolu, hayata dair merak ederek araştırdığım konular dahil hepsini yarım bırakarak kendimi sabote ediyordum.

Bütün bunların yanı sıra, kendiliğinden oluşmuş bir durum vardı ki; onun da herkeste var olan bir özellik olduğunu zannediyordum. Rüyalarım ve gerçek hayat arasında kopmayan bir bağım vardı. Ne görürsem onun gerçek olduğunu bilirdim. Gördüğüm tüm rüyaları gündüz yaşamak için olduğunu zannederdim. Bazen gördüklerimden hoşlanmazdım ve bu beni çok içime kapatırdı; ancak ne yaparsam yapayım onların yaşanacağını bilirdim.

Hayatımın bu döngüsü beni hem çok korkutmuş hem de şaşırtmıştı. Sezgilerimin rüyalarım aracılığıyla gelmesi o yaşlarımda anlayacağım türden bir şey değildi. Bu durumun ergenlik dönemimde daha da artması beni, insanlara "sizde aynı durum var mı?" sorusuna yöneltmişti. Ancak çevremde benim gibi olan kimse yoktu. Üstüne üstlük artık gündüzleri de çok net görüşler ve duyular hissetmeye başlamıştım.

Bir yandan güvensizlik, belirsizlik ve korku, diğer yandan bilinmeyen dünyam sürekli birbiriyle çatışıyordu. Yaşadıklarımı sorgulamaya başladığımda, bu benim arayışa girmeme yol açtı. Bilinmeyene merak sardım. Allah inancı benim için çok fazla önem arz ediyordu. Bana öğretilen din beni tatmin etmiyordu. Diğer dinler ve öğretiler de çok fazla ilgimi çekiyordu. Rüyalarımda Allah bana insan ve kadın suretinde görünüyor ve benimle konuşuyordu. Bu konuşmalar çok şefkat doluydu. Kendimi çok sevgi dolu uyanmış hissederdim.

Bu konuşmaların birinde bana, "Televizyon seyretmeyi bırak" demişti. "Gazetelerin dram haberlerini okuma." Bu sese karşı tam bir itaat içinde olmama rağmen yine de onun gerçekliğini sorgulamaktan kendimi alamıyordum. Nasıl oluyordu da ben onunla konuşuyordum? Anneme anlatmaya çalıştığımda anında tepki göstererek derhal konuyu kapatıyordu.

Birinci Sıçrama

Bir gün yine odamda "Madem varsın ve benimle konuşuyorsun o zaman bana sen olduğuna dair bir işaret ver. Ampul sönsün," demiştim. Söndüğünde bu benim birinci sıçramam olmuştu. Yerimden kalkıp, duyan birisi tarafından yapılıp yapılmadığına bakmam neredeyse ışık hızında olmuştu –kimse düğmeye dokunmamıştı. Tekrar yatağıma yatarak, "Madem kapattın, o zaman tekrar aç!" demiştim. Tahmin ettiğiniz üzere açılmıştı. Ben artık rüya olmadan da onunla iletişime geçebileceğimi anlamıştım. O an gerçekten duyulduğumu ve yalnız olmadığımı bilmek benim için muhteşem bir deneyimdi. Allah vardı ve beni seviyordu. Beni görüyordu. Bana iyi gelecek olan her şeyi söylüyordu. Üstelik yarım da değildi!

Bu olaydan sonra daha uyanık ve farkında olmaya başladım. Ampul kapanıp açılıyorsa objeleri hareket ettirebilir miydim acaba? İstenmeyen durumlara engel olabilir miydim? Beni üzen olayları değiştirebilir miydim? İstediğim tüm cevaplara anında ulaşabilir miydim? Eh! Denemeye değerdi. Nasıl yapılacağını bilmeden kendimi sürece bıraktım.

İkinci Sıçrama

Ortaokul ikinci sınıfta bir fen hocamız vardı. Öğrencilerine verdiği notlar çok düşük olduğu için herkesin çok mutsuz olduğunu gözlemliyordum. Bunun üzerinde çalışmaya başladım. Şöyle bir sahne kurgulamıştım: Hoca sınıfa giriyor, kimse onun geldiğinin farkında değil, zaten üzerine yapışmış ruh hali daha da geriliyor, herkes sınıf içinde dolanırken, birden yüksek sesle bağırıyor ve "Okul nedir? Saygı nedir? Düzen nedir? Bunun cevabını verene hemen sözlü notu olarak 10 vereceğim," diyor. Bu hayaldeki amacım onu bol not veren bir öğretmene dönüştürmekti.

Bu hayali ne kadar süre devam ettirdim şu an net olarak hatırlamıyorum, hatta unutmuştum. Ama bir gün sınıfa aynen hayal ettiğim gibi sinirli geldi ve şu cümleyi kurdu: "Okul nedir? Saygı nedir? Düzen nedir? Bunun cevabını verene hemen sözlü notu olarak 10 vereceğim."

Bu benim ikinci sıçramam olmuştu. Gerçekten de daha kimse anlamadan oturduğum sıradan sıçrayarak parmak kaldırdığımda neredeyse ışık hızıyla bana dönüp, "Sen, cevap ver!" demişti.

Cevap mı? Aslında ben cevabı düşünmemiştim ki... Ağzımda lafı geveledim. Tek düşüncem onun sözlü notu olarak bana 10 vermesiydi, ancak o ödev notu olarak bana sadece altı verdi.

Bunun üzerine daha detaylı düşünmeye başladım. Tam olarak istediğim olmamıştı. Nerede hata yapmıştım? Bu konunun üstüne gitmeye karar verdim. Orada olan şey aslında bana tezahür gücünün varlığını ispatlamıştı; fakat bunu o zaman kelimelere dökecek kadar bilinçli değildim.

İlerleyen yıllarda da elime aldığım her şeyi yarım bırakmaya devam ettim. Diğer yandan da duru işiti ve duru görü yeteneklerimin olduğunu sonradan anladığım deneyimler yaşamaya başladım. İnsanların hakkımda ne düşündüğünü, ne konuştuğunu, hangi partinin kazanacağını, olacak olayları, telefonla arayanın kim olduğunu, ölecek olanları, detaylarıyla anında görüyor ve duyuyordum. Bu bana ne kazandırıyordu? Duyduklarımı ve gördüklerimi değiştirmem mümkün olmuyordu. Hem kendime güveniyor hem güvenmiyordum. Bu yüzden çok acı çektiğimi itiraf edebilirim. Ne yani bunlarla mı yaşayacaktım ve neden böyleydim?

Üçüncü Sıçrama: Ben Benim

Allah'ın dişi gibi sevgi dolu ve şefkatli olduğunu kendime sorduğumda bunu cevaplandıracak kimseler henüz hayatımda olmadığı için, içimi kemiren merak uzun yıllar devam etti. 20'li yaşlarımın henüz başlarındaydım. Arayışlarım bitmek tükenmek bilmiyordu. Çok yakın bir arkadaşımdan tasavvuf öğretisi dinleyinceye kadar boşlukta sallanıyordum. Onun ağzından Muhyiddin Arabi'yi, Muhammed Nur-ül Arabi'yi, Yunus Emre'yi, Niyazi Mısri'yi, Hüseyin Hallac-ı Mansur'u, Mevlânâ'yı, Şems-i Tebriz'i, Beyazıt-ı Bestami'yi, Hacı Bektaşi Veli'yi, Nesimi'yi, Veysel Karani'yi, Sühreverdi'yi, İsmail Maşuki'yi, Hamza Bali'yi ve daha nice tevhid şehitlerini duyunca tasavvufa olan ilgim iyice arttı. Ben soru sordukça, o da bana cevaplarımın bir öğreticide olduğunu; fakat kendisinin de henüz öğrenci olduğunu anlatıyordu.

Yolculuk Başlıyor

Kimdi bu öğretici ve nasıl eğitim veriyordu? Arkadaşım bana, Sinop'ta kendisinin arada ziyaret ettiği ve Sultan adını verdikleri bilge bir kadından eğitim aldığını söylemişti. Hemen onu ikna ederek Sinop yolunu tutmuştum. Olağanüstü yorucu bir otobüs yolculuğu yaptıktan sonra yarı uykulu bir halde bilge kadının evine varmıştık. Sultan'ın enerjisi inanılmazdı, ancak ben gözümü açamıyordum. Sohbet etmek ve sorular sormak istiyordum; fakat bu pek mümkün gözükmüyordu. Adeta rüyamdaki bilincimde gibiydim. Karşımda bir kadın vardı ve ben ona "Tanrı, kadın olabilir mi?" diye sormaya cüret edemiyordum.

Sinop'ta bir gece kalmış ve İstanbul'a döndüğümüzde tasavvuf eğitimini kimden alabileceğimizin tüyolarını da almıştık. Sultan'ın konuşmasındaki en can alıcı nokta ömrüm boyunca aklımdan çıkmayacaktı:

"Bir kapıdan içeriye girdiğin zaman önce orada durmayı öğrenmelisin. Bir kelime öğrendin diye başka başka kapılara gitme! Unutma, önce tek kapı, sonra her kapı!"

Rehberimle Tanışmam

İstanbul'a döndüğümde karşımda tasavvufun önemli bir öğretisi olan Melamet'in mürşidi A. Taner Oğuz duruyordu ve o, yolculuğumda bana rehberlik edecekti. Bana ilk sözü: "Beni böyle hayal etmemiştin değil mi?" olmuştu.

"Hz. Muhammed bugün yaşamış olsaydı, sence takım elbiseli ve kravatlı olur muydu?" diye sormuştu ardından.

Ben de "Kesinlikle takım elbiseli olurdu" şeklinde yanıtlamıştım.

"Bizler onun varisleriyiz ve şimdi onu temsil ediyoruz. Bilmelisin ki bu öğreti, ilmi ledün yani insan ilmidir. Sen bunu artık kısaca 'tevhid ilmi' olarak bileceksin." diye sürdürmüştü sözlerini.

"Gel, şimdi senin isminin anlamlarından birine bakalım. Kendini bu açıdan da tanı." dedi ve devam etti. "Senin isminin anlamlarından birisi gece yürüyüşü. İsra suresinin birinci ayeti Miraç hadisesini anlatır. Bu olay gecenin bir bölümünde cereyan eder. Söyle bakalım, senin geceyle aran nasıl? Geceleri yürür müsün sen?" diyerek gülümsedi.

Hayatımda ilk defa birisi bana bunu sormuştu. Gece ile aramın hiç olmadığını söylemek için ağzımı açtığımda bana tekrar dönerek "Sen, şimdi hiç arasız bir ilişkide olduğunu söyleyeceksin bana değil mi?" dedi. İşte bu benim üçüncü sıçramamdı. "Evet" diyebildim sadece. "Gece gördüklerimi gündüz yaşantımda kesintisiz yaşıyorum."

O da "Tıpkı resulün Miraç'tan döndükten sonra 'Allah'la ne konuştuysam, halkın ağzından onları dinledim,' demesine benziyor. Demek ki Miraç yani yükseliş kesintisiz bir andan ibarettir. Zaman sadece deneyimde olan insana aittir ve aslında bir örtüdür. Örtüyü kaldırdığında görünen sadece O'dur ve O da anda belirir. Bundan böyle deneyimde olduğunun bilincinde zamanın olmadığı an farkındalığına yüksel," demişti.

Ona ilk sorum "Melamilik nedir?" olmuştu. O da bana kısaca "Farz et ki önce üniversiteye gittin, sonra da mezun oldun; şimdiyse yüksek lisansa başladın. İşte

Melamilik, tüm öğretilerin yüksek lisans derecesinde öğrenilen özüdür ve özetidir," demişti.

İntisap Anı

Sevgili rehberim A. Taner Oğuz, Muhammedi Melamet hakkında çok fazla yoruma girmeden öncelikle intisap etmenin çok önemli olduğunu vurgulamıştı. Bunun, ruhumla evlenmem anlamına geleceğini söylemişti. İntisap, Hak yolunda, Hak uğruna, Hak için yaşam sürmeye ahdetmek demekti ve bunu da bir öğreticiye teslim olarak yapıyordunuz. Sonrasında da telkinlerle aşama aşama öğretileri idrak seviyesine geliyordunuz (bu sürece Batıda inisiyasyon deniyor).

İlk aşama hayatımın en heyecanlı anlarından biriydi. Yanınızda bir bardak su eşliğinde, diz dize oturarak aldığınız telkin ve yüreğinizde hissettiğiniz teslimiyet duygusuyla karşı konulmaz bir sevginin de içine giriyordunuz. Taner Bey, intisap bittiğinde esprili bir şekilde yanımızda duran ve başparmaklarımızı daldırdığımız suyun anlamının sembolik olduğunu ve onu içmemem gerektiğini söylemişti. Ardından da öğretinin en önemli aşamasını şu cümlelerle özetledi: "Şekilden ve batıldan çıkarak hakikat yoluna doğru birlikte yürüyoruz."

Tasavvufun Kapıları

Yine o gün tasavvuf ehillerinden Seyyid Muhammed Nur'un zamansızlığı anlatan öğretisini de rehberimin şu can alıcı cümleleriyle öğrenmiştim: "Bak sen geldiğinde öğlen namazı okunuyordu, biz ise sohbet ediyorduk. Şimdi ikindi namazı okunuyor. Biz öğlen ve ikindiyi, ya da akşam ile yatsıyı birleştirip kılabiliriz. Kaçırdığımız hiçbir şey yok."

Rehberim konuşmaya devam etti: "Allah, Resulüne, 'Ya Muhammed dört tane kapı vardır' demiştir. Bunlar sırası ile şeriat, tarikat, marifet ve hakikat kapılarıdır.

Şeriat kapısı, herkesin kapısıdır zira dinin kurallarını ve öğreticiliğini burada göstermek çok önemlidir. Deli günah bilmeli, zira kalkar kafasına göre adam öldürür ve toplum bunun bedelini ağır öder. Bunu isteyen herkese ver.

Tarikat kapısını ise isteyene ver, zira 'tarik' yol demektir. Eğer hak yoluna girecekler olursa, bu da çok önemli bir geçiş kapısıdır. Ayrıca belli bir yol alana ve pişine kadar burada zaman geçirmeleri çok iyidir. Bunu dileyen herkese ver.

Marifet kapısı ise 'marifet' eden yani gönlünde ilahi aşk kıvılcımına kabiliyet edenlerin kapısıdır. Beni sevenler bu kapıdan girebilirler. Bunu seni sevenlere ver.

Hakikat kapısını ise yalnızca sevdiklerine ver; çünkü burası aynı zamanda tanrısal olana şahitlik edecekleri ve tüm sırların ve oluşların bilineceği yerdir. Burasını sır saklamasını bilenlere ver, zira hakikat layık olmayanların eline geçerse; dünyayı yerinden oynatırlar. Bunu yalnızca sevdiklerine ver."

Benim tasavvuf yolculuğum işte böyle başlamıştı. Duyduklarım beni adeta yerimden oynatıyordu. Anlatılan hikâyelerle kendimden geçiyordum ki bana hemen ilk dersim verilmişti.

"Hiçbir şey sana ait değildir. Gözüne görünen tüm fiiller, sıfatlar, isimler ve zat (öz) Hakk'a aittir. Dolayısıyla tasavvuf yolundaysan sen artık tüm bunların senin olduğu zannından çıkacaksın. Geriye yalnızca Hak kalacak." Bunun için bana Hallac-ı Mansur'un derisini "Ben Hakkım" dediği için nasıl yüzdüklerini ama onun asla taviz vermeden varlığında Hak'tan başka bir şey bulamadığı için gerçek mütevazılığın örneğini temsil ettiğini anlattı. "Onun derisi yüzüldüğünde, kanı bile 'Ben Hakk'ım' yazmıştı," demişti.

Neydi bu "Ben Hak'tan başkası değilim" bilgisinin derininde yatan? Nasıl bunu öğrenecektim? Hak öğrenilecek bir şey miydi, yoksa olunacak bir şey miydi?

Tasavvuf Makamları

Rehberim bana birinci makamı telkin ettiği zaman bu soruların yanıtlarını daha rahat algılayacağımı söylemişti. Burada önce ilahi elbisenin nasıl her zerreyi kapladığını ve sonra da başmeleklerin sırlarıyla birlikte bizlere nasıl hizmet ettiklerini öğrenecektim. İkinci aşamada ise sıfatları anlayacaktım ki bu aslında Hakk'ın bedenlenmesini içeriyordu. Üçüncü aşamada ise vücut birliği, yokluğu ve belirmesi ile "öz"ün ne anlama geleceğini deneyimleyecektim. O, tüm bunların sonucunda da Batının "yükseliş" diye adlandırdığı; tasavvufta ise Oruç ve Miraç olarak tarif edilen deneyimlerin başlayabileceğini söylemişti bana. Sözlerini ise şöyle sürdürmüştü:

"Eğer ilk üç aşamayı öğrenirsen, 'yükseliş'in de dört aşaması vardır ve ilk üçte ne verdiysen 'yükseliş'in bu dört aşamasında geri alacaksın. Bu öğretinin özü de işte budur. Hz. Muhammed üçüncü aşamadan sonra Miraç'a yükselmiştir. Döndüğünde ise verdiklerini, deneylemek üzere hak elbisesi giyerek geri almıştır."

Yaşayan Kur'an

"Kur'an insana inmiştir. 6666 ayettir, ama insan sonsuzluğunda bu sınırlı kalır" sözleri beni tüm zamanlarımın en yüksek bilişi ile karşı karşıya bırakmıştı. Bu öğretiyle adeta uçmaya başlamıştım. Kur'an'ı artık "insan kütüphanesi" olarak görüyordum. Gözüme görünen her şey "canlı Kur'an"ın parçasıydı. Rehberim bir keresinde ayetlerin "izler, alametler" olduğunu söylemiş ve eklemişti: "Alamet ve izler nasıl bize yolumuzu gösteriyorsa ayetler de böyledir." Gerçekten de ayetler şimdi her yerdeydi. Allah benden görendi, işitendi, yaratımlarını deneyimleyendi. Ben ise gözlemleyen tarafında, bunun keyfine varmaya çalışan bir çömezdim.

Rehberim bir gün yine sohbet ortamında bana "Allah ile aran nasıl?" diye sormuştu, ben de gayet kendinden emin bir şekilde "gayet iyi" diye cevap vermiştim. O an, keskin bakışlarıyla bana bakarak "Demek senin hâlâ Allah'la aranda bir mesafe var zannediyorsun. Bir sen ve bir O diye ikiye ayırarak mesafe koyuyorsun, tebrikler!" demişti. Konuşma şöyle devam etmişti:

"Eğer Allah ve sen ayrımını Mevlânâ ve Şemsi Tebriz-i aşkı ile anlayabilirsen o zaman mesafeyi kaldırırsın."

"Efendim bu durumda ben Mevlânâ siz de Şems'i mi temsil edeceksiniz?

"Aferin. Ancak bunu açıklığa kavuşturalım. Onların yaşamları her zaman bizlere ilham verecektir. Fakat tekâmül aşamasında tüm isimler tanımsızlığa gitmek zorundadır. Ettiğimiz onca sohbet sonrasında sana, sen kendi Mevlânâlığını nasıl anlarsın, diye sorsam nasıl cevap verirsin?"

"Mevlânâ, Şems'i görene kadar kendi bilgeliğinde ve kitaplarının tesirindeydi. Tıpkı benim şeriat bilgilerimle size geldiğim gibi. Üstelik hiç de yabana atılır cinsten değillerdi."

"Evet. Sen de tıpkı Mevlânâ gibi ilim seviyesinde bilişe sahiptin ki aslında hâlâ öylesin. Deneyimlemediğin ilim, dolu bir kaba benzer. Sen bir şey öğrendikçe dolar dolar en sonunda bardak taşmaya başlar. O yüzden bildiklerini ortaya çıkar ki bilmediklerin önüne gelsin. Diğer bir deyişle bardağı boşalt ki yerine taze su koyabilesin. İşte Mevlânâ bunu yaptı ve tüm kitaplarını attı, Şems'e (yani özüne) teslim oldu. Aralarında mesafe kalmamıştı ve büyük aşk deneyimleniyordu. Zaten burada da işin sırrı başlıyor. Şems, Mevlânâ'nın bildiklerinin gün yüzüne çıkmasına aracılık ediyor. O yüzden "Hamdım, piştim, yandım" sözlerine iyi kulak ver. O, bu sayede ustasının (Şems'in) ve kendisinin farksızlığını, "Sen bensin, ben senim işte" sözleriyle dile getirmiştir.

Özde Erimek...

Yine bir sohbetimizde bana "Söyle bakalım bugüne kadar ne anladın tüm bu konuşmalarımızdan?" diye sormuştu.

Ben de hiç tereddüt etmeden "Ben Hakk'ım" yanıtını vermiştim.

O da muzip bir şekilde gülerek "Evet öylesin, ama dikkat et bunu egon söylemesin," diyerek bana Beyazıt-ı Bistami'yi örnek göstermişti: "Beyazıt-ı Bistami bir gün ezan okuyan birini görünce 'Yalancı' diye bağırır. Etraftakiler ona 'Neden böyle bağırdın?' diye sorunca O da,

'Ezan sırasında Allah büyüktür' dediği zaman altındaki örs erimeliydi, oysa sapasağlam duruyor. Bunun üzerine kendi ezan okumaya başlar ve altındaki örs erir. Bu sefer de kendine 'Yalancı' der. 'Neden kendine yalancı dedin?' diye soranlara 'Benim de erimem lazımdı' diye cevap verir." Ardından "Senin erimen nasıl olur? Sen nasıl bütünleşirsin özünle?" diye sordu bana. Klasik cevaplardan hoşlanmayan bir yapım olduğu için hemen cevap vermek istememiştim. Daha sonra özüme bu soruyu, bizzat kendim sorduğum zaman; içimin derinliklerinden bana çok önemli bir sır fısıldanmıştı: "Ten ilmini (zihninle algılamaya çalıştığın ve sana öğretilmiş, dikte ettirilmiş zorunlu, korku dolu ilim) bırakıp çıplak kalırsan, boşluğun ilmine gireceksin. Bu sırrı keşfettiğin zaman üç dinin hakikatte aynı olduğunu görerek tevhid edeceksin ve kendi sarayında (bilincinde) en büyük vahdet (birlik) neşesiyle tanrıçalığının uyanmasına izin vereceksin. 'Allah büyüktür' diye bağıran bütünün neşesidir. O tüm insanlığın özüdür. Bizler o özden başkası olamayacak kadar eşsiz varlıklarız."

Onunla paylaştığımda, içsel cevabımı rehberim çok beğenmişti. Sonra da bana "Böyle bir erime ya da bütünleşme ile 'Ben Hakkım' diyebilirsin. Aksi takdirde zihinsel Tanrı'ya ibadet etmeye başlarsın ve oraya girdiğin zaman kendi özünü örterek, dinlere ve öğretilere bağlı olarak kurallarla yaşarsın ve ölürsün. O yüzden gel ölmeden önce öl!" dedi.

Ölmeden Önce Ölmek!

Şimdi zihnim iyice durmuştu. Bunu fark edince bir ekleme daha yapmıştı. "İnsan uykudadır, ölünce uyanır.

Bildiğini sandığın ne varsa unut. Sana ait ne varsa hepsini vermeye ve hepsinden ölmeye gönüllü ol."

Ölmek, yükselişin en önemli basamağını oluşturuyordu. Ölmek için ölümün ötesine bakmak gerekiyordu. Ölümün ötesinde sonsuzluk varsa, o zaman bedenin sona ermesi durumu değiştirmiyordu. Tüm bunlar benim bakış açımla şekilleniyordu. Rehberim konuşmaya devam etti:

"Ölümü anlamak için zihninde ölmen gerekiyor. Bunu anlayabilmenin en önemli noktası budur. Ölmeye hazırsan yükselişin en önemli makamına giriş yapabiliriz. Burası Allah'ın kendinden kendine tecelli etmeyi yani kendi tanrısallığını insanda öldürmeyi seçtiği alandır. Burası Allah'ın aynada kendini görme arzusundan hemen bir önceki anıdır. Allah dünyaya doğduğu anda aslında ölmüştü. Hafızalara gömülmüştü. Hatırlatmanın en büyük ipuçlarından birini gözler önüne sermişti. O da, Hz. Muhammed ile görünecek ve bilinecekti. Birbirleriyle eriyecek ve bütünleşeceklerdi. Bu haliyle Allah, Hz. Muhammed'in evveli, ahiri, zahiri, batını olacaktır."

Evvel, Ahir, Zahir, Batın, Ben'im!

"Evvel, öncesi olmayan; Ahir, her zaman var olacak olan; Zahir, gözümüzle gördüğümüz her şey; Batın, beş duyu ile algılayamadığımız her şey demektir. Ölüm zamansızdır. Evvel, ahir, zahir, batın dediğimizde; bunların hepsi bilince bir anda nüfuz ederse kişide boşluk hissi meydana gelir. Bu boşluk ölümdür ve her ölüm yeniden diriliş demektir. Evvel aynı zamanda ahir ise, zahir aynı zamanda batındır."

Buraya kadar her şey tamamdı ama ben hâlâ somut örnekler peşindeydim. Hissettiklerimden aldığım zevklerin tarifi imkânsızdı ama ben gerçekten "evvel" olmak istiyordum. Hocam şöyle demişti:

"Hatırlamak evvelliği gerektirir. Bizler bu hatırlamanın yaşanacağının müjdesini bizzat Hz. Muhammed'den aldık. O, 'Ben ne olduysam, tattıysam ve deneyimlediysem sizler de aynısını yaşayacaksınız' demiştir. Yeni bilgi öğrendiğini farz eden zihnimizdir. Bilinç zaten hep evveldir. Bir tıklamayla açılır. Seni davet eder. Bütünleşmeye ve bütüne ait olduğunu anladığın anda da onun hep var olduğunu, olacağını yani 'ahirliğini' bilirsin. Sonra şüphesizliğe girdiğinde gözüne görünen ne varsa hepsinin bu varoluştan ortaya çıktığını anlarsın. Ancak son derece kritik olan bir nokta vardır ki: hiçbir şey göründüğü gibi değildir. Gözüne görünen ne varsa elbette Hakkın elbiseleridir, ancak bu elbise her an değişir ve batın olarak elbiseler tekrar bütüne döner.

Bizler tarafından beş duyuyla görünmeyen, algılanmayan elbiseler batın-i hakikatten dikilir. Batın; senin özündür ve daima görünüş alanına-zahire çıkmak ister ve ortaya çıkan hep evveldir, ahirdir, zahirdir, batındır. Her gelen daima yeni elbisedir. Batın bir yerde fedakâr olan ve bilinmeyi tüm görünene verendir. Dolayısıyla sen burayı zihinsel olarak tek bir elbiseyle sabitleyemez, sonlandıramaz ve yargılayamazsın... Burası vahdet neşesi dediğimiz birlik merkezidir. Oluşların deneyim alanına çıkış vizesidir. Tasavvuf ehilleri daima bu görüşü benimseyerek yol almışlardır. İnsan kadimdir; yaratılmamıştır, yaratandır. Her kişi sırren Haktır, her biçimde gözüken O'dur."

Her Şeyi Bilmek Ne Demek?

Ne öğrenirsem öğreneyim konu deneyimlemeye dayanıyordu. Peki deneyim alanına nasıl girilecekti? Neler olacaktı? Ben Tanrı olmayı hatırlayınca bu can sıkıcı olmayacak mıydı? Her şeyi bilmek, dünyada kalma arzusunu bitirmeyecek miydi? "Her şeyi bilince ne olacak?" sorusuyla çok büyük bir sıkıntıya düşmüştüm.

"Efendim, ben dün gece sizin eşinizle yaptığınız sohbetinizi duydum. Daha doğrusu sizin sesinizle uyandım."

"Olur böyle şeyler, çok da fazla üzerinde durma, yoksa daha da açılmasını engellersin. Bu senin yaşadığın bir açılımdır. Duru işiti yaşamışsın."

"Hatta sizi gördüm. Bu konuşmayı oturma odasında yaptınız değil mi?"

"Evet. Bu da duru görünün başladığını gösteriyor. Bunlar senin yeteneklerin ve hepsi bir bir ortaya çıkacak. Dengeli olması için hazmederek olmasına izin ver!"

"Peki, ben bu sayede artık her şeyi bilecek miyim?"

"Benim sırlarımı bilmenin dışında mı demek istiyorsun? Durugörü ve duruişiti hediyelerini Allah'ı bilmek için sana açılan bir kapı olarak düşün. Bu her zaman böyledir. İnsanların birbirlerini görmesi ve duyması yerine hakkı duyması ve görmesi için kullanılmalıdır. Aksi takdirde çok karmaşa yaşarsın. Eğer görmeni geliştirmek istersen sana Veysel Karani'den örnek vermek isterim. Biliyorsun Veysel Karani, Hz. Muhammed döneminde yaşamış çok önemli ve fiziksel gözleri olmayan bir veliydi. Onun en önemli vasfı annesine olan bağlılığı ve Hz. Muhammed'e olan aşkı ve hürmetiydi. Defalarca annesine onun yanına gitmek için yalvarmıştı; ancak annesi kendisine bakacak kimsesi olmadığı için izin vermemişti. Hz. Muhammed hiçbir karşılaşmaları olmadığı halde 'Yemen'den yârimin kokusunu duyarım' diyerek Veysel Karani'yi kastettiğinde, 'O sizi hiç gördü mü?' diye soranlara 'Baş gözüyle değil' diye cevap vermiştir. Hz. Muhammed'in vefatı yaklaştığında, 'Hırkanızı kime verelim?' diye sorduklarında Veysel Karani'yi vasiyet eder. Görmek işte böyle olunca kâmildir. Fiziksel olarak birbirlerini görmedikleri halde gönül gözüyle birbirlerini görenlere ne mutlu!"

Tüm bunların yanı sıra dengede olmak gerçekten de çok önemliydi, öğrenmiştim. Peygamber olmasına rağmen Hz. Muhammed, Allah'ın tüm fiillerini, sıfatlarını ve özünü kendiyle bütünleştirme yolculuğunda Hud suresi 112. ayeti ona verildiğinde (Emrolunduğun gibi dosdoğru ol! Sana tabi olanlar da dosdoğru olsun. Taşkınlık yapmayın, Allah emellerinizi görür.) sakalında[4] beyazlıklar oluşmuştur. Burası, Ol'an (Hz. Muhammed) ile Ol'acak olanın (onun yolundan gidenlerin) birleşmesidir. Diğer bir deyişle; biliş, oluşa teslim olduğunda gerçek biliş ancak böyle başlar. O yüzden bir gün "Hz. Muhammed Ben'i gören Hakk'ı görür" demiştir. "Ya Resulallah, sen Allah mısın?" diye sorduklarında; "En-el beşerim (dünyevi), ancak içinizde (gönül gözümüz) Allah'ı en iyi bileninizim." demiştir.

Allah'ı bilmek her şeyi bilmekti kuşkusuz; ancak bunu dünyevi olarak da yapabilmek kesinlikle zihnimin işi değildi. O zaman ben de içimdeki Allah'ı en iyi bilen parçama uyumlanmalıydım. O zaman hak ve kul

---

4   Sakal tasavvufta ilmi temsil eder. Gelen ilim beyaz yani saf bilinçten geliyordu ve Resulullah bundan şüphe etmediği için sakalı beyazladı.

ayrımından çıkarak bir nefeste bunu idrak etmeliydim. Artık kendi kanatlarımla uçma zamanı gelmişti. Hallac-ı Mansur misali "Ben Hakk'ım" mütevazılığında deneyim alanına girmek için sabırsızlanıyordum. Şimdi sıra bize gelmişti.

Kuş Kendi Kanatlarıyla Uçmayı Seçince...

Tevhid ilminde on yılı aşkın bir zaman geçirdim. Tüm tasavvuf üstatlarının öğretilerine göz atarak kendim olma yolculuğumda onlardan fazlasıyla feyz aldım; ancak öğrendim ki, kendi yolunuzu çizme zamanı geldiğinde bunu cesaretle yapmadığınız sürece her şey kitabî kalmaya mahkumdur. Şimdi artık tek kapıdan, her kapıya geçme zamanıydı...

Kendi kanatlarımla uçmaya karar verdiğimde her şeyi soğuk ve karanlık hissettim. Öğrenim gördüğüm tüm süre boyunca düşündüğüm her şeyi söylüyor ve rehberim tarafından onaylanıyordum. Daha büyük sorular için de ipuçlarıyla donatılıyordum. Üstelik her zaman karanlık tarafımın en büyük hediyelerden biri olduğunun altı çiziliyordu. Bunu tefekkür[5] yoluyla açabileceğimi ve bu sihirli anahtarın her zaman benimle olacağı söyleniyordu. "Karanlığa gitmeyen kişi, kendi aydınlığını fark edemez; çünkü ışık yakmak için karanlık olması gerekir. Sen hiç odan aydınlıkken ışık yakar mısın?" demişti rehberim.

Şimdi kendi karanlığımın üstüne gitme zamanıydı. Işığımı açmam tamamıyla bana bağlıydı. Bunu kendime kendim yapacaktım. İtiraf etmeliyim ki; ilk olarak

---

5   Bilincin süzgecinden kalbe giden düşünceyle tanrısallığın anılması.

hissettiğim şey "Ben Allahsız kaldım" olmuştu. Ondan sonra beş yıl kendimle baş başaydım. Bilgileri süzmem gerekiyordu. Bilgi, Allah'ı bilmemi sağlamıyor, zihnime beslenme kaynağı oluyordu. O yüzden süzmenin değerini ne kadar anlatsam azdır. Yazarlığa da zaten bu süzme sürecinde başladım. Yazdıkça bilgiler süzülüyor ve gün ışığına çıkıyorlardı. Çıktıkça da aklımı hep kurcalayan sorunun yanıtını almaya başlıyordum.

Ve Yanıt...

Anne biliyor musun, artık sana sorduğum sorunun cevabını verebilirim. Evet. Allah Rahman ve Rahim olarak hem erili hem dişili kendinde barındırıyormuş. Kendi titreşimi dişil enerjiymiş. Dişil olan tarafı "Saf Bilinci" temsil ediyor. Bu zamana kadar Allah dediğimde hep bir şeyler eksikti. Eril olan bir Allah, yükseliş dişil enerjisiyle dengeleniyor. Bir yüzüyle Allah, diğer yüzüyle dişil titreşim olarak kalbimde uyanışa geçti. Ben özümün yükseliş yolculuğunda "Dişil" olan tarafına yükselmesini ve "Eril" ile dengelenmesini seçiyorum. Yaratıcılığıma izin veriyorum. Ben Benim...

Böylelikle değerli hocamla birlikte yükseliş yolculuğum başlamıştı. Bana şu ana kadar ne biliyorsam unutmam gerektiğini söyledi.

"Boş kap dolar, dolu kap taşar. Anlattığın yeteneklerini önce kendin için ve sonra insanlığın faydalanması için dengeli kullanmayı öğreneceksin. Bu sadece sana özel bir durum değil. Herkesin yetenekleri ve kabiliyetleri var. Ayrıca şunu unutma ki, onlar sadece birer araç; asıl olan, senin hakikatinin ne olduğuna uyanman. Buna izin verecek misin?"

Evet. Ben hep izin verdim. Benim yolculuğumun en temel noktası budur. Bu sayede çocukluk, ergenlik ve yetişkinlik dönemlerimde yaşadığım tüm yarım kalmış hikâyelerim; değersizlik, yetersizlik ve kurban sendromu olarak hissettiğim tüm duygusal travmalarım çözüldü. Babamla ilgili yaşadığım travmam benim için uyanış sebebi olarak kendi seçimimle alakalıydı. Bunun sorumluluğunu aldığımda tam ve bütün olmanın ne kadar önemli olduğunu idrak ettim.

Bu yolculukta edindiğim tüm bilgiler, aldığım eğitimler ve farkına vardıklarımın ardından bugüne geldiğimizde ise yükselişin, diğer bir deyişle Miraç'ın önemini, insanın hakikatinin aslında ne olduğunu ve DNA'larımızda tüm bu bilgilerin var olduğunu artık kendi seminerlerimde anlatıyorum.

Şimdi bu satırları okuyan size sesleniyorum:

DNA aktivasyonu insanlık için olmazsa olmazdır; çünkü Dünya kendi DNA'larını aktive etti, bu zaten oldu ve yükselişe hazır. Tekâmül biz farkında olsak da olmasak da oluyor. Mucize başladı. Peki siz buna izin verecek misiniz?

Birinci Bölüm

DNA 12 SARMALI VE KOPYA İNSAN

Selam

Beraber çıkacağımız bu yolculuktan önce kitabı okuyan herkesi selamlıyorum. Selamlama bizim için son derece önemli; çünkü Ta(sav)vuf kelimesi, içinde Allah'ın Muhammedi'ne selamını barındırır. "Allah'ın selamı Muhammed'in üzerine olsun." Tasavvuf, bu anlamı ile varlığı ayrılık bilincinden arındırmaya sokar. Kendine teslim olmayı anlatır. Peygamberin adının geçtiği yerde elin kalbin üzerine konması, sevginin ve saygının kabulüdür. Ancak bu kişinin kalbidir. Bir'in kalbidir. Selam kendinden kendinedir.

Bu kitabın niyeti; Tasavvufun tevhid öğretisini ve DNA'yı bir bütün haline getirerek, yüksek bilince geçme farkındalığı yaratmaktır. Ayrıca uzun zamandır DNA aktivasyonunu anlatan birisi olarak, seminerlerime gelen muhteşem insanların hem sorularına, hem aktivasyon çalışmalarımıza hem de onların canlı deneyimlerine büyük ölçüde yer verdim. Bu bilgi okuyanlar için gerçekten de sihirli bir süreç. Dinamik ve çok güçlü. Bu enerjiyi almaya izin veren her varlık, DNA'sında var olan tevhid katının bilgilerini, üstatlık katının bilgilerini ve beşinci boyut katının bilgilerini hatırlama periyoduna girebilir. En sonunda da bu üç bilgiyi birleştirip yükseliş sürecindeki yolculuğu için gerekli olan inisiyasyonunu gerçekleştirebilir.

Tevhid katının bilgileri: Tevhid katı kendini üç makamla gösterir. Allah'ın bilinmesi ve görünmesi, fiilleri, sıfatları ve zat iledir. Melami öğretisi; bu üç makamın, bir olan Allah'a ait olduğunu anlatır. Bu farkındalık hepsinin Hakka ait olduğu ve göze görünen her şeyin; Allah'ın varlığından, birliğinden, eşsizliğinden tecelli ettiğinin delilidir. Tüm niteliklerin kendisinde toplanmasıyla tevhid "birlemek, birleşmek" olduğu için, Allah kendisini, kendi mevcudu (fiil, sıfat, zat) ile delil kılar. Bu katın bilgeliği *"Lâ İlâhe İllallah"* ile açılır. *"Lâ"* yokluk sırrıdır ve varlığın kendi yokluğunu fark ederek *"Allah'tan başka yoksa ben kim olabilirim?"* manasıyla kendi varlığının da ondan başka bir şey olmadığı kabulüyle bu katmanın bilgilerine erişir. Allah ve ben ayrımı, bu yüce katın bilgeliğine erişmekle sonlanır.

Üstatlık katının bilgileri: Her varlığın sırrında üstatlık vardır. Bu bilinç katı ancak Allah ile ayrı olduğumuz illüzyonundan çıktığımızda ortaya çıkar. Üstatlık aslında var oluşu kavrayarak ustalaşmaktır ve kendi özünden gelen bilgilerden şüphe etmeden deneyimleme kabiliyetidir. Üstatlığının derin kabulüne geçenler, kendilerinin en derinlerinde Öz'e ait bilgeliğin zaten var olduğu farkındalığıyla bu kata erişim sağlarlar ve üstatlığa yükselirler. Bu çabasız bir eylemdir. Kendiliğinden ortaya çıkma durumudur.

Beşinci boyut bilgileri: Kadim tüm bilgilerin ortak noktası, insanoğlunun Allah'a yükselişiyle ilgilidir. Bu ancak saf bilinçte olmakla mümkündür. Bizler tekâmül ediyoruz. Şu anda içinde bulunduğumuz boyut katmanı üçüncü boyuttur. Deneyimlenecek ne kadar farkındalık noktası varsa o kadar da boyut vardır. Şimdi artık beşinci boyuta doğru yükseliyoruz. Aslında burayı çok özledik. Buradaki bilgilere aşinayız ve bu hepimizin içine kazılıdır. En basit anlatımıyla sevgi boyutudur ve Allah'ın kendini koşulsuz sevgiyle deneyimlemek arzusudur. İllüzyonun olmadığı, savaşın, diktatörlüğün, açlığın, yoksunluğun, korkunun, değersizliğin, yetersizliğin vb. şeylerin artık deneyimlenmeyeceği bir katmandır. Bu bilgelik bizim kaderimizde vardır. Allah kendi yanılsamasını üçüncü boyutta tamamladı. Bu onun eksikliği ya da yetersizliği anlamında değildir. Yükseliş için yanılsamanın da bilinmesi ve deneyimlenmesi zorunluydu ki; koşulsuz sevgiye tüm insanlık olarak geçebilelim. Beşinci boyut tüm varlığı "kendinden kendine tecelli etme" deneyimine, diğer bir deyişle, "Tanrı'nın kendini, kendisiyle bilme" farkındalığına şeffaf bir şekilde açarak cenneti dünyada kurmak için var olmuştur. İlahi plan, insanın kopyadan orijinaline dönüşümünü düzenlemektedir. Saf bilincin bilgileri hepimizin sevgi yoksunluğuna son veren bir durumdur. Yaratana tam güven duyarak üzerimizdeki utanç ve suçluluğu bırakıp, olduğumuz saf sevgi haline geri dönüyoruz. Burası gerçek yuva hissidir ki; burası ilahi olanla insan olanın tam ve bütünleşik yaşama yükselmesidir. Bilgi görkemli bir şekilde açılmıştır. Yükseliş titreşim frekansında bizi sarmalamıştır. Bu zaten gerçekleşti. Bunu hissetmek için zamandan çıkmak ve an neşesiyle saf bilinç sevgisini kucaklamak, bu boyutun bilgilerini bize hemen yansıtacak.

İnisiyasyon: İnisiyasyon, etimolojik olarak Latince "initiatio"dan gelir. Türkçe'ye Fransızca'dan girmiş olup orijinali "initiation"dır. Karşılığı ise "tedris, irşat" olarak genel bir anlamı ifade etse de özelde tasavvuf ile de karşılanabilir. Gerçekte Türkçe tam anlamı "öğretme, doğru yolu gösterme ya da erginleştirme" şeklindedir. Aynı kelimeden türeyen "inisiye"; geleneksel ezoterik bilgiyi almak için talip olan kişi ve "inisiyatör" de bu bilginin aktarımını yapan kişi demektir. Daha yerli bir ağızla söylenirse inisiye müridin, inisiyatörse mürşidin karşılığıdır.

Tasavvufta *seyri sülûk* anlamında geçer. Bu, manevi anlamda tasavvuf yolculuğu veya manevi yolculuk anlamına gelir. Bu yolda olanlar değişik basamaklardan geçerler. Her geçilen yer, kişinin kendini tam ve bütün hissetme farkındalığıdır. Seyr; seyretmek, sülûk ise yol anlamına gelir. Bir öğreticiyle (bu varlıklar her asırda olmuştur) birlikte bir yolculuk yapılır ve gayesi Hakka kavuşmaktır. Bu da ancak manevi makamlardan birlikte geçilerek yapılır ve tevhid öğretisini açığa çıkarır. "La ilahe illah" tecelli eder.

Altın çağın tecelli etmesi (beşinci boyut) ile inisiyasyonlar artık kendi farkındalığımızla gerçekleşmektedir. Dışarıdan içeriye doğru olan inisiyasyon artık, içeriden, direkt yapılmaktadır. Bu bilgeliğin açılması kişinin kendi inisiye sürecinden şüphe etmemesiyle yakından ilgilidir. "Ben Benim" ya da tasavvufi açıklamasıyla Enel-Hak (Ben de Hakkıım) kabulü gerçek inisiyasyon sırrıdır.

Üçüncü Yükseliş: Dünya daha önce iki defa yükselişi denedi ancak başarılı olamadı. İlk yükseliş Lemurya zamanımızdı. Dişil enerji çok fazla yoğun olduğu için deneyim sağlanamadı. Diğer bir deyişle; âlem iki enerjiden meydana gelmiştir: eril - dişil enerji. Dişilin Lemurya zamanında çok fazla aktif olması erili bastırdı. Eril enerji; yapan, eden enerjidir. Yaratımın ortaya çıkması ve tezahür gücü deneyimlenemedi ve âlemin bilinir kılması gerçekleşemedi. Bilme durumunda olmak başka bir şeydir onu deneyimlemek başka bir şeydir. Kahvenin yalnızca kokusunu duyumsayarak onu içemezsiniz ve içtim diye anlatmazsınız, onu içmeniz ve deneyimi keşfetmeniz gerekir. İşte Lemurya'da kahveyi keşfettik ancak deneyimi eril enerji tarafına aktaramadık. Bu dünyanın birinci batışıydı, ancak bunu bildiğimiz batış olarak görmeyiniz. İçimize çektiğimiz nefes ve sonra bu nefesi tekrar geriye verdiğimiz an gibi algılayın. Evrende hiçbir zaman yok oluş yoktur. Evren kendini bilmek adına ve bir sonraki seviyeye ulaşmak için önce içe çöker ve sonra tekrar belirir.

İkinci yükseliş Atlantis zamanımızdı. Burada da eril enerji çok baskındı. Dişil enerji bilgeliğine izin veremedik ve âlemin var oluşu ile ilgili şüpheye düştük. Dişil enerji, yuva enerjisi gibidir. Sizi şefkat ve sevgi ile besler. Yaratımın tüm sırrı dişil enerjide mevcuttur. Yine kahve örneği verecek olursak, bu sefer kahveyi içtik ve tadını deneyimledik; ancak kaynaktan-dişilden geldiğinden şüpheye düştük. Bu da bölünmeyi artırdı. Bilmek için kaynağa gitmek yerine, bunu kendimde bilirim düşüncesi ile denge bozuldu. EGO'nun ilk ortaya çıktığı yaşamımız Atlantis'tir. Eril enerji ilk başlarda dişille bir olarak yaratımı sağladığında; bu, teknoloji ve bilim alanında inanılmaz açılımlar sağladı. Kainatın sırlarını çözen çok sayıda bilim adamı ve rahipler dediğimiz ilim adamı vardı. Ancak *bunu ben kendim de yapabilirim* dendiği an çöküş başladı ve yine enerji dengesizliği meydana geldi. Bu dünyanın ikinci nefesini içine çekmesiydi.

Kendinden kendine bilgiyi açabilene ne mutlu!

DNA Nedir?

Deoksiribo Nükleik Asit (DNA), tüm organizmalar ve bazı virüslerin canlılık işlevleri ve biyolojik gelişmeleri için gerekli olan genetik talimatları taşıyan bir nükleik asittir.[6] Karbon, hidrojen, azot, fosfor ve oksijen gibi atomlar DNA'nın yapı taşları olan nükleitleri oluşturur.

Bilim DNA için "talimatlar dizilimi" diyor. Hatta telepatik olduğunu ispatladı. Gizemli ve çok şaşırtıcı. DNA bizim tanrısal kodumuzdur. Diğer bir deyişle; kuantum insan planının, ilahi planın kuantum olarak DNA da kodlanmasıdır ve yaşamın sırrını barındırır. Tanrısallığımız DNA kodunda gizlidir. Neden gizlidir? Çünkü kendini bilmek felsefesi bunu bir gizemmiş gibi gösterir. Bu gizemi merak ettikçe kendini bilmek başlar ve aslında sır budur. Gizem bizden saklanan bir şey değildir aslında. Gizem sadece tekâmül[7] içindir. Lemurya'da dişil enerji yoğundu. Daha fazla kadın enerjisi vardı. Eril enerji yetersiz kalınca bizler o gizemi tekâmül yoluyla genişletemedik. Dolayısıyla yükselemedik. Dünyanın şu anda bildiğimiz üçüncü yükselişi. Her şey DNA'da olup bitiyor.

DNA üzerinden bütün bilgeliğimizi, şifacılığımızı, geçmiş yaşantılarımızı, geleceğimizi, bizimle ilgili tüm bilgiyi görme şansımız var. Çünkü biz DNA'nın özünü temsil ediyoruz aslında. DNA bizi oluşturuyor.

---

6   www.tr.wikipedia.org

7   Tekâmül: Manevi anlamda olgunlaşmak, gelişmek ve evrimleşmek. Ruhsal yolculukta tüm varlıklar tekâmül etmektedir. Kendimizi en başta sevgiye, şefkate, tam ve bütün hissetmeye açabilirsek o zaman ruhsal olarak tekâmül etmeye başlarız. Diğer bir deyişle; içimizde hala nefret, kin, bencillik, yalan gibi duygu durumları mevcutsa tekâmül durur ve gelişemeyiz. Tekâmülün tek bir gayesi vardır; o da, kaynağa doğru genişlemek ve onunla bir olduğumuza uyanmaktır.

DNA'nın %96'sı Çöp Olabilir mi?

DNA onunla konuştuğun zaman işlemi başlatır. 100 trilyon hücre birbiriyle iletişim içindedir. Bugüne kadar buna maalesef aşina değildik; çünkü bize DNA ile ilgili çok kısıtlı bilgiler verildi. Şu anda geldiğimiz noktada bilim dünyası DNA'nın işlevsel olan kısmını % 4, geri kalan % 96'sını ise işlevi olmayan çöp DNA olarak değerlendiriyor. Oysa bu gerçekte böyle midir, olabilir mi? Muhteşem tasarlanmış bu harika merdiven gerçekten de işlevselliği kısıtlanmış olarak mı var olmuştur? Ruhsal bilgilere göre elbette ki bu şekilde tasarlanmamıştır. Aslında tüm gizem çöp denilen o %96'dadır.

İşte tüm gizemin ortaya çıktığı nokta burada başlıyor. Bilim burayı çözemiyor. DNA'nın işlevselliğinin farkına varamıyorlar. Tıpkı insanoğlunun kendi içindeki tanrısallığını hissedip tanımlayamadığı gibi. Aslında en derinlerde özümüzün gerçekte ne olduğunu bilmiyor muyuz? Bal gibi de biliyoruz. Her birimiz kim olduğumuzu çok iyi biliyoruz. Fakat öyle bir mekanizmanın ve sistemin içindeyiz ki; çok ağır bir hipnoz örtüsüyle üstümüz örtülü olduğundan ne zaman bundan çıkmaya çalışsak, o hipnoz bizi derhal başka bir hipnoza sokuyor. Uyanış ancak DNA farkındalığıyla olan bir şeydir. O yüzden DNA aktivasyonu!

Anadolu'nun Tanrıça Enerjisi

Türkiye topraklarında yaşayan bizim uyanışa geçmemiz bu anlamda büyük bir önem taşır. Çünkü bizim aktive olacak DNA'larımız gerçekten çok yoğun bir tanrıça enerjisi içerir. "Anadolu" kelimesi "Ana"yı içerir. Biz bu kültürün mirasçılarıyız. Biz anaç bir ülkeyiz. Sevgiyi,

şefkati çok güçlü bir ülkeyiz. Ancak -kült DNA'larımız-
da olmasına rağmen- bunun farkında olamadığımız için
değersizlik veçhesi oluşturmuş durumdayız. Toprağımı-
zın enerjisi çok kuvvetlidir çünkü Anadolu toprağı kris-
tal enerjileriyle[8] oluşmuştur.

Değersizlik veçhesi öyle laf ola beri gele bir veçhe[9] de-
ğildir. İçimizdeki Anadoluluk o kadar aşağılara inmiştir
ki bunun tek nedeni tanrıça enerjisinin Türkiye'de ör-
tülmesidir. Çatalhöyük'e gideniniz varsa, orada ilk tan-
rıça kültü olarak Kibele'yi görürsünüz. Dünyada ilk ana
tanrıçayı betimleyen yer Anadolu topraklarıdır. Tüm
Türkiye'de aslında inanılmaz bir tanrıça enerjisi vardır.
Fakat biz buna çok fazla değer biçmeyiz. Dönüp bakma-
yız. Çünkü bu topraklarda tanrı kültürü vardır. Ataerkil
olunca sadece ve sadece tanrı, tek tanrı ve o gökte ve o
cezalandırıcı ve o ancak işte deneyen, sınayan, sınavla-
ra tabii tutan bir tanrı. Oysa bu bizim DNA'mıza aykırı.
DNA'mız der ki: Sende tanrısallık kodu var, seni kimse
sınayamaz, senin herhangi bir deneyselliğin yoktur, eğer
sen inisiyatifi eline alırsan bu kod sana otomatik olarak
açılır ve daha sonra sen deneyimlerini düzgün yaparsın.
Düzgün yapmaktan kastettiğim; "kendini bilmek"tir.

Bu kavramdan yola çıktığımız zaman her anlamda
kendimizi bilmekten bahsediyorum. Her birimiz kendi
içimizdeki bilmek arzusunun aslında Allah'tan geldiği-
ni fark ettiğimizde bu bizim bedenimizde de büyük bir
değişim başlatarak hormonlarımız üzerinde büyük bir

---

8   Kristal enerji: Kristal enerji sade, net, şeffaf, saf, açık ve aydınlık bir ener-
     jidir. Aslında ruhu tanımlamak için kullandığımız bir terimdir. Ruhun
     parlaklığı kristal gibidir ve her yeri aydınlatır. İnsan da kendi saflığını,
     sadeliğini, aydınlığını ruhla özdeşleştirirse tıpkı onun gibi kristalleşir.

9   Veçheler, kendimiz tarafından çeşitli durumların üstesinden gelmek için
     yarattığımız farklı kimliklerdir. Kendimizin oluşturduğu huylarımız ola-
     rak da düşünebiliriz.

denge meydana getirecektir. Bu anlamıyla insan bedenindeki hormonlar çok önemlidir.

Hormonlarımızı Ciddiye Almalıyız!

Hormonları ciddiye almalıyız! Hormonlar bizi yönetip çok yüksek şekilde titreşen bir beden dönüşümü yaratabiliyorlar. Örneğin gece saatlerinde (23-04 arası) en üst seviyede salgılanan melatonin hormonuna baktığımızda -ki bu epifiz beziyle ilişkilidir; aynı zamanda üçüncü gözümüzdür, fiziksel ve ruhsal dünya arasındaki bir bağlantı noktamızdır- ve bu bağlantımızın farkına vardığımızda, "mutluluk hormonu" olarak bilinen seretonin de en üst düzeyde salgılanmaya başlar. Hepimizde zaten doğal olarak sahip olduğumuz mutluluk hormonu herhangi bir sebebe dayanmaksızın derin bir vecd hali gerçekleştirmektedir aslında.

Epifiz bezi insanların çok güçlü bir yaratıcılık potansiyeline sahip olduğu çok önemli bir organdır. Fakat en üst seviyede salgılanamaması durumu da vardır. Ve elbette yeterli düzeyde salgılanmazsa soluğu psikiyatr merkezlerinde almamız kaçınılmazdır. İşlevini yitirmiş bir epifiz bezi, hizmet etmeyen duygu ve düşüncelerle ilgilidir. Kişi kendini bu düşük duygularla deneyimlemeye başladığında ve kendini bilme arzusunu tıkadığında bu, epifiz bezinin kireçlenmesine sebep olur ve istenilen derin deneyim gerçekleşmez. Meditasyonlar ve ibadetler değersizlik ve yetersizlik duygularıyla işlevselliğini yitirir. Epifiz beziyle ilgili çok önemli meditasyonlar var. Fitness a gidip kas geliştirmenin yanı sıra iç organlarımızı da geliştirmeyi öğrenmeliyiz, çünkü iç organlarımızın işlevselliğinin onarılmaya ihtiyacı var. Epifiz bezimizi kullanmaya kullanmaya işlevselliğini yitirdi ve büzüştü.

Epifiz bezi bizim bilgeliğimiz demektir. Kendimizi bilgeliğe inanılmaz derecede kapattığımız için çok sınırlı algılara sahibiz, dolayısıyla her şeyi sınırlı insan zihniyle algılıyoruz. Epifizin açılmasına niyet edersek o zaman algılamadığımız şeyleri daha net anlamaya başlarız. Epifiz bezinin açılıyor olması derin bir meditasyon demektir. Derinleşebiliriz. Bazıları meditasyonlarla da derinleşemediğini, konsantre olamadığını ve aklına bir sürü şey gelerek yoğunlaşamadığını söyler. Az önce de söyledim, hormonlar yeterince salgılanamadığı zaman işlevselliğini yitirir, bunu aktifleştirmenin yolunu Kur'an bize sunmuş.

Kur'an-ı Kerim'de Hz. Muhammed'e gelen ayette "Ya Muhammed gecenin üçte bir vaktinde kalk ve namaz kıl" der.

Bu ayetten epifiz bezinin gece namazıyla, yani karanlıkta aktifleşeceğini anlıyoruz. Bizim nafile namaz dediğimiz şey; aslında ilahi olan parçamızla bütünleşerek zihnin ötesine geçmektir. Zihin kendi karanlığında olduğu için diğer bir deyimle bilincimiz kapalı olduğundan karanlığın anlamını gerçekte anlayamıyoruz. Karanlık, bilinmeyen, göremediğimiz, henüz belirmemiş, açılmamış bilgeliğimizdir. Bu bağlamda baktığınızda karanlığı kötü bir şey olarak algılayabilir misiniz? Karanlık enerji var ve bu muhteşem. İyi ki benim karanlığım var, ben bu sayede orada bütünselliğimi göreceğim. Ancak bunun yerine biz ne yapıyoruz? Karanlık gibi gördüğümüz şeylerden, onlarla yüzleşmekten kaçtığımız için, asırlardan beri "ben" zaten bu sistemin içinde köle oldum diyoruz. Orası çok kötü geliyor ve zihnimiz bize "oraya sakın bakma" diyor. Eğer "ben varım" diyeceksem, DNA'larım aktive olacaksa önce karanlığıma bakmak zorundayım.

Diğer bölümlere geçmeden önce veçhelerimizden söz etmek ve Hz. Musa'nın İsrâiloğullarını Nil'i yararak geçirdiği bölüme farklı bir bakış açısıyla yaklaşmak istiyorum. Üstelik bu mesel DNA aktivasyonuna çok güzel bir örnek teşkil ediyor.

Veçhelerimizi Anlamak ve Mucizelere Kucak Açmak

Ruh kendisini keşfetme deneyiminde olduğu için her zaman veçheler ve kimlikler yaratır; onları kutsar ve onlara özgürlük verir. Bu veçheler daha sonra deneyim yaşamak için uzaklaşabilir ve kendi veçhelerini yaratır ve aynadaki yansımalar gibi sonsuz sayıda veçhemiz olabilir. Örneğin âşık olmak istediğimizde aslında bu duyguyla bir veçhe yaratırız ve o veçhe de gider âşık olunan diğer veçheyi yaratır. Böylelikle aşk deneyimlenir.

Bu yaşamda kimliğimiz vardır. Bir veçhe yarattığımız zaman, ilk önce bizi yansıtır; fakat sonrasında dönüşür, adapte olur, uyarlanır ve sonra kendi kimliğini yaratır. Kendini taklit eder. Hatta bunu yapmak zorundadır çünkü o bizim yeniden yaratış şeklimizdir. Bu sayede genişleyebiliriz. Veçheler üç şekilde olabilir. Birincisi hizmet eden veçhelerdir. Örneğin kahve içen veçhemiz bize kahve içirtir. Ya da spor yapmayı seven bir veçhemiz vardır ve spor yaparız. İkincisi tutuk veçhelerdir. Bunlar çeşitli olaylara verdiğimiz tepkilerle oluşmuş veçhelerdir. Toplum önünde yediğimiz bir tokat, ya da uğradığımız taciz, iflaslar, sevdiklerimizin kaybı sonucunda gri veçheler yaratarak kendimizi bloke ederiz. Üçüncüsü siyah veçhelerdir. Bunlar aşırı derece de derindir ve inanılmaz bir korku hakimdir.

Kişi, işkence, ağır eziyet, tecavüz yaşamışsa kendini bloke ederek hayattan saklanmaya ve kaçmaya başlar ve karanlık veçheler yaratır.

Biz önce veçhelerimize, karanlığımıza bakalım sonra mucizenin ışığını yakalım.

Anlatmadıklarımızda, anlatmak istemediklerimizde gizli asıl şifa… İnsanların bakmak istemedikleri tarafları aslında gerçek özgürleştirmeleri gerekenler…

Bu noktada size küçük bir danışanımın aslında ne kadar basit görünen bir veçhesinin tüm hayatını etki altına aldığı deneyiminden ve onu nasıl şifalandırdığımızdan söz etmek istiyorum;

Çok yakın bir dostum, bir arkadaşının sekiz yaşındaki oğlunun öfke problemi yaşadığını, onun arkadaşlarıyla geçinemediğini, okuldaki diğer çocuklarla sürekli kavga ettiğini ve de hatta onlara fiziksel şiddet uyguladığını ve bu nedenle onu bana getirmek istediklerini söyledi. Çocuk beş yaşından beri böyleymiş.

O gün annesiyle kapıdan içeri giren muhteşem enerjili ancak çok sinirli olduğu her halinden belli olan Alpercan'la tanıştık. Konuşmaları sert, yüzü gülmüyor ve kanepede ancak üç dört dakikalığına oturabiliyordu. Önce ona arkadaşlarını sorarak konuyu açtım. Bana onları hiç sevmediğini ve onu çok sinirlendirdiklerini anlattı. Ben de neden seni sinirlendiriyorlar peki? dediğimde "onların hepsi aptal" diye cevap verdi. "Hepsi mi gerçekten?" dediğimde "evet hepsi" diye kestirip attı. Çocuğa ulaşmak için sinirinin asıl kaynağını bulmam gerekiyordu. Karşımda inanılmaz akıllı biri vardı. Ona yönelttiğim tüm soruları kırk yaşında bir adam gibi yanıtlıyordu. Anne ve babası hakkında ise hiç olumsuz konuşmuyordu. Bir sorun vardı ancak onu bulmak o kadar kolay değildi.

Ona nasıl rüyalar gördüğünü sordum. Bana hiç hatırlamadığını söyledi. Ben de bunun mümkün olamayacağını, herkesin rüya gördüğünü ama hatırlamadığını anlattım. Biraz daha düşünmesi gerektiğini ve onu en çok etkileyen rüyayı hatırlamasını izin vermesi gerektiğini açıklıyordum ki; birden "hatırladımmm" diye bağırdı.

"Rüyamda bir canavar vardı. Yüzü uzaylıya benziyordu. Kısa bacaklı ve elinde üç mızraklı kılıcı vardı. Denizden çıkarak bana doğru geliyordu. Çok korktum ve ondan kaçmaya başladım ve uyandım. O adamı daha sonra bir kitapta gördüm. Poseidon'muş." dedi.

"Peki bunu daha önce bir kitapta görmüş ve etkilenmiş olabilir misin Alpercan?" diye sorduğumda bana "Hayır, daha önce görmedim. Önce rüyayı gördüm ben." dedi, bunu söylerken, sesi biraz yükselmişti. "Bana bunu tahtada çizebilir misin canım?" dediğimde "Tabii, ben çok güzel resim çizerim" dedi ve çizdi. Karşımda gerçekten de çocuğun kabusu olmuş biri vardı.

O anda durumun buralarda sıkışmış olabileceğini sezinledim. "İlkokul öğretmenlerin nasıl? Onları seviyor musun?" dedim. 'Evet' diyerek tereddüt etmeden cevap verdi. Sezgilerim okulla ilgili bir şey olduğunu söylüyordu ancak o öğretmenlerini çok seviyordu. Birden ona "Peki, sen anaokuluna gittin mi Alpercan?" dedim. "Evet" dedi. Annesi de başıyla onayladı.

O anda her şey yerli yerine oturdu. Alpercan, tereddütsüz şekilde devam etti. "Gittim ama nefret ettim."

"Bana neler olduğunu anlatır mısın peki?"

"İngilizce hocamız vardı. Hepimize çok kötü davranırdı. Hepimizi korkuturdu. Gözleri çok korkunçtu. Bir gitarı vardı. Arkadaşlarım ve ben ondan çok korkardık.

Hiç hareket etmezdik. Hiç konuşmazdık. Bizi hep ceza-landırırdı." "Onu tarif etsen ne renkti?" dedim.

"Siyahtı" dedi.

"Anlıyorum" dedim. Birden ona dönerek "Tahtaya bak Alpercan, hocan bu tahtaya çizdiğin kişi olabilir mi?" dedim.

O anda çocuk bağırarak ve heyecan dolu bir sesle "Evet, evet, anne bu o" dedi. "Bak anne kısa bacaklı. Bu o." dedi.

Üçümüz de o an kalakaldık. Annesi bana "Alpercan beş yaşından beri çok sinirli Esra hanım. Bununla mı ilgili diyorsunuz" dedi.

"Evet." dedim. Bununla ilgili. "Şu anda da İngilizce öğrenmeye karşı çok direnç gösteriyor. İnanamıyorum," dedi. Şimdi önümde elinde tuttuğu mızrakla özleştirdi-ği hocasının gitarını bile ölümcül silah olarak algılayan bir çocuk vardı.

O andan itibaren konunun bu aşamasını çok dikkatli bir şekilde ele almam gerekiyordu.

"Alpercan, sen zamanda yolculuk yapılabileceğine inanır mısın? Senin şimdi hatırladığın bu olayın gerçek-leştiği anıya gideceğiz. Bunu nefes alarak gerçekleştire-ceğiz. Şimdi uzanmanı istiyorum. Sizin çok iyi bildiği-niz nefesi yapacağız. Burnundan karnına doğru derin derin nefes alacağız.

Şimdi o sınıfta olduğunu hayal et. Arkadaşların ve öğretmenin hemen oradalar. Sen şimdi korkmuyorsun. Hissediyor musun oradakileri?"

"Evet."

"O halde şimdi öğretmeninle konuşmanı istiyorum. Söylediklerimi lütfen tekrarla: Senden korkmuyorum. Bizi bir daha korkutmana izin vermeyeceğim. Bir daha bizi cezalandıramayacaksın. Senden korkmuyorum."

O dakika çocuğun soluk alışları değişti. DNA'ların üzerindeki hasarı şifalanmıştı. Özgürleştiğini hissediyorduk.

Sonraki zamanlarda annesini şimdiki İngilizce öğretmeni arayarak okula davet etmiş. "Çocuğunuza ne yaptınız? İngilizcesi anormal derecede düzeldi" demiş. Annesi de yaptığımız çalışmadan bahsetmiş.

Alpercan'a gelince o şimdi çok mutlu. Bana gelince bir gün kırk yaşında öfke kontrolsüzlüğüyle mutsuz dolaşan bir varlık olmadan daha çocuk yaşta öfke veçhesiyle yüzleşmiş harika bir varlıkla çalışmanın dayanılmaz minnettarlığındayım..

Allah, Musa'ya "Asân ile denize vur"[10] diye vahyetti. Hz. Musa, bu emir üzerine asâsını denize vurdu. Deniz, hemen ikiye ayrıldı. Her bir tarafı, yüksek bir dağ gibiydi. Önlerine çok geniş ve kupkuru on iki tane yol açıldı. On iki sülâle olan İsrâiloğulları, bu yollardan yürüyüp karşıya geçtiler.

Hikaye çok açık bir şekilde mucizeden bahsediyor. Hz. Musa'nın dillere destan asası ile yapamayacağı hiçbir şey yok. Ancak ben bunu DNA olarak anlatmak istiyorum. Eğer bizler asâmızla (yani kundalini enerjisiyle) denize (bilgeliğimize izin verirsek) vurabilirsek o deniz hemen DNA'yı aktive etmeye başlayacak. Çift sarmal mucizesi devreye girecak ve 12 sarmala doğru yolculu-

---

10   Şuara, 63.

ğumuz başlayacak. On iki sülale olan İsrâiloğulları (Hz. Yakup'un diğer adı İsra'dır ve onun 12 oğlu olduğu için, onların soyundan gelenlere İsrâiloğulları denir) zihnin ötesine geçerek aktivasyonlarını tamamlamış olanlardır.

Hep birlikte asâmızı denize vurmaya niyet ediyorum.

DNA Tanımı ve Kur'an Sureleri[11]

Haydi sizlerle biraz Kur'an'da DNA'yı keşfe çıkalım…

Kur'an'da birçok ayette DNA kelimesi geçmektedir. Bunlardan benim en çok dikkatimi çeken DNA'nın Kaf suresi dördüncü ayette, "Kad alimnâ mâ tenkusul ardu minhum" ve "indena kitabun hafizun" olarak geçmesidir. Türkçesi şöyledir: "Toprağın onlardan neyi eksilttiğini pek iyi bilmişizdir biz. Her şeyi saklayıp koruyan bir Kitap var katımızda."

Burada "indena" kelimesi "yanımızda ya da katımızda" anlamına geldiğine göre, acaba "indena" kelimesi içinde DNA mı geçmektedir. Öyleyse "indena" yerine "DNA" kelimesini koyduğumuzda "DNA'da saklı olan, koruyan kitap" anlamına gelmesi çok mantıksız değildir.

"Andolsun, insanı biz yarattık ve nefsinin kendisine fısıldadıklarını biliriz ve biz ona şah damarından daha yakınız."[12]

Yukarıdaki ayette "şah damarı" olarak açıklanan "habl-il werid" kelimesinde geçen "habl" kelimesinin

---

11   Bu başlık altında değindiğim bilgileri yorumlarımla size aktarsam da kaynağı T.Taşpınar'ın www.yenimucizeler.com sitesinde yer alan yazılardır.

12   Kaf, 50/16.

anlamları da dikkat çekici bir şekilde DNA'nın başka özelliklerini yansıtmaktadır. "HABL: Malum olduğu üzere ip ve bağ demektir. Damar manasına da gelir."[13]

Habl: İp. Urgan. Halat.
Tıb: Vücutta ip gibi olan âzalar[14]

Bugün modern biyolojide DNA'nın iplik şeklindeki yapısı bilinen bir özelliktir ve DNA zincirlerine DNA iplikleri denilmektedir. Kelimenin iplik anlamının yanında bağ anlamına da gelmesi DNA'nın bağlardan oluştuğu bilgisiyle örtüşmektedir. Bütün bu yorumları DNA ile ilgili doğrudan ilgili olabilecek Kaf suresinin dördüncü ayetinden yola çıkarak yapabiliyoruz. Zira DNA ile ilgili modern bilimin ulaştığı bilgilerle Kuran ayetlerindeki işaretler arasında bu denli bir uyum olabilmesi ve bunların aynı surede geçiyor olması, kolay kolay rastlantıyla veya sadece yorumla açıklanabilecek bir durum değildir. Kaf suresi dışında insanın yaratılışını ve aşamalarını anlatarak başlayan İnsan suresinde de DNA ile ilişkilendirilebilecek önemli işaretler vardır:

"İnnâa'tednâlilkâfirîneselâsile ve ağlâlen ve seîrâ"[15]
İnnâ: Muhakkak ki biz
A'teDNA: Hazırladık
Lilkâfirîne: İnkar ediciler için
Selâsile: Zincirler
Ve ağlâlen: Ve halkalar
Ve saîran: Ve çılgınca yanan ateş

---

13 www.kuranikerim.com
14 www.osmanlicaturkce.com
15 İnsan, 76/4.

Ayetin ikinci kelimesi olan "a'tedna", DNA harfleriyle bitmektedir. Hemen ardından da DNA zincirine çağrışım yapacak şekilde zincirlerden söz edilmesi de ilgi çekici bir durumdur. Ayrıca ayette "halka"lardan da bahsedilmektedir. Peki, DNA'nın "halka" şekliyle bir ilişkisi olabilir mi?

Yükseliş Zamanı Geldi

DNA tüm çekirdeğimizin hücrelerinde bulunmaktadır. Varlığı 1869'da İsveçli biyolog Friedrich Miescher tarafından keşfedilmiştir. Daha sonra James D. Watson ve Francis Crick DNA'nın ikili sarmal olduğunu ve her bir sarmalın döngüsünün boyunu da keşfetmişlerdir. Şimdiye baktığımızda DNA, ikili sarmal şeklinde kıvrılan bir yapıya sahiptir ve tıpkı bir merdivene benzer. DNA'nın çift sarmal yapısı iki zıt sarmalın birleşiminden oluşur. Yarısı erkek yarısı dişidir. Bunu tıpkı erkek ve kadın kutbiyeti gibi düşünebiliriz. Başka bir deyişle; Adem ile Havva olarak da düşünebiliriz ki, bu da bizi cennetten kovulma hikâyesinin ötesine götürür. Aslında cinsiyetsiz olan eril-dişil, hem dişiyi hem erili bir bedende taşıdığımız gerçekliğine gelirsek; bu DNA'nın sırrıdır ve 12 sarmaldan meydana gelen muhteşem varoluş şablonudur.

Dünyanın yükselişi ve DNA aktivasyonu, insanlığın yükselişiyle eş zamanlı olarak gerçekleşmektedir. Dünya kendi yükselişini zaten yapmaktadır. Peki bizler bu sürecin içinden geçtiğimizin farkında mıyız? Hepimiz asırlardır bu yükselişi bekliyorduk. Hatta bunun için sıraya bile girdik ve bu çok zor aşamalardan hep birlikte geçmeye niyet ettik. Bugün insanoğlu büyük bir sıçramaya şahitlik etmektedir. Bu sıçrama kuantum düzeyde[16] yaşanmaktadır. Hepimiz çok boyutluyuz. Tıpkı DNA'nın olduğu gibi. Elimizde bulundurduğumuz en değerli öğreti Tevhid (birleme-bütünleşme) ilmidir ki; gerçekten de o da çok boyutlu düzeyden İnsan-ı Kamil[17] olma yolculuğunu anlatır. Tevhid ilmi beşinci boyut enerjisidir. Yeni enerjiyi anlatır. Enel Hak[18] sırrını anlatır.

Bu bir yolculuk mu gerçekten? Eğer öyleyse bu yolculuğun sonu nereye varacak? Her şeyden önce bu yolculuğun bir süreç olduğunun bilincinde olmamız çok önemli. Aslında bu yol; varılacak bir yer olmasından ziyade; bizlerin genişleyerek, yüksek bilince doğru miraç edeceğimizin gerçekliğine uyanışıdır. Özümüzden gelen bilginin kabulüne girdiğimizde bu; yukarıdan dikey bilgi olur ve biz de onu yatay olarak deneyime sokarız. Yukarısı kaynak ise aşağısı da bu kaynağı dünyada deneyimleyenlerdir. Kimdir onlar? Bizleriz. Yukarısını ve aşağısını tevhid edecek olanlarız.

DNA başlı başına bir öğretidir ve ben bunu kopyadan çıkma felsefesiyle açıklamayı uygun gördüm. Bu haliyle daha geniş bir perspektiften daha anlaşılır bir hale gelmesine niyet ediyorum. Bu yüzden zihin berrak olmak zorundadır; zira onun ötesine geçeceğiz. Zihin bir illüzyon yaratma peşinde olduğundan ruhtan haberi olmadan yaşam sürer ve enerjisini bedene kendi illüzyonu ile aktarır. İşte "Allah korusun" dediğimiz yer. 100 trilyon hücre var ve hepsi birbiriyle iletişim içindeler ve başı boş dolaşıyorlar. Yani bilinç yok. Tıpkı bir fabri-

---

16 Kuantum düzey: Kuantum, atom düzeyindeki, hatta atomdan daha küçük parçacıkların fizik kurallarını tanımlamakta kullanılır. Kaynak: www.kuantum.nedir.com

17 İnsan-ı Kamil: Tasavvufta insanın ulaşabileceği en üst makam.

18 Enel Hak: "Ben hakkım" diyerek kendinde Haktan başka bir şey bulamayan ve kendini zihninden arındırmış varlık.

kada patron olmadan işçilerin çalışması gibi. Sonuç ne olur? Kafalarına göre çalışır ve üretmeye kalkarlar. Bu örnekte olduğu gibi bedenimiz de tıpkı fabrika gibidir. Ruh patron olarak devreye sokulmadıysa, kafasına göre takılan işçilerin fabrikayı çökertmesi kaçınılmazdır. İşte ruh, zihin ve beden birlikte çalışmazsa DNA'da büyük hasarlar meydana gelir. Ancak bütünselliğe girdiklerinde tam randımanlı bir yaratım başlar.

Bilimsel ve Ruhsal Birleşme ile DNA Açılımı[19]

Bilimsel kaynaklardan alınan aşağıdaki alıntılar bu durum hakkında bir fikir verebilmektedir. Her ne kadar bilimsel bir dille yazılmış ve bu konu hakkında uzman olmayanlarca anlaşılması zor görünse de DNA'nın halka şekliyle ilgisi belirgin bir şekilde anlaşılmaktadır.

DNA Halkalaşması

DNA halkalaşması, molekülün hem eksensel (bükülme) sertliği hem de torsiyonal (dönel) sertliği ile ilişkilidir. Bir DNA molekülünün başarılı bir şekilde halkalaşabilmesi için tam halka olabilecek kadar uzun olması gerekir; buna ilaveten, kovalent bağların oluşabilmesi için uçtaki bazların doğru açıya sahip olması gerekir, bunun için de molekülde doğru sayıda baz bulunması gerekir. DNA halkalaşması için optimal uzunluk 400 baz çiftidir (136 nm uzunluk), DNA sarmalındaki dönmelerin sayısı tam sayı olmak zorundadır.

---

19 Bu başlık altında değindiğim bilgileri yorumlarımla size aktarsam da kaynağı T. Taşpınar'ın www.yenimucizeler.com sitesinde yer alan yazılardır.

DNA Topolojisi

Hücredeki çoğu DNA topolojik olarak kısıtlanmıştır. DNA ya kapalı halka şeklindedir (prokaryotlardaki plazmitler gibi) ya da çok uzun moleküllerdir ki, bunlar, düşük difüzyon katsayısı yüzünden fiilen topolojik olarak kapalı bölgeler meydana getirir. DNA'nın lineer kısımları da çoğu zaman membranlara bağlı proteinler tarafından bağlıdır ve bunun sonucu topolojik anlamda kapalı halkalar oluşur.

Bunların yanında ayette geçen "kâfirine" kelimesine dikkat çekmek gerekir. Kâfir kelimesi ile aynı kökten (k-f-r kökünden) türeyen "kefr" kelimesi "örtme, sarma" anlamlarına gelmektedir.[20]

Özellikle "sarma" anlamı ele alındığında yine DNA'yı çağrıştıran bir özellik dikkat çekmektedir. Çünkü DNA zincirleri "sarmal" şeklindedir. "DNA, birbiri üzerine kıvrılmış iki adet sarmal yapıdan oluşur."[21]

"Gökten bereketli bir su indirdik, onunla bahçeler ve biçilecek daneler bitirdik."[22]

Yine Kaf 9. ayet:

"Ve nezzelnâminessemâimâenmubâreken fe enbetnâbihîcennâtin ve HABBEL HASÎD" olarak okunmaktadır.

DNA bir nükleik asittir yani diğer bir deyişle "çekirdek asiti"dir. En çok çekirdekte bulundukları için nükleik asitler (çekirdek asitleri) diye isimlendirilmiştir.[23]

20 Kâfir kelimesi de zaten "Hakkın varlığını gizleyen, örten" anlamındadır.
21 www.tubitak.gov.tr
22 Kaf, 9.
23 www.frmtr.com

Kaf dokuzuncu ayette geçen 'habbelhasidi' kelimeleri çekirdek asidi kavramını çağrıştırmaktadır. Asit kelimesi bilim dilinde ve tüm dillerde hemen hemen aynı şekilde telaffuz edilir. Aynı durum Arapça için de geçerlidir. Ayetteki "habbelhasidi" olarak geçen "hasid" kısmı asit kelimesini çağrıştırmaktadır. Hasidi, aslen "hasat edilen, biçilen" anlamındadır. Habbe kelimesi ise "tane", "çekirdek" anlamlarına gelmektedir.

Bu özellik "habbelhasidi" kelimelerinde "çekirdek asiti" kavramına işaret edildiği gerçeğini açıkça ortaya koymaktadır. Kaf suresinin 10. ayeti şöyle yorumlanabilir:

"Ve'nnahlebâsikâtinlehâtal'unnadîd."
Ve'nnahle: Ve hurma ağaçları
Bâsikâtin: Yüksek, uzun
Lehâ: Onun (var)
Tal'un: Tomurcuk
Nadîdun: Üst üste yığılmış, dizilmiş, kümelenmiş
"Ve üst üste kümelenmiş tomurcukları olan uzun hurma ağaçları."

Hurma, içerdiği bol fosfor ve kalsiyum ile kemik zayıflığına karşı bünyeyi korur ve bu hastalıkların azaltılmasına yardım eder. Hurma içerdiği %60-65 oran ile en çok şeker içeren meyvelerden biridir.[24]

DNA molekülü, heliks (=sarmal) şeklinde kıvrılmış, iki kollu merdiven şeklindedir. Kollarını, yani merdivenin kenarlarını, şeker (deoksiriboz) ve fosfat molekülleri meydana getirir. Deoksiriboz ile fosfat grupları ester bağlarıyla birbirlerine bağlanmıştır.[25]

---

24   www.hasadorganik.com

25   www.genetikbilimi.com

Kaf 10. ayette hurma ağacı ve üst üste dizilmiş tomur-cuklar ile modern bilimdeki DNA zinciri modeli arsında bir bağ kurulabilir. Çünkü uzun hurma ağaçları uzun DNA zincirlerini temsil ediyor olabilir. Bahsedilen DNA zincirleri şeker ve fosfattan oluşur ve hurma bu iki mad-deyi bu kadar bol miktarda içeren belki de tek bitkidir.

Kurumuş hurma dalı sarmal şeklini alır. Bu şeklinden dolayı bazı kaynaklarda, Ay'ın Dünya ve Güneş çevre-sindeki hareketlerinden dolayı "Ay'a da bir takım evre-lerle ölçü biçtik. Nitekim o eski ve eğri hurma dalı gibi döner."[26] ayetinden yola çıkılarak ve Ay'ın hareketlerinin sarmal bir yol oluşturması özelliğiyle birlikte bir başka Kur'an mucizesine işaret edilmektedir. DNA zinciri de sarmal şeklindedir ve hurma dalının bu sarmal şekli bir başka yönden yani DNA'nın sarmal şeklini çağrıştırması ve yukarıda bahsedilen diğer özellikleriyle birbirini des-tekler ve tamamlar bir şekilde, Kuran'ın bir başka muci-zesine işaret eder.

"Kullar için rızık olsun diye. Ve onunla ölü beldeye ha-yat verdik. (Topraktan) Çıkış (diriliş), işte bunun gibidir."[27]

Yeniden dirilişin de DNA'da saklı genetik bilgilerin kullanılması şeklinde gerçekleşebileceğine bir işaret ola-rak düşünülebilir. Tabii ki bu bilgiler insanın ya da can-lının bir parçasının genetiğine bakılarak anlaşılamaz. Var olmuş olan tüm varlıkların bilgisinin içeriği DNA'daki Yüce Allah'ın katındaki saklı kitapta zaten mevcuttur. İşte bu mevcut olan bilgilerin açığa çıkması bir diriliştir.

Kaf 11. ayet, yeniden dirilişin de DNA'da saklı ge-netik bilgilerin kullanılması şeklinde gerçekleşebile-

---

26 Yasin, 39.

27 Kaf, 11.

ceğine bir işaret olarak düşünülebilir. Ama tabii ki bu bilgilerin, mutlaka insan ya da canlının bir parçasının kullanılması şeklinde olacağı anlamına gelmez. Zaten DNA'daki bu bilgiler Yüce Allah'ın katındaki saklı bir kitapta yazılıdır.

"İz yetelakkâlmutelakkîyânianilyemîni ve aniş-şimâlikaîdun."[28]

İz: O zaman
Yetelakkâ: İkisi telâkki eder, kaydeder, tespit eder
El mutelakkîyâni: iki telâkki edici, iki yazıcı, iki kaydedici
An il yemîni: Sağından
Ve an iş şimâli: Ve solundan
Kaîdun: Oturan
"O zaman, sağda ve solda oturan iki telâkki edici (tespit edici melek), (amelleri) tespit ederler."

Aslında ayette "melekler"den ve "ameller"den söz edilmez. Sadece, sağda ve solda bulunan iki kaydedicinin kayıt altına aldığından bahsedilir. Diğer bir deyişle; DNA çift sarmalı (iki kayıt edici) her türlü bilgiyi kaydetmektedir. İnsan; evrenin canlı kitabıdır. DNA'larına, bilincin en derinine saniyede 70 milyar bit-kaydeder. Bu kayıt, asırlık yaşamlar dahil evrende deneyimlenen bütün her şeydir ve aslında ruhun kozmik hafızasına kaybolmamak üzere onları aktarır. Tüm yaşam formlarındaki bilgileri, olayları zaman ve mekan sınırı olmaksızın kaydeder.

Yukarıdaki Kaf suresi 17. ayette de DNA zincirinin iki yanındaki şeker ve fosfat moleküllerinin genetik bil-

---

28   Kaf, 17.

gileri kaydetme konusundaki rolleri kastedilmiş olabilir. Bunun yanında ayette geçen "yemin" kelimesi "sağ el", "şimal" kelimesi de "sol el" anlamlarını da içermektedir. İlginç bir şekilde DNA için de sağ ve sol el kavramları ayırıcı bir özelliktir. DNA'nın A ve B halleri de sağ-elli sarmallardır. DNA'nın Z hali sol-ellidir.[29]

Yedi Arapça'da "çok" demektir, fakat yedi tekil bir sayıdır ve yaratım demektir. Bu yaratımı daima kendi bilgeliğimizle algılayacağız. Yedi katmanlı dünyanın Miraç'a bizim aracılığımızla çıkması için kendinizi bu bilgeliğe açın. Bunu daha derin seviyede anlamamız için önceliği insan formundan ve onun titreşim düzeyinden[30] ele almak istiyorum. Evren çok yüksek bir titreşimden ibarettir ve insan bu titreşimleri yükseltmek için kendi titreşiminin farkında olmak durumundadır.

Bu anlamda bedenimizin iç ve dış çakralarını, titreşim düzeylerini ve kundalini enerjisini incelemekte fayda görüyorum.

---

29 www.tr.wikipedia.org

30 Titreşim Düzeyi: Her şeyin özü enerjidir. Kütle, enerjinin yoğunlaşmış halidir. Düşünce enerjidir. Enerji sürekli titreşerek bir salınım oluşturur. Bizler de insanoğlu olarak sürekli titreşen enerjileriz. Titreşim seviyemiz düşük olduğu için yeryüzünde çökeltilmiş şekilde, yani kütle-beden olarak hayatlarımızı devam ettiriyoruz. Bizim titreşimimize uygun şekilde titreşen enerjileri de kendi titreşim dünyamızda kütle olarak görebiliyoruz (diğer insanlar, hayvanlar, masa, sandalye vs). İnsan bedeninin doğal titreşim düzeyi saniyede ortalama 300 titreşimdir. Dünya işleriyle fazlaca ilgili olan insanlar bu titreşimin altındadırlar. Frekans yani titreşim düzeyi arttıkça kişilerin doğaüstü güçleri de artmaktadır (Cem Özüak-İndigo Dergisi).

Beden İç Çakraları / Titreşim Düzeyleri

1- İllüzyon içinde olmak	32z Beta	**1. ÇAKRA**
Ayrılık yanılsamasıyla yaşamak - Farkındasızlık		
2- Eril-dişil dengesizliği	16z Beta	**2. ÇAKRA**
Kendini cinsiyet zannetmek		
3- Ruhla yeniden bağlantıda olmak Kendi potansiyellerini keşfetmek	8 Hz Alfa	**3. ÇAKRA**
Sakinlik, sessizlik		
4- Niyetin gücü ile bütünü fark etmek - Var olanı deneyimlemek ve şifayı aktifleştirmek	6 Hz Teta	**4.ÇAKRA**
Derin meditatif hal[1]		
5- Tam ve bütün olmayı deneyimlemek - Dişil enerji ile yaratıma izin vermek	4 Hz Teta	**5. ÇAKRA**
İmgeleme gücü		
6- Yüksek Benlikle iletişime geçmek - Çok boyutluluğa açılmak	2 Hz Delta	**6. ÇAKRA**
Derin boşluk		
7- Ben Benim'i tezahür ettirmek Kendinden kendini bilme farkındalığı	-0 Hz Delta	**7.ÇAKRA**
Rüyasız olmak[2]		

---

1   Derin meditatif hal: Zihnin tamamen dünyevi hallerden arınması, transa geçmesi, yavaşlaması ve dinginlik haline geçmesi için yapılan meditasyon ya da ibadetler.

2   Rüyasız olmak: Zihnin aldatıcı hayallerinden çıkmak ve üst bilincin açılması. Yüksek farkındalık haline geçmek.

Beden Dış Çakraları / İnsanın Tanrısallığına Ait Kundalini Enerjisi

8- Yeni Dünya katmanı aşısı	Omega 64 titreşim	8. ÇAKRA
Beşinci boyuta uyumlanmak ve reenkarnasyonun sonu		
9- Işık beden oluşumu	Omega 128 titreşim	9. ÇAKRA
DNA 12 sarmalının tam aktivasyonu		
10- Teleportasyon kabiliyeti[3]	Omega 256 titreşim	10. ÇAKRA
Işınlanma becerisi		
11- Boyutlar arası bedensiz keşif	Omega 512 titreşim	11. ÇAKRA
360 boyut farkındalığı[4]		
12- Yuvadan yuvaya dönüş	Omega 1024 titreşim	12. ÇAKRA
Beşinci boyuttan asıl olan ışığın bilincine geri dönmek		

---

3   Teleportasyon kabiliyeti: Teleportasyon dediğimiz olay aslında bir madde veya maddeler topluluğunun bir yerden başka bir mekana ışık hızında ulaşmasıdır. Genellikle UFO'ların birden görünüp kaybolması UFO araştırmacıları tarafından onların teleportasyon kabiliyetine bağlanır. (www.bilgebeyin.net)

4   360. boyut: Allah katı.

İnsan kopya ile sınırlı olduğu zaman titreşimi de çok düşüktür. Kopya insan görüldüğü gibi 32 Hz aralığında çok düşük farkındalıktadır. Bunun en derin anlamı kendi yükselişini gerçekleştiremez. Ancak tanrısal olana doğru adım attıkça zıt kutupluluğu kaybolmaya başlar ve sayılar gördüğünüz gibi artmaya başladıkça bu sefer yüksek frekans, manyetik bir alanı yükselterek yaratmaya başlar. Bu anlamıyla üç konuya dikkatinizi vermenizi istiyorum; çünkü DNA aktivasyonu ve titreşimin artması bu üç gerçekliğin üzerinden etkilidir;

- Hücrenin Miraç'ı DNA'dır.

- Ruhun Miraç'ı Cennet'tir.

- İnsanın Miraç'ı Allah'tır.

Bu üç gerçekliğin sırrı bizdedir;

- Hücre DNA'yı oluşturur.

- Ruh insanı oluşturur.

- İnsan Allah'ın sırrını oluşturur.

Bu üç bütünleşme yükselişimiz için kaçınılmaz gerçekliliktir. Bu üç unsurun miraçları görünmez olarak karşımızda duruyor. Biz göremiyoruz diye bu onun orada olmadığı anlamına gelmez. Fiziksel olarak onu göremiyoruz demektir. Bu anlamıyla DNA'nın nerede olduğunun bilinmesine, Allah'ın varlığının şüphesine, Cennet'e nasıl gideceğimizin çabasına girmeye gerçekten ihtiyacımız yok. Gereksinimler sadece zihne aittir ve zihin şüphe içindedir ve sadece bildikleriyle yetinir.

Eğer gerçekten şüphe içermeyen alanınızda kalarak kendinizi varoluş sarmalına açıp merdivenden çıkmaya hazırsanız bu yolculuk tam size göre...

İkinci Bölüm

MİRAÇ

DNA'nın işlevselliğine geçmeden önce miraç konusunu detaylı bir şekilde anlatmayı bu kitabı kolaylaştırması açısından önemli bulduğumdan önce bu konuya değinmek istedim.

Miraç tüm evrenin kendini içine alması, kendini yükseltmesi, Allah'ın kendini yüceltmesi ve bilmesidir. Kâinatı geliştirme gerekliliğidir. Miraç'ın önemi çok büyüktür; çünkü insanlar yerinde durur ve yükseliş gerçekleşmez ve tekâmül edemez. Allah bu yükselişi istiyor. Miraç "yükselme yolu" demektir.

Müminin Miraç'ı Namazdır

Miraç Allah'la bir olmaktır. İnsan aklıyla yapılamaz zira insan üç boyutludur. Miraç çok boyutluluktur. İnsan, aklından-zihninden çıktığı anda özü devreye girer ve kendi kaybolur. Dolayısı ile Miraç Allah'a aittir. Yokluk sırrı ile yapılır. Vahdet neşesi ile yapılır. Hak, kul ismiyle kendinden kendine tecelli ederek miraç eder.

"Bir gece, kendisine ayetlerimizden bir kısmını gösterelim diye (Muhammed) kulunu Mescid-i Harâm'dan (yokluk sırrından) çevresini mübarek kıldığımız Mescid-i Aksâ'ya (kutsal olan insan sırrına) götüren Allah noksan sıfatlardan münezzehtir; O, gerçekten işitendir, görendir."

İsra, gece yürüyüşü; Miraç yukarı çıkmak, yükselmektir. Hicretten bir buçuk yıl önce bir recep ayının yirmi yedinci gecesinde meydana gelmiştir (Tıpkı Kadir gecesinin 27'den 28 bağlanan gece olması gibi. Ramazan da bu anlamı ile Kadir gecesine miraç eder. Oruç, "uruç" etmek yani "yükseliş" demektir. Yemeden içmeden kesilmek; bugüne kadar bildiğin tüm alışkanlıklarını bırakarak Hakka yüksel ve onun ilminle bir ol, onun huyları ile aynı ol, onun vücudu ile hak ol demektir).

Rivayetlere göre o gece Peygamberimiz halasının kızının yatağında uyurken Cebrail geldi, Peygamberin göğsünü mânen yararak içini Zemzemle yıkadı. Yüksek inanç ve şüphesizlikle doldurarak tekrar kapattı. Daha sonra Burak adlı binekle Mescid-i Aksa'ya götürdü.

Orada bulunan sert bir kayanın üzerine, Miraç denilen asansör kuruldu ve yedi kat göğe doğru çıkıldı. Bunun boyutlar arası olduğunu açıkça anlattığı gibi yedi çakranın da açılması olarak düşünebiliriz.

Daha sonra Cebrail, Peygamberi kanatları üzerine alarak yerden göğe çıkanların ve gökten yere inenlerin son sınırı olan Sidret-ül Münteha'ya[31] kadar çıkardı. Ve orada dedi ki:

"Ya Muhammed! Burası Sidret-ül Münteha'dır. Ben, buradan bir parmak ucu ileri geçecek olursam yanarım."

Böylelikle peygamber, Sidre-i Münteha'dan, manevi bir binek olan Refref'le yolculuğuna devam ederek iki yay aralığı ya da daha yakın bir mesafeyle Allah'ın huzu-

---

31 Sidret-ül münteha: Yedinci gök semada Cebrail'in en son gidebileceği, *bir adım daha gidersem yanarım* dediği bir makamdır. Münteha: İsm-i mekan ya da mimli mastar olan bu kelime, "nihayet sidresi" veya "son sınır sidresi" anlamını ifade eden bir isimdir. Sidre: Ağaç demektir.

runa vardı. Döndüğünde birçok vahiy, hediye ve müjdeleri insanlara açıkladı. Bunlardan bir tanesi de namazdır.

Miraç, zamanın ve mekânın ötesine yapılan bir yolculuktur. Miraç tam bir şüphesizlik inancı ile yapılır; çünkü insanı Allah'a ulaştıran bir yol olduğu aşikârdır. Tevhid, namazı Miraç olarak tanımlar; çünkü peygamber namazı Miraç'tan döndükten sonra söylemiştir. Namaz kılmak şeklen bir ibadet değildir, sadece ruhen yükselişin açılımıdır. İşte bizler şu an da namaz kılmaktayız zira bu anlattığım hem ruhumuza hem bedenimize hem de zihnimize hitap ediyor. Bu üç denge Miraç yolunu açmaktadır.

O halde Miraç'ı, sadece "Miraç Gecesi" ile kalıplaştırmadan, tüm yaşantımız boyunca Miraç'ın sırrından hareket etmeliyiz. Miraç yolunu açacak tek gerçeklik Enel-Hak kabulüne geçmemiz olacaktır. Bu aynı zamanda DNA aktivasyonunun anahtarıdır; çünkü ona talimatlar verdiğimiz zaman bu hücrenin miraç etmesi demektir. Bu anlamda kendimizi miraç ettiren biziz.

Kendi Miraç'ını Yaşamak

Miraç zamanın ötesine geçmektir. Ruhumuz zamanın ötesinde çok boyutlu miraç etmek ister, ancak insan bilinci bunu kısıtlar. Kısıtlı zihinden ruhun sonsuzluğuna geçmemiz bizi gerçekten sıvı beden[32] olacak hafifliğine getirir. Zihin katı ve durağandır, sadece tek bir yerde olmayı sever ve o yeri sahiplenir. Bir daha da bırakmaz.

---

32 Sıvı beden: Bedenimizin yüzde yetmişi sudan oluşur. Bunun anlamı aslında katı olmaktan çok uzak varlıklar olmamızdır. Bünyemizde suyun hafifliği ve şeffaflığını özellik olarak taşıyoruz. Ruhsal çalışmaların en büyük özelliği kendimizi su gibi hafif, dingin ve akışkan hale getirmektir.

Deneyim sevmez. Statükocudur. Güvenli alana yapışarak yaşamayı sever. Ruh sıvı ve akışkandır, her kalıba girer ve girdiği kalıbın aynısı olur. Sonra başka kalıpları keşfetmek ister ve bunu defalarca yapar. Her anı deneyimleyerek tadını çıkarır.

O halde zihin miraç eder mi? İronik olarak söylemek gerekirse eğer, ki teşbihte hata olmaz, evet eder. Ancak nereye eder? Ölümlü, sınırlı, sonlu, korku dolu, özüyle ayrılık duygusu olan insana.

Oysa farkındalığını zihninden ruhuna vermiş bir hakikat yolcusunun Miraç'ı kendisinedir. Kimdir kendisi? Onun ölümsüz, sonsuz, sınırsız, korkusuz ve özü ile bir olduğunun bilincinde olan parçası.

Mevlânâ, Şems'i görene kadar kitapların ve öğretilerin tesirindeydi. Şems ona fiziğin ötesini, Allah'tan aldığı ilm-i ledûnu öğretmeye başladı. Mevlâna'nın en sert kurallarla sıkı sıkıya bağlantılı olduğu o devrede, Şems, Kur'an-ı Kerim'i havuza attı. Mevlâna büyük telaşa kapıldı. Ama Şems elini uzattı, havuzdan Kur'an-ı Kerim'i aldı. Islanması lâzım gelen Kur'an-ı Kerim hiç ıslanmamıştı. Üflediği zaman da üzerindeki tozlar savruldu.

Mevlânâ, Şems'e (yani özüne) teslim oldu. Aralarında mesafe kalmamıştı ve büyük aşk deneyimleniyordu. Zaten burada da işin sırrı başlar. Şems Mevlânâ'ya özündekileri ortaya çıkması için aracılık etti. O yüzden Mevlânâ'nın "Hamdım, piştim, yandım" sözlerine iyi kulak verelim. O, bu sayede Şems'in ve kendisinin farksızlığını, "Sen bensin, ben senim işte" sözleriyle dile getirmiştir. Bu aslında farksızlığın farkındalığıdır ki; Ben Benim (Ben de Hakk'ım) sırrını anlamak demektir.

Tasavvufta amaçlanan daima kişinin "kendini bilmesidir". Bu biliş; kendi gizemimizi bilmek, kendinden kendine tecelli eden Allah'ın insan veçhesi ile asla şüphe duymayacak şekilde yaşamaya başlamaktır. DNA'larımızda kayıtlı olan kendi yüceliğimizi (Ben Ben'im) hatırlamamıza izin vermemiz gerekiyor. Bu aynı zamanda Yeni Bilincin özüdür. Bu bizim Miraç'ımızdır.

Dikkat ederseniz Peygamberin Miraç'ı bir dağın tepesinde gerçekleşmiyor. Halasının kızının yatağında gerçekleşiyor. Yatağın burada sembolik anlatımı ile beden işaret ediliyor. Miraç'ın nerede yapıldığının anlamı budur. Hala babanın kız kardeşidir. Özün kız kardeşi bedenimizdir. Diğer bir deyişe; özünle (baba) bütünleşmiş bilinç bedeni hala sembolize ediyor. O halde beden öz ile bütünleşirse enerji bedeni dediğimiz beden ile miraç edilir ki; halasının kızının (enerji bedeni) yatağından bu kastedilmektedir.

Tevhid, dişi enerjiyi ilim ve bilgelik olarak anlatır. Halasının kızı kendi bilgeliğine açıldığını gösteriyor. Cebrail ise ilahi aklı temsil ediyor. Öze aracılık eden Cebrail onun kalbini açıyor ve Zemzem suyu ile yıkıyor ki; bu yolculuk kalpte başlayabilsin. Önce kalp temiz olacak ki, sonra ruhla temas edilebilsin.

Cebrail, Yaşam Ağacının (Sidret-ül Münteha) başladığı yere kadar eşlik ediyor. "Ondan sonra ben gelemem yanarım" diyor. Burası bilgeliğin ruhla bütünleştiği yerdir. Deneyimin sadece insana özel olduğunu söyleyebiliriz. Bazı kaynaklarda "Akıl ile bir yere kadar gelebilirsiniz, ancak ondan sonra aklın bir hükmü kalmaz," derler. Doğrudur da, ancak Cebrail *Akl-ı Muhammedi*'yi[33] simgeliyorsa ben biraz daha farklı bir bakış

---

33 Akl-ı Muhammedi: Cebrail'i temsil eder. Bildiğimiz akıl değildir. Cebrail aklın meleğidir ve Allah ile iletişimi sağlar. Bir nevi aracılık eder desek de aslında, kişinin aklının üst bilinç seviyesine çıkmasının sırrıdır.

açısından yaklaşmak istiyorum. Yaşam Ağacı hayatın başladığı yer. Hz. Muhammed buraya kadar meleksi varlığını fark etmemiş olsaydı aklı ona rehberlik etmeyecekti ve *Muhammedi yaşama*[34] geçemeyecekti. Hz. Muhammed dahi o zamana kadar *Muhammedi* değildi. Burayı iyi anlamalıyız. Zihinden tam çıkış burasıdır. Cebrail ile konuşması boğaz çakrasının açılmasına işaret ediyor. İlim kelam ile dile geliyor. O halde bu işin sırrı meleksi varlık olduğumuzu fark etmemizle başlıyor. Burak'tan sonra Refref devreye girecek. İsra'da Burak, Miraçta Refref adını alır araç. Hem (Burak'la) yeryüzü, hem de (Refref'le) gökyüzü seyahati yapılır.

Özetlersek:

1-Kalp temizleniyor (Eskiye ait hücresel tüm anılar, geçmiş ve geleceğe ait tüm korkular ve Allah'tan ayrı olma duygusu bitecek.) ve DNA'nın tüm kayıtları belirmeye başlıyor. HÜCRENİN MİRAÇ'I DNA'dır.

Bugüne kadar yaşadığımız tüm geçmiş yaşamların kayıtları DNA'da mevcut olduğu gibi gelecek yaşamlarımızın potansiyelleri de orada mevcuttur. Buna paralel yaşamlar diyoruz. Geçmiş ve geleceğin DNA'da mevcut olması bir CD'nin 12 şarkı kapasitesiyle yüklenmesi gi-

---

34 Muhammedi Yaşam: Hz. Muhammed, "Beni gören, hakkı görür" diyerek bulunduğu mertebeye işaret etmiştir. Onun aslı hak olup âlemlere rahmet olarak gönderilmiştir. Kişinin bu mertebeyi idrak etmesi için 1400 yıl önce yaşamış bir kişiyi hayalinde canlandırdığı bir kişilik olarak görmekten çıkarması gerekir. Çünkü o bir kişilik değil bir idrak halidir. Hakkı kendinde bilme idraki Muhammedi idrakidir. İşte o zaman Muhammedi yaşama, yani âlemin ilahi elbisenden başka vücudunun olmadığı gerçeğine ulaşır. Allah'ın ilahi elbisesini sadece Muhammedi olan bilinç giyebilir. Ve hakikatte tek bir varlık yaşar. O da yine Muhammedi idrakin farkında olandır.

bidir. En son şarkı ve ilk şarkı bir aradadır. Neyi dinlemek isterseniz düğmeyi çevirmeniz yeterlidir. İşte kim olduğumuza dair hatırlamaları tıpkı CD örneğinde olduğu gibi, DNA'dan bilmek istediğimiz hangi kayıtlarımızsa; onların, orada zaten mevcut olduğundan şüphe etmeyiz. O zaman bilincimizden perde kalkmaya başlar ve kayıtlarımızdaki tüm gerçeklikleri görmeye başlarız. "Nasıl yapacağız?" sorusuna gelince... Elbette niyet ederek. DNA'ya, "Benim var olduğum tüm kimliklerimi bana göstermene niyet ediyorum" dediğinizde o gerçekten de bunu size gösterecektir. Bugün meleklerle çalışan çok sayıda insanın zaten çok iyi bildiği bir durum değil midir bu? DNA'ya niyetle talimat vermekle, meleklerden size işaret göndermelerini istemek aynı mantıktır, ancak burada dışsal destek değil içsel desteğin en büyük gücü devrededir. Artık bunu kendimizden isteme zamanı gelmedi mi sizce? DNA emrinize amade bir şekilde bekliyor!

2-Kendini ifade etmeye başlanıyor. Tezahür eden gerçek insan oluşmuş oluyor. Yaşam Ağacı dünyaya girişi yani Cenneti temsil ediyor. Burası aynı zamanda yeniden doğum sırrıdır. Nereye doğacak peki? Tabii ki Cennet'e. RUHUN MİRAÇ'I CENNET'TİR.

3-Üçüncü göz şüphesiz Allah ile buluşulan yerdir. Miraç burada gerçekleşir. Enel-Hak sırrı tezahür etmeye başlar. İNSANIN MİRAÇ'I ALLAH'TIR.

Miraç manevidir. Yüksek bilincimizle gerçekleşir. Bilinç sonsuz olduğu için kendini sadece bu bedene hapsedemez. Bilinç kainattaki var olan her şeyde, her zerrede mevcuttur. Her şey ve her zerre onun deneyimlemesiyle görünür ve bilinir hale gelir. Bu yüzden her bir varlık aslında onun sonsuzluğuyla Miraç eder. Dünya'da yedi milyar insan var ve hepsi kendi algısına göre miraç ediyor. Hepimizinki farklı. Tek boyut olsaydık bu mümkün olmazdı. Her birimiz sonsuzluğa bağlı olarak hareket ediyoruz. Allah çok boyutluluğunu insanlar üzerinden ispatlamıştır. Her varlıktan gören, duyan ve konuşan O ise, bu, onun her yerde olduğunun ispatıdır. Her zerre o ise kendini gören, duyan, konuşan da ondan başka olabilir mi? Allah kendinden kendine tecelli eder ki; bilinebilsin. Çok boyutlu olmasaydı ne olurdu? Âlemler olamazdı ve genişleyemezdi. Onun kendini bilme aşkıdır bu aynı zamanda. Bu anlamı ile Allah insana Miraç eder. İnsan manevi olarak bunu bilir.

İnsanın en derinlerinde hissettiği şey yükseliş arzusudur, bunu gerçekleştiremediğinde kendini suçlu hisseder. İnsan suçluluk duyduğu "an"da Allah ile konuşmaya başlar. Bu Miraç'tır. Adem'in Miraç'ı Allah'a karşı hatasından dolayı yaşadığı hüznün zirvesinde ondan af dilediği zaman gerçekleşmişti. DNA aktifleşmişti. İbrahim peygamber ateşe atıldığında ve kurtulduğunda Miraç gerçekleşmişti. Yusuf kuyuya atıldığında, İsa çarmıha gerildiğinde Miraç etmişti. Bu anlamda senin Miraç'ın nerede gerçekleşti sevgili okuyucu? Kendini en son ne zaman ateşe atacak kadar cesur hissettin ve bundan özgürleştin?

Peygamberimiz Miraç'a çıkmakla melekleri gördü, cenneti gördü. Kaderin yazıları ilahi planımızdır. Dünyaya gelmeden, fiziksel form almadan önce kaderimizi ilahi planla belirlemiş olarak buraya geliriz. Yaşam derslerimiz, tüm deneyimlerimiz aslında belirlenmiştir. Bu insana ait kader planıdır. Hz. Muhammed burada kendininkini değil, evrene ait kaderi görmüştür. Onun kendi kaderini bilmesi zaten gerçekleşmiştir. Kader Allah'ın sırrıdır ve oraya insan iradesiyle değil Allah iradesi ile yaklaşılır ki; buraya Hz. Muhammed yaklaşmış ve evrenin kader sırrını görmüş ve Kur'an'a bunları şifrelemiştir, O Miraç'ta vahyin nasıl geldiğini gördü, Allah'ı gördü, duanın önemini gördü, günahların büyük zararlarını gördü ve Amenerresülü ve Ettehiyyâtü duası vahyedildi.

DNA'ya "NİYET" Ederek Talimatlar Vermek

Bu niyet tekniği, bedeninizi hücre seviyesinde gerçekten güçlendirerek sizinle iletişim kurmasını sağlayacaktır. Hiç kullanmadığınız bilincinizin alanı niyetle, içgüdülerle ve kalpten gelen sevgiyle çalışacağı için yaşamı daha anlaşılır kılacaksınız. DNA'nız aracılığıyla kendinize daha yakın olacak ve DNA'nızı dinlemeye hazır hale getireceksiniz. Böylelikle kendinize ve sezgilerinize şüphesiz olarak güvenmeye başlayacaksınız. Kendinize karşı hem yargısız olacak, hem de yaşadığınız tüm deneyimlere karşı güvenli hissedeceksiniz. DNA'ya niyetle talimat verdiğinizde bedeniniz de sadık ve güvenilir bir yardımcınız kesilecektir. Beden bilinci, kendini fiziksel, duygusal ve ruhsal alanlarda tam olarak ifade etmesine olanak sağlayacaktır.

Buradaki en önemli sır: DNA'yı dinlemek ve ona güvenmektir. Siz öncelikle bolluk, sağlık, ilişkiler konusunda talimatlar verin. Sonra yaşam amaçlarınız ve derslerinizi konusuna odaklanarak, onlardan neyi öğreneceğinize kendinizi açın.

Bizim fiziksel, duygusal, ruhsal yapımız ne kadar dengeye kavuşursa, zihnimiz de o kadar berraklaşacaktır. Bundan böyle hayatımızın sorumluluklarını alarak başkalarına gücümüzü teslim etmeyecek, yerimize işleri halletmelerini beklemeyeceğiz. Onları kendimiz yapacak kudrete sahibiz. DNA'yla bilinçli bir şekilde konuşmaya başladığımızda ve ona talimatlar verdiğimizde hayatımıza derin bir huzur gelecektir. Görmemiz gerekenleri onun aracılığıyla görmeye başlayacağız. Bunun en derin anlamı artık kendiliğinden her şeyin tam da ihtiyacımız olduğunda yanı başımızda belirmesine izin vereceğiz. Eşzamanlı olayları tetikleyeceğiz. Yeteneklerimizi bu sayede net kavramaya başlayacağız. Önümüze çıkmalarını kolaylaştıracağız. Eğer geçmişten gelen bir blokaj varsa, örneğin; bollukla ilgili sıkıntılı bir durum yaşadıysak DNA'mıza talimat vererek bize ana sorunu ve yaşam dersimizde paranın rolünü göstermesine niyet ederek, bu blokajı çözeceğiz. Ya da yolunda gitmeyen ilişkilerimizi nasıl özgürleştireceğimizi algılayacağız. Tüm bunları aracısız, meleksiz, falcısız, kehanetçisiz yapacaksınız. İçinizdeki gerçek kehanetçi DNA'dır. Ona talimat verdiğinizde o eşzamanlı olarak çalışacak. İşleri yoluna koymanızı kolaylaştıracak. Niyet ve şüphesizlik içinde olduğunuzda mucize enerjiyle karşılaşacaksınız ve DNA'nızın yeniden düzenlenerek, kendinizi tüm gücünüzle ifade edebileceğinizi anlayacaksınız. Gerçek mucize içimizde. O güvendir. O ilahi olandır. O biziz.

1- İlk ve en temel olan kendinizi doğada bir yerde hayal edin. Bu yavaşlamanızı sağlayacaktır. Birkaç dakikalığına derin derin nefesler alıp verin. Burası daha önce gittiğiniz doğada bir yer olabilir ya da ilk defa orada oluyor olabilirsiniz. Keşfedin orayı. Bulutları, dağları, ağaçları, nehirleri, gölleri hissedin ve hatta onlarla konuşun.

2- Bu meditasyonu yaparken hem DNA'nızı 12 sarmalıyla hem de bedeninizi hissedin.

3- DNA'nızın bedeninizdeki her hücresinde bir kopyası olduğunu bilin. Bu hücreler gerçekten işlerini iyi biliyorlar ve ilahi zekaya sahipler. Onlara sahip çıkın ve sizin yüksek iyiliğiniz için çalıştıklarından şüphe etmeyin.

4- Şimdi hücrelerinizle ve DNA'nızla direkt olarak konuşacaksınız. Bedenimizdeki hücreler birbirleriyle iletişim içindedirler. Siz onlara mesaj gönderdiğinizde onlar da size aynı şekilde cevap verirler. Sizin bir kişi, onların 100 trilyon olduğunu düşündüğünüzde bu çok güçlü bir titreşim demektir. Şimdi ilk olarak onlara, onları sevdiğinizi söyleyin ve onlara saygı duyun. Nazik olun. Direkt konuşun.

5- Sevgili DNA'm, hücrelerim; sağlığımı (dengesiz giden ilişkilerimi, para akışımı, yaşam derslerimi, yaşam amacımı) yeniden düzenleyin. Şu anda deneyimlediğim rahatsızlığım (dengesiz giden ilişkilerim, para akışım, yaşam derslerim, yaşam amacım) için şifaya niyet ediyorum... DNA'm ve hücrelerim tam kapasite işlevinizi yapın. Bana sağlıklı bedenim (dengesiz giden ilişkilerim, para akışım, yaşam derslerim, yaşam amacım) olması için nelerden uzak duracağımı ve nelere yakın olmam gerektiğini gösterin. Benim sağlığım (dengesiz giden ilişkilerim, para akışım, yaşam derslerim, yaşam amacım) için en hayırlı olanın ne olduğunu bilmemi sağlayın ve bunları karşıma çıkarın... DNA'm ve hücrelerim tam kapasite işlevinizi yapın... Şimdi kalbinize gelen hisse odaklanın. Acele etmeyin. Bu hemen şimdi hissedeceğiniz bir durum olmayabilir. Kendinizle her an baş başasınız. Bu illa ki bir hisle, haberle, bir arkadaşınız aracılığıyla hatta rüyalarınız aracılığıyla bile size gelebilir. Ona kendini ifade etmesi için fırsat verin. Ona sorular sordunuz. Onu şimdi dinleyin. Açık olun.

6- Bedeniniz çok kutsal, lütfen buna kabul verin.

7- Talimatlar verdiğinizde zihninizden gevezelikler duyarsanız bundan endişe etmeyin. Bedeninize bol bol sevgi gönderin bu aşamada. Bu, şifa oluyor. Şüphe etmeyin. DNA'nız için asıl olan niyetiniz ve siz çoktan ettiniz bile.

8- Kendinizi şimdi üçgen hayal edin. Bu Allah'ın bilinci, DNA'nızın bilinci ve sizin bilinciniz olsun. Hepsini bir noktada görün. Bu yeni bilinç üçgeniniz, sizin özünüzle kesintisiz bir iletişimde olmanızı sağlayacak yeni güç kaynağınız olacaktır.

9- Bedeninize, çalışma bittikten sonra kendini ifade etmesi için fırsat verin. Çocuk gibi oyunlar oynamasına, koşmasına, egzersiz yapmasına ve neşe dolu kahkaha atmasına izin verin.

10- Bol bol su için.

Âmenerresülü Nefes Çalışması

O peygamber de kendisine Rabbinden indirilene iman etti, mü'minler de (onlardan) her biri ALLAH'a, onun meleklerine, kitaplarına, peygamberlerine inandı.

Onun (ALLAH'ın) peygamberlerinden hiçbirini diğerlerinin arkasından ayırmayız (hepsine inanırız), dinledik, (kabul ettik) emrine itaat ettik, Ey Rabbimiz, mağfiretini isteriz.

"Son varışımız ancak Sanadır" dediler. ALLAH hiç kimseye gücünün yeteceğinden başkasını yüklemez. Herkesin kazandığı hayır faidesine, yaptığı şer kendi zararınadır.

"Ey Rabbimiz, unuttuk, yahut yanıldıysak bizi tutup sorguya çekme. Ey Rabbimiz, bizden evvelki ümmetlere yüklediğin gibi üstümüze ağır bir yük yükleme, Ey Rabbimiz takat getiremeyeceğimizi bize taşıtma.

Bizden sadır olan günahları sil, bağışla, bizi esirge. Sen mevlamızsın bizim. Artık kafirler ruhuna karşı bize yardım et."

Yukarıda Türkçe anlamını okuduğunuz bu mirası şifa olarak kullanıyoruz. Amenerresülü ve Ettehiyatü farkındalığını anlamak ve özümsemek için benim yaptığım ve danışanlarımla paylaştığım nefes çalışmasını sizinle paylaşıyorum. Şimdi sizden ricam; sessiz ve sakin bir şekilde oturarak kendinizi hazırlamanız. Çalışmamızın amacına ulaşabilmesi için sizinle adım adım yol alacağım. Aşağıdaki metni okurken benim verdiğim yönlendirmeleri takip etmenizi rica ediyorum.

• Varlığının özüne doğru derin bir nefes al. Kendini seç ve ondan şüphe etme ve ona inan. İlahi oluşuma izin ver. Sırlarına açılmasına izin ver. Senden şimdi bilgiler tezahür edecek. Derin bir nefes al hisset!

• Bir'in içinde hisset kendini. Tam ve bütün olma haline geç. Basitçe buna kabul ver. Derin bir nefes al ve bu kabulü içine çek. Kendinden şüphe etme. Kendini hakikat kapısına yaklaşırken hayal et. Kapıdasın. Derin bir nefes al ve bunu ruhunla dışarıya solu. Yükseldiğini hisset ve bunu solu!

• Şimdi kendinin kendine doğru geldiğini hayal et. İlahi planın şimdi tam önünde. Al onu ve kabul et. Deneyimde olmanı sağlayan senin planının kusursuzluğuna kabul ver. Plana bak. Ne görüyorsun? Gördüğün hiçbir şeyden şüphe etme. Şimdi derin bir nefes al ve "Ben Benim" diyerek nefes ver. Bunun tüm bedenine nüfuz etmesine izin ver. Seçimini "Ben Benim" olarak yapıyorsun. Bu seçimi derin derin nefes alarak solu. Zihin hapishanesinden şimdi çıktın. Bunu hayal et. Tüm sorumluluk senindir. Derin bir nefes al ve ver.

• Şimdi kendini özünle hatırlamaya aç. Derin bir nefes al ve bildiğin tüm bilgileri salıver. Kendiliğinden bilgeliğinin açılmasına izin ver. Beyaz bir ışık şimdi seni kaplıyor. Bunu hisset. Derin bir nefes al ve ver.

• Şimdi eskiye ait ne varsa bırakıyorsun. Kozadan çıkan kelebeği hayal et. İçindeki tüm mühürleri açıyorsun. Kalbinde bunu hisset. Derin bir nefes al ve bu yüklerin gittiğini, özgürleştiğini hisset. Derin bir nefes al ve ver. Yüklerin gidiyor. Kendini bu yüklerden dolayı kapattığın için bağışla. Kurtarıcı olarak özün devrede. Derin derin özünle nefes al ve ver. Kendini örttüğün peçeyi kaldırdığını hayal et. Kendine şefkat duy ve nefesinle bu şefkati solu. Şimdi şifa akıyor. Bunu almaya kendine izin ver. Kendinden kendine olan enerjiye izin ver. Derin bir nefes al ve ver...

Ettehiyatü Nefes Çalışması

"Dil ile, beden ve mal ile yapılan bütün ibadetler Allah'adır.

Ey Peygamber! Allah'ın selamı, rahmet ve bereketleri senin üzerine olsun.

*Selam bizim üzerimize ve Allah'ın bütün iyi kulları
üzerine olsun.*

Şahitlik ederim ki, Allah'tan başka ilah yoktur.

*Yine şahitlik ederim ki, Muhammed, O'nun kulu ve
Peygamberidir."*

• Dilinden, bedeninden ve malından sahiplendi-
ğin ne varsa o Allah'a aittir. Özüne aittir. Şimdi
derin bir nefes al ve kendinle ilgili tanımladığın
ne varsa saldığını hayal et. Bırakıyorsun. Derin bir
nefes al ve ver.

• Muhammedi olan idrakinin şimdi taç çakran-
dan yavaş yavaş açıldığını ve mor bir ışığın seni
kapladığını hayal et... Şimdi tıpkı bir şelaleden
akar gibi özünden; saf bilinç, sonsuzluk, rahmet
ve bereket akıyor. Bunu hisset ve kabul ver. Derin
bir nefes al ve bunu ruhunla birlikte dışarıya ver.

• Selam için nefes al ve ver. Saf bilince selam ver.
Birliğe selam ver. Allah'ın "Ben Benim" diyen tüm
varlıklarının önünde durduğunu hayal et ve onla-
ra da selam ver. Derin bir nefes al ve onların da bu
selamını kabul et. Derin bir nefes al ve Allah seni
ebediyetin için selamlıyor. Bunu hisset. Buna de-
rin bir kabul ver. Derin bir nefes al ve ver.

• Bir'i hisset. Birliğin ve bütünlüğün içinde kal.
Derin bir nefes al ve yokluğunu hisset. Senliğinin
olmadığı özünün alanına git. İki olan gölgenin
kaybolduğunu hisset. Bir'in sen olduğunu hisset.
Buna kabul ver. Derin bir nefes al ve ver.

• Bir'i hisset. Derin bir nefes al ve yüce bilgeliğin
ilahi elbisesini giyen varlığı hayal et. Sana kendi-
ni gösteriyor. Bunu gör ve hisset şimdi. Derin bir

nefes al ve ver. Kendinden kendine sana var oluş geliyor. Bunu solu şimdi. Varoluş seni nefesinle içine alıyor. Bırak bu defa nefes seni alsın ve versin. Tıpkı salıncakta sallanır gibi nefesin seni almasına ve vermesine izin ver.

Peygamber, bütün kâinat temsilen Ettehıyyatü demiş.

"Ettehıyyatü" toprağa bakar. Toprak ile toprak ol şimdi...

"ve berekâtü" suya bakar. Su ile ol şimdi...

"ve's-salavâtü" havaya bakar. Hava ile hava ol şimdi...

"ve'ttayyibatü" de nura bakar. Nur ile nur ol şimdi...

"Ettehiyyâtü" canlılara bakar. Canlı ile beden ol şimdi...

"ve berekâtü" bitkilere bakar. Bitki ile bitki ol şimdi...

"esselavâtü" hayvanların duasına bakar. Hay ile hayvan ol şimdi...

"ve't-tayyibâtü" insanların ve meleklerin dualarına bakar. İnsani ve meleksi-şeffaf ol şimdi...

Bütün bitkiler, bütün hayvanların, bütün meleklerin, toprağın, havanın, suyun, ışığın hepsi senin özünü görüyor...

Allah şimdi selamlıyor. Al selamı. Selametle kal...

Sonsuzluğun selam dedi sana. Kabul ver...

Ölümsüz, sınırsız oldun... Nefes al ve ver...

İzin ver...

Ve öyle oldu...

Üçüncü Bölüm

DNA İPLİKÇİĞİ KODU
ve
KOPYA BEDENİN
SONLANMASI

Beden Farkındalığı

Bu bölümde DNA'nın, "beden farkındalığı" ile başlayacağız. Tevhid ilminde çok iyi bildiğimiz bir zikir sistemi vardır ki; bu Allah'ı anmak demektir. Anmak; farkındalığa gelmek ve talimat vermek, bir şeyi başlatmak demektir.

Eğer biz başlatıyorsak bu zikirle olur. Zikirden kastım kendi içimizdeki bilgeliği başlatmaktır. Bir şeyi başlatma komutu veren biziz. Bir başkası bizim adımıza bir şey başlatmaz. Bu, dille başlar. Bu senin gönlünle başlar ve onunla bütünleşmeye hazır hale gelirsin. Burada sadece sen olursun. Bir aracı yoktur ki; onu istemezsin çünkü o zaman saf olmaktan çıkar. Eğer kendi farkındalığın devrede değilse, başkalarının deneyimine razı gelirsin. Bu senin deneyimin değildir; ancak sen kendinin zannedersin. Kendini kandırırsın. Bunun senin deneyimin olması için saf olmaya, kendin olmaya izin vermelisin. İşte zikir bütün örtü katmanlarından sıyrılmamıza aracılık eder. Zikir çok önemlidir.

Dünyaya geliş amaçlarımıza baktığımız zaman misyonumuzu fark etmemiz açısından illüzyonların fark edilmesi çok önemli. Bedenimiz, bizim burada olmamızı sağlayan ama aynı zamanda yüzde doksan yedi çöp DNA diye bilimin adlandırdığı bilgiyi; gizem halinden deneyime sokan aracımızdır. Bilinmezlik kendini bilme farkındalığına aracılık ettiği için bedenimize kısaca "tapınak makamı" demek istiyorum.

Bizim yüzde üç DNA'mız, tapınağımız aracılığıyla içsel bir yolculuk başlatıyor. İkinci basamağa geldiğimizdeyse dünyaya geliş amacımızla karşılaşıyoruz. Bunu anlamak ve geçmek çok önemli; çünkü biz asırlık yolculuklardan geliyoruz ve karmayı gerçekten öğrenmemiz şart. Karmayı da artık bu yeni enerjide dönüştürmemiz ve özgürleştirmemiz gerekiyor. Bir sürü yolculuktan geçtik.

Kendini bilmek adına olağanüstü deneyimler yaşadık ve kendimizle ilgili farkındalığa ulaşmak için her şey bize hayat dersleri olarak aktarıldı. Bunlar bizim uyanış derslerimiz, bunlar bizim akaşik kayıtlarımızda var olan yaşamlarımız. DNA'nın içeriği akaşik (genetik hafıza) kayıtlarımızda mevcut. Eğer akaşik kayıtlarımıza açılabilirsek örneğin; kurban sendromumuz, değersizlik duygumuz, yetersizlik durumumuz, yoksunluk duygusu, sevgiye açılamama gibi devamlı önümüze çıkan ve ne yaparsak yapalım kurtulamadıklarımız varsa; bu kayıtların içinden gerçek nedenlerine ulaşabiliriz. Eğer geçmiş yaşantılarımızda kurban sendromunu aşmayı öğrenemediysek bu yaşantımızda onu sırtımızda bir kambur olarak getirebiliriz ve etkileri devam eder. Bir türlü işin içinden çıkamadığımız durumlarla karşılaşıp çareyi yine dışarıda ararız. Oysa çare içimizdeki kayıtta gizlidir. Ancak bunu bulmaya hiçbir şekilde izin vermeyiz. Bu kayıtlara mutlaka bakılması gerekir, üstelik bunu tek başınıza da yapabilirsiniz. Akaşik kayıtlarınıza niyetin gücüne girerek bağlanabilirsiniz. Niyet, her zaman niyet, milyarlarca kez bunu söyleyeceğiz: Niyet!

Saf Bilinçle Niyet Etmek

Saf bilinçle niyet ettiğimiz zaman orada "oldu, olmuş" enerjisini başlatırız. Sadece geçmişte, anda mevcut olan ya da gelecekte olacak olan bir enerji olarak düşünmeyin. "Oldu" demek; "anda hep mevcut olan, o zaten hep oradaydı ve hep olacak" demekle aynı kavramdır. Her şeyin başı ve sonu sonsuz kaynaktır ki; onun "oldu, olmuş" ile tecelli etmesi sadece şüphesiz olarak niyet ettiğimizde çalışır. Bunu "niyetimiz olacak mı?" şüphesiyle manipüle ettiğimizde çalışmaz. An'da kalamayarak geleceğe dair niyet ettiğimizde insan egosu devreye girer. O ise beklenti içindedir. Olacağa odaklanır. Oysa her şey, tüm yaratım zaten çoktan olmuş bitmiştir ve biz sadece sonsuz potansiyelleri deneyimlemek için niyet ederiz. Ego sanki bir yaratım olacakmış gibi kısıtlı ve sınırlı hareket ederken, yüksek bilince ulaşmış bir varlık, yaratımın sonsuzluktan ona gelmesine sadece izin verir. İşte o zaman bir şey olur ve hayali bir yaratım yerine varoluş kapılarını sana açmaya başlar ve gerçek bilgiyi olduğu gibi sana getirir. Çünkü bunu deneyimlemek istedin. Yaratıma "yaratacağım" illüzyonu katmadın. Saf haliyle onu gördün. "Olmuş olan" bunu senin önüne getirecek ve sen de "olmuş olanla" bir olduğun için, senin aracılığınla kendini deneyimlemeye başlayacak. Sonsuz kaynak seni yaratılmış olarak görseydi, bu kendinin de bir yaratanının olmasını mecburi kılardı.

Tüm bunlara ek olarak diyebiliriz ki; varoluşu saf haliyle idrak etmeye başladığında, o sana kendiliğinden açılacak ve gerçekten onu bütün hücrelerinde hissetmeye başlayacaksın. Bu haliyle DNA'ndaki hücresel bilgiler, senin kim olduğuna dair cevapları bilincine aktarmaya başlayacak. "Kimim?"sorusu, "Bir'im"cevabıyla yer değiştirdiğinde anlam kazanır. "Ben Bir'im" dediğin anda kendinden şüphe etmezsin. Kendini sabote ve manipüle etmezsin. Özünü zihninle kapatmazsın. Bir'im dediğin anda zihninin ötesine geçersin. Kutuplaşma biter. İllüzyon biter ve varoluş sarmalı dediğimiz ruhsal DNA'nın aktifleşmesine izin verirsin.

Kafan karışacak. Ve ondan sonra diyeceksin ki: Ben bu çalışmaları yapamam, ben kendimi bu kadar yetenekli görmüyorum. Benim o kadar da olmama gerek yok zaten. Bu kadar. Sırf bu yüzden işin içinden çıkamıyoruz. Bunlar; sınırlı ve yoksunluk duygusuyla hareket eden zihnin tipik belirtileridir. Oysa, ben biliyorum ki, ben her şeyin çok ötesindeyim. Ben çok boyutlu bir varlığım. Ben her yerde olabiliyorum. Her yerde olabilen bir varlığım.

Yargısızlığı Öğrenmek

Ben yaratımın içinde olduğumu her anlamda bilmek zorundayım. Başıma bir şey geldiği zaman değil. Mesela istediğimiz bir şey oluyor. Onun tesadüfen olduğunu sanıyoruz. Tesadüf diye bir şey yoktur. Hiçbir zaman da olmadı. O zaman Allah da tesadüf eseri mi oluştu? Biz tesadüf eseri mi buradayız? Hayır, biz ilahi planı burada gerçekleştirmeye geldik. İlahi olanla bütünleşmeye geldik. İnsan parçamız hayat derslerini öğrendiği zaman; insan parçamızı bütünleştirmek için burada olduğumuzun ayırdına varacağız ve kendimizi öğrenmeye başlayacağız. En başta neyi öğreneceğiz? Sevmeyi. Sevmek kolay bir şey midir? Hayır çok zor, çünkü insan en başta kendini sevmez. Hep başkasını sevmeye kalkar, başkasını sevmeye kalktığı için de asla sevgiden dem vuramaz. Aslında sevgi, gerçek aşkının kendin olduğunu bilmek farkındalığıdır. Ve sevgi kendine koşulsuz teslim olmaktır. Kendini tam ve bütün hissetmektir. Kendi varlığımızı kabul etmemiz demektir.

Eğer "tam ve bütünüm" dersek sevme başlar. Yarım yamalaksa sevgi yoktur. Zihin vardır; çünkü, kalp yoktur. Eğer tam ve bütün olduğuma kabul verirsem, mevcudiyetimin tamamının zaten bende var olduğunu hissedebilirsem işte o zaman sevmeyi öğrenmeye başlarım.

Yargıya geçtiğim an kendi özümü yaralarım. Oysa yargısızlığı öğrenmem gerek. En büyük hata bunu öğrenmeye değil üstünü kapatmaya çalışmaktır. Yargıladığım zaman -ki olacaktır bu- kendimi kötü de hissedeceğim, aciz de hissedeceğim, başarısız da hissedeceğim. Elbette olacak bunlar. İnsan parçam var. Hayat derslerini anlamak bu yüzden çok önemli. Ne kadar tekrar eden durumlarımız varsa onları şefkatle ışığa getirmeyi öğrenmemiz gerekiyor.

Eğer tam ve bütün olma farkındalığına gelemiyorsak, o zaman zaten kendimizi değersizlik ve yetersizlik hissiyle yargılayıp duracağız. Kendimizi sevmediğimiz zaman bunu başkalarından bekleyeceğiz ve onlar beni sevsin isteyeceğiz. Ancak bu deneyimler bizim için gerçekten çok aldatıcı olacaktır. Zihin asla bundan tatmin olamayacağı için; sonu hep acı ve hayal kırıklığıyla biten ilişkiler deneyimleyerek, birçok veçhe yaratmaya devam edeceğiz. Peki bu haliyle bu veçhelere kabul verebilirsek nasıl olur? Hâlâ bir ilişkide başarılı değilsek, diğerleri tarafından sevilmediğimizi düşünüyorsak gerçekten ne anlamamız gerekiyor? Bu yaşadıklarımızın bir anlamı var mı? Bana göre hepsinin bir anlamı var. Kendimizi yargılamayı bıraktığımız zaman hepsinin bir anlamı olduğunu fark edeceğiz. Bu değersizlik oyununu oynayan veçhelerin aslında bize hizmet ettiğini fark edeceğiz ve onlara diyeceğiz ki; "Seni yarattım, çünkü bana aslında değersizliğimi göstererek; bana, benim ne kadar değerli olduğumun önemini fark ettirdin. Bu sayede kendime dönebildim ve orada saf sevgiyi, özümü nasıl kapattığımı anladım. Şimdi seni nasıl yarattıysam, olduğun bu halinle özüme geri çağırıyorum. Bu defa bana değerli olduğumun bilincinin açılmasına hizmet etmene izin veriyorum. Seni seviyorum ve sana sahip çıkıyorum. Sen olmazsan tam ve bütün olamam. Özüme gel ve bütünleş benimle."

Neden kavga var? Neden ayrılık var? Neden hâlâ işler yolunda gitmiyor? İlişkilerde kendimizi çoğunlukla yalnız hissederiz. Bunun en önemli nedeni biricik olan özümüzle var olacağımız inancına sahip olmamamızdır. Bu duyguyu karşımızdaki kişiyle kapatmaya çalışırız. Kendimizden kopuk olarak deneyimleriz yaşamı. Bu yüzden genellikle ilişkilerde kendimizi tam ve bütün hissedemeyiz. Zihnin kendisinin tekil olduğunu sanma eğilimi var ve bunu sonlandıracak tek şey: Ruhumuzla yeniden bağlantıya geçerek, yalnız olmadığımız bilince geçebilmektir. Biriciktir ama tam ve bütün olduğu için hiçbir zaman yalnız değildir. Çünkü kendisiyle bütünleşmiştir. Ben eğer Ayşe/Kerim ile bütünleşeceğim diye Ayşe'yi/Kerim'i kıskaç altına alırsam bu iş asla olmaz.

Ama ben kendimle bütünleşmeye kendi yolculuğumda izin veriyorsam, işte o zaman ben hayat derslerimden özgürleşiyorum; DNA'm aktifleşiyor demektir. Hayat derslerime dikkat edeceğim. Karşıma sürekli çıkan illüzyonlara dikkat edeceğim. Neden? Ne istiyorlar? Ne konuşuyorlar? Sadece Ayşe'nin/Kerim'in bana hissettirdiği duygu ve düşünceler etkisiyle mi, yoksa biricik olarak mı yataktan kalkıyorum?

Sabahları Nasıl Kalkıyorsunuz?

Kimi lanet okuya okuya kalkar, yatağın içinde döner durur. Kimi gülümser, kimi telaşlanır... Peki sadece var olduğunuz için kendinize şükranlarınızı gönderiyor musunuz?

Sadece var olmak. Sadece olmak. Sadece burada olmak.

Hiçbir şey yapmanız gerekmiyor. İşe gitmeniz gerekmiyor. Çalışmanız gerekmiyor. Birileri için fedakârlık yapmanız gerekmiyor. Birileri için kendinizi kabullendirme duygusuna sokmanız gerekmiyor. Onaylanmanız gerekmiyor. Hiçbir şey yapmadan sadece var olmak. Bunu böyle nefesle kendi varlığını duyumsamak. O tanrıçayı onurlandırmak. Hiçbir şey yapmadan bile bunu hissetmek. İşten atılın. En sevdiğiniz arabanıza çarpsınlar ya da en sevdiğiniz eşyanızı hırsız çalsın, "her şeye rağmen"lerden bahsediyoruz. Her şeye rağmen bunun varlığına uyanmak. Kendi varlığına uyandırmaya izin vermek. Kendine izin vermek. Varlığına izin vermek. Var çünkü. Adı öyle. VAR. O VAR ve hiçbir şeye ihtiyacı yok. Doğmamıştır, doğurulmamıştır. Var o. Bu kadar coşkun olabilir misin? Bu kadar neşeli olabilir misin?

Üstat hiçbir şeye ihtiyaç duymayandır. Eğer bir üstat bir şeye ihtiyaç duyarsa arkasından yığınla istekler gelecek ve tatminsizlik başlayacak. Bu sebeple akış olmuyor. Bu yüzden ihtiyaç duyduğunuz şeylere dikkat edin. Zihin sürekli ihtiyaç alarmındadır. Gerçekten buna dikkat edin. Ondan gelen ya da gelecek olan listenin hepsine ihtiyaç duyuyor muyuz? Eğer onu süzmezsek o hiçbir zaman susmaz. Bunu yapmanın en basit yolu kendi içimize dönerek "Buna gerçekten ihtiyacım var mı yoksa kendimi mi oyalıyorum?" diyebilmektir. İşte o zaman tam ve bütün hissetme deneyimine geçeriz ve bunu basitçe üstatlığımıza kabul vermekle yaparız. Zorlayarak yapamayız; çünkü bunun doğasında zorlama yok.

Bizler sadece deneyim içindeyiz ve bir üstat, deneyimlerin kendisi tarafından yaratıldığının bilincindedir. Başına gelen her şeyin de sorumluluğunu alandır.

Eğer başımıza bir şeyler geliyor diye kurban sendromuna giriyorsak ve bunun sorumluluğunu almak yerine onları başkalarına yükleyerek hayıflanıyorsak; bilin ki, hayatınızda işler yolunda gitmeyecektir. Kendinizi sınırlı ve yetersiz hissetmeniz bir kaosa neden olacaktır. Böyle bir durumun içerisinde olduğunuzda hemen durun ve hayatınızdaki bu kaosu aslında farkında olmasanız dahi sizin yarattığınızı fark edin. Bunu yapmanız gerçekten çok iyi sonuçlar verecektir. Bir seçim yapmışsızsınız ve aslında kaosu deneyimlemek istemişsiniz. Sonsuz ve sınırsız olmanın ne anlama geldiğini bu yolla öğreneceksiniz. Bir uçtan diğer uca gitmeyi ve yaratıcılığın sonsuz potansiyellerinin eşsizliğini fark edeceksiniz. Bir sorun varsa çözümünün de hemen orada, yani özünüzden, ruhtan, geleceğini görmek istemişsiniz. İşte bizler böylesi yüksek kapasiteye sahip varlıklarız. Bunu deneyimleme cesareti tam ve bütün olmaya duyulan bir inançtan geçerek, bizi bütünden koparamaz.

Bugüne kadar bütünden kopuk yaşadık ve şimdi bunu toparlamaya çalışıyoruz. Çok eski ve hantal bir enerji var. Zihnin tanımı tam da budur. O ağır, işlevsiz bir enerjiyle hareket eder. Şimdi artık dünyaya dişil enerji girişi olmaya başladığından beri bu durumda ciddi dönüşümler olmaya başladı. Bu bizim enerjimizle ve seçimlerimizle oldu. Artık gerçek sevgiyi deneyimlemek istedik ve evrene bu mesajı verdik. Bizler mucizevi varlıklarız. Bir'in enerjisiyle dişili buraya getirmeyi başardık. Çok boyutlu hale gelerek hepimiz için buna niyet ettik. Bu oldu. Yükselişimiz için ruhun planını devreye soktuk. Sadece sevginin olacağı bir dünya yaratmak için tohumları ektik. Dişil, sembolik olarak tanrıça enerjisiyle kendini iyice hissettirmeye başladı. Bu, uyanıştır. Fiziksel bedenimizde ölü halde duran dişil enerjiyi aktifleştirdik ve etkileri dünyaya yavaş yavaş da olsa yansımaya başlayacak. Uyanış bize geldi.

Bu mevzuyu tasavvufi pencereden biraz daha açmak gerekir. Allah bilinmeyi murad etti ve kendinden kendine tecelli etti. Yani, Allah kendi birliğini görme ve kendini deneyimleme aşkıyla âlemleri yarattı. Kendi özünden, kendi özüne doğru genişleyerek yaptı bunu. Ondan başka bir varlığa doğru yapması düşünülemez; çünkü sadece kendi var ve hep kendi olacak. Ondan başka yoksa haliyle dünyada kendini deneyimlemeyen yalnızca odur.[35] "Hamd âlemlerin rabbi olan Allah'a mahsustur," gereği O kendine hamd eden ve kendini Muhammedi bedeninde deneyimleyen ancak odur.

---

35 "Nereye dönerseniz Allah'ın yüzü işte oradadır." (Bakara 115) "Doğu da, Batı da (tüm yeryüzü) Allah'ındır. Nereye dönerseniz Allah'ın yüzü işte oradadır. Şüphesiz Allah, lütfu geniş olandır, hakkıyla bilendir." (Bakara, 2/115) "Allah'ın yüzü" ifadesi, mecazî bir anlatım olup, burada "Allah'ın rahmeti, rızası ve nimeti" demektir. Kul, tümüyle Allah'a ait olan yeryüzünün neresinde ve hangi cihetinde, ne tür bir taat ve işe girişse, Allah'ın lütuf ve rahmetini orada bulur.

Perdenin öbür tarafında deneyim yok. Tasavvuf hocam bana söylediğinde çok üzülmüştüm. "Orada bir şey yok kızım, her şey burada," dediğinde çok üzülmüştüm. Nasıl orada bir şey olmaz? Orada bir şey olması lazım. Bunu anladığım zaman büyük bir genişleme oldu. Meğer cennet de buradaymış, cehennem de buradaymış. Allah buradaymış. Allah'ı arıyorsun. Allah buradaymış. Allah başka yerde değilmiş.

Dişil (tanrıça) enerji artık burada. Yuva burada. Biz artık bir yere gitmiyoruz. Yuvanın kendisi burada. Yuva hissi. Özlediniz mi? Bütün tasavvuf şiirlerinde, üstatların kalpten anlattığı o müthiş özlem... Peki bu özlem neye? Bitmez mi bu özlem? Bitmez. Sohbetlerde hocam, "Şimdi bütünleştik, haydi şimdi dağılın, özleyin ki bu bizi yine bir araya getirsin," derdi. Çünkü bir araya gelmek içindir özlem. Özlersem tekrar bütünleşebilirim. Kendi hakikatimle, kendi özümle kendimi özlerim. Karşımdaki bana ayna, ben de ona aynayım. Bu hakikat çok önemli.

Biz içsel bilgilerimiz yerine illüzyon bilgileri kabul ettiğimiz için zihnimiz bu öğretilenlerle kodlanmaya başlıyor. Bu, aslında kendi dişil enerjimizden kopmak anlamına geliyor. İçsel bilgiler dişil titreşimle anlaşılır. O kendinden şüphe etmeyen, tam ve bütün hisseden enerjidir. Ancak zihnin eril düşünme meylinde olmasıyla durum analitik ve yargılayıcı bir hal alıyor. Kendi yerine diğerlerinin bilgilerine başvurarak kendi kadimliğinin üzerini örtüyor. Deneyimlerimiz de çok kısıtlı, sonlu ve anlaşılmaz sonlanıyor. Bu da bizleri sınav olarak tabir ettiğimiz ve bir türlü veremediğimiz için karma oluşturduğumuz parçalarımızı (veçhelerimizi) tekrar doğuş döngüsüne sokuyor ki; asıl amacımız sonsuz ve sınırsız varlıklar olarak, kendimizi gerçekleştirmek, dengeli eril ve dişil bütünleşmesiyle yükselişe geçebilmektir.

2012'de dişil enerji portalı açıldığı için yükseliş, uyanış başladı. Enerjiler yavaş yavaş geliyor. Çünkü birden bire gelirse alabora eder. Fiziksel bedenlerimizde çok büyük arızalar yaratır. Biz uyumlanıyoruz. Bunu anlamamız çok önemli. Biyolojik bedenlerimiz değişiyor. DNA'larımız değişiyor. Önce ikiden dörde, sonra 12 sarmala çıkacak. Uyumlanmayı altın harflerle beynimize yazmamız gerekiyor. Ben uyumlanıyorum, o yüzden kendime iyi bakmam gerekiyor.

12 İLAHİ ERDEM İLE DNA MEDİTASYONU

Yükselmiş Üstat Saint Germain,12 ilahi erdemin şunlar olduğunu söyler:

- Güzellik

- Şefkat

- Cesaret

- Merak

- İmgeleme

- Sevinç

- Adalet

- Sevgi

- Sadakat

- Güç

- Saflık

- İrade

12 erdem ilahi planımıza hizmet etmek ve tezahür gücünü desteklemek içindir. Kendimizi daha cesur ve yaşam deneyimimizin tüm alanlarında bolluk tezahür etmeye doğru gerçekten hızlandırılmış bir yolda bulabiliriz.

Kendi korkularımızdan özgürleştiğimizde tezahür gücümüz artmaya başlar. Ruhsal açıdan bu uyumlama ile bu olağanüstü gezegensel ve insan dönüşümü zamanları için öğretmenler, şifacılar, aktarıcılar ve vizyonerler olarak zaten gelecekteki gerçek rollerimize ilerliyoruz.

Zihnimizi ve yüreğimizi çözmek istediğimiz bütün büyük gizemler bilinç bedenimizde mevcut. Bakın çok büyük bir şifre taşıyoruz. Bir gizemden bahsediyoruz ve onu kendimizden öğreneceğiz. Gizem, eğer şu an, şimdi burada kendinizi açarsanız 12'li sistem aktivasyonu ile açılacak.

Bu işin sırrı kendinizi açmaktır. Bu gizem bedeninizde ve hafızayı olağanüstü bilen bir sistem. Sadece bu ana izin verin. Hiçbir şey bizim dışımızda değil. Her şey bizim içimizde.

Kendimizi zamanın altın sarmallarında, varoluş dönemlerinin döngülerini tamamlayan, bizim kutsal bildiğimiz her şeyi yeniden değerlendirmeye çağırıyoruz. Biz bizi çağırıyoruz. Lütfen yaşamın amacını bu çağırmayla yeniden değerlendirmeye açın. Yaşam derslerinin yeniden değerlendirilmesinde biz bizi çağırdığımızda neyi öğrenmemiz gerek?

Ben eksik ve yoksun değilim. Ben tam ve bütünüm. Benim yaptığım her şey bu alt yapıyla alakalıdır.

Dişi enerjinin gelmesinin nedeni tanrısal bilgeliğin artık açılıyor olması demek.

12 imgesi boyunca bir yolculuğa çıktığınızı gözünüzde canlandırmanızı istiyorum. Bu kitap, bizi yapılandıran ve tanımlayan 12'li sistem yoluyla DNA kodumuzun açılması için yazıldı.

12 yoluyla kişisel sayısal simgeleri deneyimlediğimizi düşlemenizi istiyorum. Bu takvimin 12 ayı olabilir; Zodyak'ta yer alan 12 burç, 12 ev, 12 çakra, yedisi kendi bedenimde, beşi dışarıda olan 12 çakra, 12 havari ya da 12 saat... Sizin için anlam ifade eden o 12 neyse onu bulun.

DNA MEDİTASYONU

Şimdi derin bir nefes alarak DNA'nızın 12 sarmal merdivenini size göre nasıl bir his veriyorsa gözünüzde canlandırmanızı istiyorum. DNA'yı düşleyin ama onun nasıl olduğunu, neye benzediğini, nerede olduğunu anlamaya çalışmayın; çünkü gerçekten bunun bir önemi yok. Hissetmeniz gereken tek şey "Benim DNA'm aktifleşiyor" olmalıdır.

Bu 12'yi enerji olarak fark edin ve kendinizle bütünleştiğini hayal edin. Sarmallar şimdi ruhunuza erişiyor. Derin bir nefes alın ve verin. Aynı zamanda da bedeninize enerjinin girişlerini sağlayan 12 çakranız da harekete geçiyor. Şimdi onlarla bağlantıya geçiyorsunuz. Bunu gözünüzde canlandırın.

Şimdi derin derin nefesler alarak DNA'nın 12 merdivenine, 12 ilahi erdemi tek tek yerleştirin:

1. Merdivene güzellik yerleştirin.

2. Merdivene şefkat yerleştirin.

3. Merdivene cesaret yerleştirin.

4. Merdivene merak yerleştirin.

5. Merdivene imgeleme yerleştirin.

6. Merdivene sevinç yerleştirin.

7. Merdivene adalet yerleştirin.

8. Merdivene sevgi yerleştirin.

9. Merdivene sadakat yerleştirin.

10. Merdivene güç yerleştirin.

11. Merdivene saflık yerleştirin.

12. Merdivene irade yerleştirin.

Şimdi çok nazikçe ve yavaşça burnunuzdan karnınıza doğru yumuşak bir şekilde nefes alın ve yavaşça verin. 12 Erdem'i kabul edin.

Ruhunuzun arayışında belki de pek çok yeni şeyin, şimdiki dünyanıza daha geniş bir bakışla zenginleştiğini hissedin. Şimdi özünüze, DNA'nız aracılığıyla temas ettiğiniz gerçeğine kendinizi açmanızı istiyorum. Özünüz 12 ilahi sarmalı size akıtmaya başladı. Siz şimdi kendinizin en üst seviyesinde olan bir insan meydana getiriyorsunuz. Siz dünyanın titreşimini yaratıyorsunuz. Derin bir nefes alarak bu titreşimi kabul edin ve yavaşça nefesinizle bunu dünyaya verin.

Dünyanın dengeye gelmesine aracılık ettiğiniz gerçeğini hissedin. Dönüşümünüz dünya için katkı sağlıyor. Dünyanın da DNA'sının buna karşılık verdiğini hissedin. Daha fazla denge için nefes alın ve bunu dünyaya verin.

Şimdi yaratıcılık ve sevgi yoluyla genişliyorsunuz. Derin bir nefes alın ve verin. Bunu hissedin. Şimdi özünüzle iletişimin daha güçlü olduğunu hissedin.

12 sarmal merdiveni hissederek, 12 çakranın aktive olduğunun genişlemesinde kalın. Derin bir nefes alın ve verin. İlahi olan tüm varlıkların şu an sizi desteklediğini ve bu çalışmanın içeriğinde şu anda sizinle birlikte varlıklarını hissettirecek şekilde enerjinin yoğunlaştığını hissedin. Bu evrimleşmeye izin verin. Derin bir nefes alın ve verin.

Yükselişe, tekâmüle, sevgiye, dengeye, neşeye izin verin. Bunu isteyin. Sizin için oluşturuldu. Bunu siz oluşturdunuz. Derin bir nefes alın ve verin.

Hazır olduğunuzda olduğunuz yerden bulunduğunuz yere çok yavaş ve nazikçe gelin. Hafif hafif ayaklarınızı, ellerinizi oynatın. Derin bir nefes alın ve verin. Kendinize ve sizinle şimdi bu çalışmaya katılmış olan ilahi varlıklara teşekkür edin.

Beden Nedir?

Beden denildiğinde ne anlıyoruz? O sadece yemek yediğimiz, spor yaptığımız, çocuk doğurduğumuz, babalığı tattığımız, tatile gittiğimiz, uyuduğumuz, gezdiğimiz, haz, tutku hissettiğimiz ve sonunda öldüğümüzde yok olan bir mekanizma mıdır? Elbette sadece bunlar olamaz. Bedenin aslında bütünselliği anlamaya odaklanmayla anlaşılacağını düşünüyorum. Beden; ruh-zihin-beden üçgenin merkezidir. Ruh beden olmazsa kendini ifade edemez, zihin de bilgi depolayamaz. Beden de, zihin ve ruh olmadan bir şey ifade edemez; ancak ruh ve zihnin kutupluluğu sağlaması ve tekâmülün de bundan oluşması gerekliliğinden dolayı buluştukları tek yer bedendir. Tabii bu sadece asırlar önceki hallerimizin kısaca bir hatırlatmasıdır.

Beden ve zihin asırlardır ruh olmadan yolculuk yapıyor. Zihnin tek bir görevi vardı o da sadece bilgiyi depolamaktı ancak bu görevinden gittikçe uzaklaşarak artık neredeyse tüm insanlığın efendisi oldu. Beden ise daha duru bilinci olan özelliklere sahipti. Diğer bir deyişle; katı düşünce sisteminde değil daha duyuları gelişmiş, sezgilerini kullanan özelliklere sahipti.

Şimdi size "Bedeninizin bilincini hissediyor musunuz?" diye sorsam, bunu yapabilir misiniz? Bunu hissedemiyorsanız bilin ki; ruhunuzu ve bedeninizi ayrı varlıklar olarak deneyimlediğiniz için yaşamdan zevk alamıyorsunuz. Çoğu insan tutkusunun olmadığından bahseder. Yaşamdan zevk alamadığından ve ne yaparsa yapsın bunu değiştirecek gücü kendinde bulamadığından yakınır. Bu, ruhun eksikliğidir. Diğer bir deyişle; o, bizim bedenimizde değil. Şimdi "Bu nasıl olur, o zaman bu bedende nasıl yaşarım?" dediğinizi duyar gibi oluyorum. Fakat gerçekten de durum bu. Bedenin ne olduğunu anlamaya ihtiyacımız var.

Beden, hem bilinçli hem de bilinçsiz bir şekilde işlev görüyor. Bedende ruh ve zihin bütünleşmesi olmayınca sadece et, kemik, kaslardan oluştuğunu düşündüğümüz bedenimizde yaşadığımızı zannetmeye devam ederiz. Ruhumuz devrede olmadığı için illüzyonda olan bedenlere sahibiz. Hissiz ve asırlardır uykuda olan bedenlerimize ruhu tekrar doldurmak için artık harekete geçmek ve zihni özgürleştirmek zamanı gelmiştir. Ancak bu üçlemenin oluşmasıyla bilinç bedenini fark ederiz.

Biz ruhun çok az bir bölümüne kabul vermiş durumdayız. Asırlardır sadece hayatta kalmamıza yetecek kadar ruh ile bağlantıdayız. Onun hemen yanımızda olacağının bilincinde olamayacak kadar iletişimimizi kaybetmiş durumdayız. O ise bize gelmek için "gel ve benimle birlikte ol" davetimizi bekliyor. Biz ise zaten var olduğunu düşündüğümüz için böyle bir davetin çok önemli olacağının farkında bile değiliz. Bunu en derinlerinizde hissedin ve bu daveti lütfen niyetinizle birlikte yapın. "Ruhumla yeniden bütünleşmeye ve onunla yeniden dolmaya niyet ediyorum. Bedenim bunun için hazır ve zihnim sadece gözlemci olarak nötr enerjide kalıyor."

Bu bahiste Mevlânâ'nın bir hikâyesini anlatmak istiyorum. Mevlânâ şöyle anlatır:

Vaktiyle yakışıklı bir adam hamama gider ve hamamdaki göbek taşının üzerine geçip uzanır. Tam o sırada içeriye kendisine tıpatıp benzeyen bir adam daha girer. Gelen adama dikkatlice bakar ve kendi kendine, "İnsan bu kadar da birbirine benzer mi?" diye söylenir. Ama gelen kimsenin etrafında hizmetçiler, korumalar vardır.

Oradakilere, "Bu kimdir?" diye sorar. Onlar da, "O hükümdardır" derler. Hükümdar olduğu için ona özel oda açılır. Hükümdar etrafındakilere, "Şimdi yanımdan gidin!" diye emreder ve odasında yalnız kalır. Bu hâli gören adam, herkes gittikten sonra, "Hükümdarın odasına bir bakayım" der. Hükümdarın kaldığı odanın kapısını açınca, hükümdarın ölmüş olarak yerde yatmakta olduğunu görür. Hemen kendi kendine, 'Bu fırsatı kaçırmamalıyım! Hemen hükümdarın yerine geçeyim, nasıl olsa hükümdar bana çok benziyor, kimse de anlamaz,' der ve hükümdarın cesedini sırtladığı gibi, kendi yattığı göbek taşının üzerine taşır, kendisi de hükümdarın yerine geçer. Sonra hizmetçileri çağırır ve "Hemen gidiyoruz!" der. Elbiseler giyilir, saltanat arabasına binilir ve doğru saraya gidilir.

Kendisini ele vermeden harem dairesine girmek ister ama harem dairesine girer girmez yüzüne şiddetli bir tokat iner. Tokadın şiddetiyle bir uyanır ki, kendisini göbek taşının üzerinde uyur vaziyette bulur. Meğer gördüklerinin hepsi rüyaymış. Tokadı atan hamamdaki görevlidir. Adam "Temizlik yapacağız, geç oldu. Hadi kalk, git buradan!" deyince alelacele kalkıp, "peki gidiyorum" cevabını verir.

İşte dünya budur!..

Bunları anlatan Mevlânâ, sonra şöyle buyurur:

"İşte dünya budur. Göbek taşına yatarsın, tokatla adamı uyandırırlar. Ne yazık ki Azrail aleyhisselâmın uyandırması böyle de olamaz."

Şimdi bunun anlamına yakından bakmak istiyorum ki; bedenin gerçekte neyi temsil ettiğini anlamaya çalışalım. Tek tek bakalım.

"Vaktiyle yakışıklı bir adam hamama gider ve hamamdaki göbek taşının üzerine geçip uzanır. Tam o sırada içeriye kendisine tıpatıp benzeyen bir adam daha girer. Gelen adama dikkatlice bakar ve kendi kendine, 'İnsan bu kadar da birbirine benzer mi?' diye söylenir. Ama gelen kimsenin etrafında hizmetçiler, korumalar vardır."

Dünyaya geldiğimiz an bedenimiz korunmuş şekildedir. "Allah bebekleri korur" deriz. "Onlar melek" deriz.

Neden deriz bunu? Korunmasız olduklarını düşündüğümüz için elbette. Korunmasız olduğunu bildiğimiz her şeyin bir koruyanı mevcuttur bilinçaltımızda. Hamam bizim tüm çıplaklığımızla, en mahrem şeklimizle olduğumuz yerdir. Doğduğumuz gibiyizdir orada. Gerçekte de bir bebek yaratanla temas halindedir. Henüz ayrılık duygusu bilincinde mevcut değildir. Tıpatıp kendisi olanın asla Allah'tan başka bir şey olmadığının bilincindedir. Etrafında daima onun rehber varlıkları ve onu koruyan güçlü tanrısallığı vardır.

Oradakilere, "Bu kimdir?" diye sorar. Onlar da, "O hükümdardır" derler. Hükümdar olduğu için ona özel oda açılır. Hükümdar etrafındakilere, "Şimdi yanımdan gidin!" diye emreder ve odasında yalnız kalır. Bu hâli gören adam, herkes gittikten sonra, "Hükümdarın odasına bir bakayım" der. Hükümdarın kaldığı odanın kapısını açınca, hükümdarın ölmüş olarak yerde yatmakta olduğunu görür. Hemen kendi kendine, 'Bu fırsatı kaçırmamalıyım! Hemen hükümdarın yerine geçeyim, nasıl olsa hükümdar bana çok benziyor, kimse de anlamaz' der ve hükümdarın cesedini sırtladığı gibi, kendi yattığı göbek taşının üzerine taşır, kendisi de hükümdarın yerine geçer. Sonra hizmetçileri çağırır ve "Hemen gidiyoruz!" der. Elbiseler giyilir, saltanat arabasına binilir ve doğru saraya gidilir.

Yaratanla ayrılık duygusu ya da diğer bir deyişle Allah'tan ayrı olduğumuz inancı ile yaşayan varlıklar olarak aslında bunun özümüze karşılık gelmediğini içten içe biliriz. Ayrılık bir yanılsamadır. Kalbimizin en derinliklerinde bunu hissederiz ancak yetersizlik hissi ile bunu kapatırız. Bu illüzyonla baş edebilmek için onun yerine başka bir inanç ya da bir başka bilinç koymaya çalışırız. Bunun sonucunda da ona benzeyen birini hayali olarak yaratmaya başlarız. Bu aslımızı deneyimlemek yerine gölgesini deneyimlemekle sonuçlanır. Durum böyle seyredince bir başka bedenimiz devreye girer. Bunun adı ego bedenidir (sanal beden) ve adeta bize hükümdar gibi hükmetmeye başlar. Bir tek o vardır. Farkındalığın olmadığı bir başka bilinç odası olan gölge benlik odasında yaşamlar geçiririz ki; O da, kendine zanni benlik olarak adlandırdığımız hizmetçiler yaratarak hizmet ettirir. Her şeyi gölgeden ibaret olan bir bilincin yaşamı ve yolculuğu da elbette ki hayali bir sarayda devam eder.

Kendisini ele vermeden harem dairesine girmek ister ama harem dairesine girer girmez yüzüne şiddetli bir tokat iner. Tokadın şiddetiyle bir uyanır ki, kendisini göbek taşının üzerinde uyur vaziyette bulur. Meğer gördüklerinin hepsi rüyaymış. Tokadı atan hamamdaki görevlidir. Adam "Temizlik yapacağız, geç oldu. Hadi kalk, git buradan!" deyince alelacele kalkıp, "Peki gidiyorum" cevabını verir.

Ego devredeyken sadece kendisi var zanneder. Hareme girmeye kalkar, yani özgür iradenin olduğu kutsal alana girmeye çalışır ve orayı sahiplenmeye kalkar; ancak bu mümkün değildir. Şiddetli bir dirençle karşılaşır. Bu bedenle olacak bir şey değildir. Bedeni buna ayak uyduramaz. Bedensel hükümlerle yolculuğuna devam edemez. Yüksek benliği (hamamdaki görevli) onu uyandırmaya başlar. Beden temiz olursa ego devre dışı kalır. Kuşkusuz bu temizlik "arınmak" anlamına geliyor. O zaman hüküm tekrar öze ait olmaya başlar ve hayali benlik gider. Artık sadece kendi öz varlığınla tam ve bütün olduğunu deneyimlemeye başlar. Egoda olanlar bu deneyimi ayrılık yanılsamasında olduğu için reddeder. Ancak bu bilincin açılmasına izin veren her varlık, illüzyonla yaşayan zihninden ve gölge benliğinden özgürleşmeye başlar.

Bu hikâyeyi anlatmaktaki nedenim; egoya ait ikinci bedenin insanı nasıl özünden uzaklaştıracağını açıklamak içindi.

Burada birkaç detayı konuşalım. Mesela "harem" kavramı... Harem; dişil enerjiye işaret ediyor. Orada erkeklerin olmaması, bilgeliğin tanrısal öze ait olması anlamındadır. hikâyede de zaten oraya giderken tokadı yiyor. Bunu gölge varlığı ile yapmaya çalışıyor. Allah Allah'lığını kimseye vermez. Kutsallık namahremdir. Dengesiz enerjiyle buraya kimse adım atamaz.

Zaten beden farkındalığında da burayı Birinci Merdiven yaptık. Basamakları çıkarken önce kendi bedeninin temiz olup olmadığını fark edeceksin. O beden kime hizmet ediyor? Egoya mı, özüne mi? Diğer bir deyişle; onu ele geçirerek, hayalet mi yapmış yoksa gerçekten özü ile bir mi?

Biz hiçliği Allah karşısında "ben yokum" noktasında algılıyoruz. İşler de burada karışıyor. Sen yoksan kim var? Ya ego var ya da Allah. Tamam ama biz "ben ondan başka bir şey değiliz ki" deme noktasına gelebilmek için şirk duygusundan ilk başta özgürleşemiyoruz ki? Korku ile hareket ediyoruz. Layık olamadığımızı zannediyoruz. Yeterli olmadığımızı düşünüyoruz. Eninde sonunda bedensin ve o da ölümlü. O zaman ölümsüz olanla nasıl bir olabilir ki? Hem de günahkar bir ölümlü.

İşte lütfen buraya dikkat edelim. Ölümsüz olan bir bedenimiz daha var. Bu benim size açıklamak istediğim en önemli durumdur.

Dişil bedeni fark edebilirsek ölümsüz oluruz. Yani dişil enerjiyi bedenlersek eril enerji dengeye gelir. Ölümsüz olan dişil enerjidir. Ve hiçlik noktasında hareket eder. Potansiyellerin tümü ondadır. Yaratım onundur. Üreme onundur. Şefkat onundur. Sevgi onundur. Ölüm onun olduğu yer değildir. Ben kişilerden değil enerjiden bahsediyorum. Dişil ve eril neden bir arada olmuyor? Bunun en önemli nedenini kendi hayatınızdan örnekleyin. Korku varsa dengesiz erildesiniz.

Yaratım korkuyla sabote edilir. Yaratım yoksa savaş vardır. Açlık vardır. Dengesizlik yaratım olmadığı için var. Eril sürekli kendini kopyalayarak hayali bedenler üretiyor. Oysa sadece yaratımı ortaya koymakla mükellefti. Biz insanlar ona bir kişilik vererek; hem erkekte hem de kadınlarda dengesiz eril meydana getirdik. Konu erkek değil kadın da değil. Dengesiz erilin dengelenmesidir ama hem erkek de hem de kadında dengelenecek.

Özgürlük varsa dişildesiniz ve eriliniz bunun tadını çıkarır çünkü yaratımı ortaya koyarsınız. Gerçek bedeninizdesiniz. Hayali olanda değil. Hadis ne diyor? "Nas (insan) uykudadır, ölünce uyanır." Bunun en derin anlamı: Dengesiz eril uykudan uyanıp dişiline geri döndüğünde gerçek olan bilinç bedeni de uyanmaya başlar. Yani ikinci bedenimiz.

Hikâyenin sonunda ne diyor?

"İŞTE DÜNYA BUDUR!.."

Bunları anlatan Mevlânâ Celâleddin-i Rûmî hazretleri, sonra şöyle buyurur:

"İşte dünya budur. Göbek taşına yatarsın, tokatla adamı uyandırırlar. Ne yazık ki Azrâil aleyhisselâmın uyandırması böyle de olamaz."

Dünya uyanışa geçtiğin zaman dünyadır. Yoksa dünya diye bir yer zaten yok. Algılarınla sen şekillendiriyorsun.

Göbek taşında uyanışın gerçekleştiğinde, yani hareme gerçekten gitmek istediğinde uyanış başlar; ancak hayali bedenini fark edemezsen ölüm meleği senin bedenini alır ve tekâmülün gerçekleşmez.

"Sizce dünya yaratılmış mıdır, yoksa henüz yaratılmamış mıdır?"

Soruyu daha da genişletelim?

"Allah mı bizi yaratıyor, yoksa biz mi Allah'ı yaratıyoruz?"

Bunun cevabını eril ve dişille vereyim...

Yokluğu eril olarak değil de, dengesiz olan erille, yani zihnimle yok ediyorum. İşe karışıyorum. Hayali bedenimde hüküm sürdüğüm için özümü inkar ediyorum ve o yok oluyor. Yanılsama başlıyor. Ancak ne zaman dişilin yaratıcı enerjisini fark ediyorum, bilinç bedenimle onu var ediyorum ve gerçek dünya meydana geliyor, işte o zaman gerçeklik tezahür ediyor. Bunu da yapan, ortaya koyan dengeli eril enerji. Zihinden çıkmış oluyorum. O zaman yine sormak istiyorum?

Dünya eril bir Allah'ın mıdır, peki öyleyse ona neden Dünya ana diyorum? Hatta tanımlamış mı oluyorum?

Muhyiddin-i Arabi, *Fütuhat-ı Mekkiye* eserinde bu konuya dair şöyle der:

"İçimizdekileri doğurttuğu için bizler birer dişiyiz. Bu anlamda varlık âleminde hiçbir erkek olmadığından dolayı da Allah'a hamd etmeliyiz. Çünkü erkek olarak tanıdıklarımızın tümü, bu anlamda birer dişidirler."[36]

Evet elbette tanımlıyorum ama bunu tanımsıza gitmek için yapıyorum. Tanımsızlık dişilin işidir. O hiçbir şeyi tanımlamaz. Formsuzdur. Kendini bilmek için dünya da yaratıcı enerjiyi yanılsamasıyla gerçekleştiriyor. Tanımladığımız her şey yanılsamaya girer; ancak bu onun doğasını anlama şeklidir. İşte bizler bu yanılsamaları, kendini bilmek ve genişlemek anlamında göremediğimiz için her gördüğümüze takılıkalıp "budur" diyoruz ve kendimizi kısıtlıyoruz, hayali bedenlerimizde de sınırlanıyoruz. Oysa dünya biziz.

Dünya sensin. Kendini bilmek için kendine "var" diyorsun. O zaman sen "var" dersen, sen osun. Yanılsamaların ötesine geçersin. Yok dersen yanılsamalara takılıp yüzyıllarca orada kalırsın. Sen nasıl o olabilirsin ki? Bunu yapanın sen olduğunun bilincine uyandığın an diğer bedenini meydana getirmiş olursun. O beden kozmik anadır, kendini dünyada ve çok boyutlu alanlarda deneyimler ve gerçektir.

DNA'mız Aktif Değil!

DNA'mız yanılsamalar yüzünden aktif değil. Bilimsel tarifiyle sol beyinde olduğum için bunu yapamıyorum. Sağ beyine geçemiyorum. Sıfır olamıyorum. DNA aktivasyonu değersizlik sıfırıyla değil, gizli hazine olarak kodlarımızda olan sıfır bilinciyle olur.

---

36 Pamuk Yayıncılık, Ağustos 2008, s. 14.

Birçok insan hormonal problemleri sırf bu yüzden yaşıyor. Neredeyse insanlığın hormonal dengesi şaşmış durumda. Dengesiz erilde kaldığımız sürece zaten ya tiroit hastasıyız, ya mide ya da kalp. Neden bunun gibi rahatsızlıklar peşimizi bırakmıyor? Hayali beden, dengesiz erille modellenince zaten başka bir durum söz konusu olamaz ki! Oysa hormonlar benim hizmetçilerimden biridir. Onlara dişili akıttıkça onlar zaten dengeye gelecekler. Ben kopya bedenimin hükmünde olduğum için gerçek bedenimle iletişime geçemiyorum. DNA'm da aktifleşmiyor. DNA tanrısal düzeneğe göre programlıdır. İnsan zihniyse bunun bilincinde değildir. DNA'nın en büyük vazifesi; tanrısal olandan gelecek olanı dinlemek ve ona hizmet etmektir. Hayalet direktiflerden bahsetmiyorum. "İyi olayım, zengin olayım, lider olayım, sağlıklı olayım!" Birçokları ruhsal çalışmalarda olumlamalar kullanıyor. Bunlar hayali bedenimizle hiçbir işe yaramaz ve DNA üzerinde etkisi olmaz. Her şeyden önce DNA'mız dinleyen bir antendir, ama kimi dinleyecek? Korkan, şüphe eden, değersizlik, yetersizlik hisseden, suçluluk duyan birini mi, yoksa ben "var" dersem "varlığınla bir olurum" diyerek özüyle hareket edeni mi? Seçim bize mi ait yoksa başka birine mi?

İnsan her şeyi "tekil" bir biçimde görür ve bir "grup" olarak "Tanrı" ya da bir "grup" olarak "kendisi" kavramından hoşlanmaz bile. 3B'de her şey tekildir; tekil bir zaman çerçevesine, yaşam uzunluğuna, bir Başlangıca ve (bir) Bitişe sahiptir. Bu hepimizin 3B'de sahip olduğumuz inanılmaz eğilimi gösteren bir "İplik Parçası Sendromu"dur ve birçok kişi onun ötesini düşünemez. Buna göre siz; basit, Tekil bir Başlangıcı ve Sonu olan bir "İplik" gibisinizdir...

"Yüksek Benlik", "Mutlak Tanrısallık" olan (bir) "Kardeş"tir. Siz Yaratıcıyı içinizde hissettiğinizde, hissetmekte olduğunuz şey, "Yüksek Benlik"tir. O, perdenin diğer tarafıyla olan (bir) bağlantıdır.

DNA ile Nasıl Çalışabiliriz? Bedene Nasıl Talimat Verebiliriz?

Her şeyden önce DNA ile çalışmak bizim bedenimizin hücreleri üzerinde çok etkilidir. Bedenimizle içsel olarak iletişim kurmak, güçlenmeye adım atmak demektir. Saf niyetle ve kalpten bağlantıya geçerek yaşamı daha anlaşılır hale sokabiliriz. Bilincimiz açıldıkça daha saf bir hale gelerek DNA'mızı aktifleştirmeye hazır oluruz.

Sağlıkla ya da duygusal bir sorunla ilgili herhangi bir sıkıntı yaşadığımızda ondan gelecek yanıta odaklanmak her zaman en önemli çözümdür. Çünkü bilinçli hale gelmiş beden daima doğruyu söyler. Yaşadığımız ilişkiler, misyonumuz, amaçlarımız, seçimlerimiz ve alacağımız kararlar dahil olmak üzere bedenimizin vereceği yanıtlara odaklanarak iletişimimizi sürekli hale getirebiliriz.

Bedenimize güvenmek onu daha da bilinçli yapar. Çünkü bilinçli hale gelmiş beden daima doğruyu söyler. Duygu ve düşüncelerimizden şüphe etmezsek; yaşam dersimizin ne olduğu, misyonumuz, amaçlarımız, seçimlerimiz ve alacağımız kararlar dahil olmak üzere bedenimizin vereceği yanıtlara odaklanarak iletişimimizi sürekli hale getirebiliriz. Bu yanıtlar aslında hepimizin çok iyi bildiği gibi kalpten gelen çok yoğun hislerle ilgilidir. O zaman bedenimizle şüphesiz olarak bir iletişim başlatabiliriz ve bunu sürekli halde tutabiliriz.

Dünya ana bedenimize bu şekilde yaklaştığımız zaman zihnimiz daha fazla berraklaşacaktır. Uzaklarda ya da birilerinde çözüm aramak yerine en güçlü silahımızı devreye sokacağız. Bizim adımıza artık kimse karar vermeyecek ve kendi yaşam irademizi ele almaya başlayacağız. DNA'larımızın gücü sayesinde kendimizi gerçekten tüm kudretimizle ifade etmeye başlayacağız.

Bu, yaşamın sihrine bedenimiz aracılığıyla adım atmak, ilahi olana tümüyle teslim olmak demektir. Bedenimiz aslında muhteşem bir tapınaktır ve ilahi olanın sırrını barındırır. Bedenimizde ilahi olan bir enerji varsa bizler gerçekten de onu nasıl algılayacağız? Bunu bedenle anlamak mümkün mü? Biz o kadar yüce miyiz? Bedenimiz bizim sandığımızdan çok daha kutsal bir varlık olabilir mi?

Dünya ana bedenimizde yedi tane bedenimiz var (yedi katmanlıdır dünya bildiğiniz üzere). Rüya bedenimiz "astral beden" olarak bilinir. Bir rüya görürken astral bedenine izin verdiğin için bunu o gerçekleştirir. Bunu gerçek gibi algılamamız fiziksel bedenin kontrolünde gerçekleştirmemiz sonucudur. Aslında burası biraz gizemli. Biz rüya halinde olmadan da bu seyahatleri gerçekleştirebiliriz.

"Nasıl?" diye soruyorsunuz öyle değil mi...

Aslında çok basit: Niyet ederek. Meditasyonlarımız ve ibadetlerimiz buna aracılık eder. Deneyime izin verdiğimizde bu gerçekleşir ve çok boyutlu olarak bunu yapabiliriz. Zihniniz (dengesiz eril) buna pek müsaade etmez; çünkü bunu hayal ettiğinizi size hatırlatır. Oysa bu doğru değildir. Gözünüzü kapatarak bir seyahat gerçekleştirmek istediğinizde bunu niyet ederek gerçekleştirebilirsiniz. Aynı anda bir başka yerde olabilirsiniz.

Bu aslında çok boyutluluktur ve bizim DNA'mız çok boyutludur. Bunun net olarak anlaşılması için insan bilincini genişletmek gerekir.

Allah Çok Boyutludur

İnsan bilinci her şeyi tekil bir biçimde görür. *Her şeyin bir başlangıcı ve sonu vardır* diye algılarız. Bir ipliğin başının ve sonunun olması gibi bir evren hayal ederiz. Çoğu kişi bunun ötesini düşünemez. Aslında içimizde yaratanı hissettiğimizde onu perdenin öbür tarafında gibi algılamamız bile bunun açık bir delilidir. Dua ettiğimizde yanımızda olmayan, sadece bizi duyan, kuantum olarak her yerde mevcut olan ilahi parçamıza sesleniriz. Onu tanımlarken hepimizi gören olarak hissederiz. Milyarlarca varlığı aynı anda gören bir yaratıcı nasıl mümkün olabilir? Elbette kuantum haliyle. Diğer bir tanımla; Allah çok boyutludur; ama insan bunu anlayamadığı için çok boyutlu değildir. Oysa onunla bütünleştiğimiz anda biz de bu bağlantıya geçerek çok boyutlu hali deneyimleyebiliriz. Aslında rüya gördüğümüz zaman bunu farkında olmadan gerçekleştiriyoruz. Bedenimiz yataktayken kendimizi rüya aracılığıyla başka mekanlarda görüyoruz, başka insanlarla tanışıyor hissine kapılıyoruz. Bunu ileri seviyede, kendi bilinçli alanında, gerek vizyon, gerek meditasyonla deneyimleyen birçok insan var. Ben bu konuda size, bir tasavvuf klasiği olan ve çok boyutluluğu muhteşem anlatan Filibeli Ahmet Hilmi'nin *A'mak-ı Hayal* kitabını okumanızı tavsiye ederim.

Tasavvuf, tek bir varlığı ve bir hakikati tüm boyutlarıyla inceler. Tasavvuf ehilleri, varoluşun açılımını, ibadetlerin şekilden öte ne anlama geldiğini, kim olduğumuz gerçekliğini, özün farkındalığını, tam ve bütün olma yolculuğunu verdikleri ipuçları ile çözülebilmesi ve değerlendirilebilmesi için, bu boyutsallığı kullanmaktadırlar.

Bizler onların bir zamanlar ne demek istediklerini şimdi daha iyi anlayabilmekteyiz. Tasavvuf genel anlamda bütün olanın sahip olduğu tüm özelliklerinin boyutsal olarak bilinç katmanında nasıl mevcut olabildiğini açıklar. Bu ifade tarzının anlaşılmasıyla, bizden ayrı, uzaklarda olduğu düşünülen Tanrı imajı yıkılarak, yerine «Allah» manası ortaya çıkmaktadır.

Gerçekte var olan, sadece ve sadece Bir'dir. Evrende mevcut olan her şey Bir'in tüm özelliklerini içermesi ve tekil olarak var olmaması ve Allah'ın her zerrede özü, varlığı ve ismi, bilgisiyle mevcut olduğu içindir ki, evren de holografik özellik göstermektedir. Hologram prensibi, tasavvufun anlatmak istediğinin, kısmen de olsa daha iyi anlaşılabilmesini sağlamıştır. Genel anlamda özün sahip olduğu bütün özelliklerin boyutsal olarak her katmanda nasıl mevcut olabildiğini açıklar. Bu ifade tarzının anlaşılmasıyla, bizden ayrı, ötelerde olduğu düşünülen Tanrı imajı yıkılarak, gerçek "Allah" kavramı ortaya çıkmaktadır. Bu noktada tasavvuf ile hologramın ne olduğu hakkında kısa bir bilgi verelim, sonra da birleştikleri noktaları tespit etmeye çalışalım.

Evrenin bir an için, hologram bir tabaka olduğunu hayal edin. Sonsuz, sınırsız olan Allah, kendinden kendini seyretmeyi dilemiş ve bu çeşitli şekillerde tecelli ederek sonsuz sayıda varlıkları meydana getirmiştir. Bu varlıkların hepsi, o tek varlığın kendi suretleridir ve onlar O'nun varlığından meydana gelmiş olması nedeniyle, o varlıklarda kendi varlığının dışında hiçbir şey mevcut değildir. Tasavvufi anlatımla da olsa evren tek bir ruhtan meydana gelmiştir ve evrende mevcut olan her şeyin oluşumu bu ruhladır.

Holografik yapının önemli bir diğer özelliğiyse, zaman ve mekan kavramları olmaksızın, geçmiş, şimdi ve gelecek diye bildiğimiz her şeyi, yani tüm potansiyelleri bir arada bulundurmasıdır. Zaman, mekan, geçmiş, gelecek diye algıladıklarımız, algılayanın kapasitesinden kaynaklanan göreceli değerlerdir. Allah'ın bilgisi, her zerrede özü itibariyle mevcuttur ancak zerrenin de o tüm bilgiyi değerlendirebilmesi, mevcut kapasiteyi kullanabildiği ya da açığa çıkartabildiği orandadır. Kur'an'da bu konuyla ilgili şöyle der.

"Semalarda ve arzda bir zerre miktarı bir şey bile ondan gizli kalmaz. Bundan daha küçük ve daha büyüğü de ancak apaçık gösteren bir kitaptadır."[37]

Konuyu farklı bir bakış açısıyla aktarmak istiyorum. Gazeteci-yazar Türker Alkan'ın[38] bir yazısı tam da bu noktaya işaret ediyor.

"Kuantum fiziği atomaltı parçacıkların incelendiği bir alan. Son yıllarda bu alanda yapılan çalışmalar şaşırtıcı sonuçlar veriyor. Evrene bakışımızı kökünden değiştirecek önermelerle karşılaşıyoruz. Bildiğiniz gibi dört boyutlu bir dünyada yaşı-

---

37 Sebe, 34; 1,3.

38 Türker Alkan 1941 senesinde dünyaya gelmiştir. 1960'da Ankara Üniversitesi Siyasal Bilgiler Fakültesi'nden mezun olmuştur. 1970 yılında ABD'de kamu yönetimi alanında yüksek lisans yapmıştır. ODTÜ ve Ankara Üniversitesi Siyasal Bilgiler Fakültesi, Ankara Üniversitesi ve Çankaya Üniversitesi'nde öğretim görevlisi olarak çalışmıştır. Radikal Gazetesi'nde yazarlık yapmaktadır.

yoruz. En, boy, yükseklik ve zaman. Olayın çarpıcı niteliğini göstermek için şöyle düşünebiliriz: Sadece iki boyutun bulunduğu ve zamanın olmadığı bir dünyada yaşayanlara üçüncü boyutu ve zamanı nasıl anlatabilirdik? İki boyutlu dünyanın insanları ne kadar 'olmaz öyle şey' diyecekse, şimdi biz de benzer bir şaşkınlık içindeyiz. Bitmedi. Kuantum fizikçilerine göre evrende 11 boyut varmış! Daha 'zaman' kavramının 'boyut' olarak ne anlama geldiğini kavrayamadan yeni boyutlarla nasıl baş edeceğiz bilmiyorum. Kuantum fizikçilerine göre bir cisim aynı anda birden fazla yerde bulunabiliyor. Hayır, iki veya üç değil, tam üç bin yerde bulunabiliyor! Evreni sağduyularımızla algılamanın getirdiği sınırlamaları düşünmemiz gerekiyor. Daha çarpıcı iddiaları var kuantumcuların. En şaşırtıcı önermelerden birisi, insan düşüncesiyle maddelerin etkilenebileceği, biçimlenebileceği önermesidir. Japonya'da yapılan bir araştırmada, iyi ya da kötü sözlere muhatap olan su moleküllerinin, söylenenlere paralel olarak, güzel veya çirkin biçimler aldığı görüldü. İnsanın düşüncesiyle evrenler yaratacağını, paralel evrenler olabileceğini ileri sürenler bile var. Teolojik bakımdan da önem taşıyan bir iddiaya göre ise tüm evren bir tek varlıktır! Tek bir zihindir. Bu görüşe göre 'başkasının zihnini okumak' anlamında 'telepati' yoktur. Çünkü insan zihni zaten ortaklaşa bir zihnin parçasıdır. Evrende olup bitenleri bilmektedir! İlginç buluşlardan birisi, bilim adamları tarafından gözlenen elektronların, gözlenmeyen elektronlardan farklı davrandıklarıdır. Elektronlar sanki gözlendiklerini biliyormuş gibi hareket ediyorlar!

Bir atom altı parçacığını ikiye ayırıp evrenin iki ucuna yerleştirsek, iddiaya göre, bu iki parçacık sanki ayrılmamışlar gibi, aynı hareketleri yapacaktır. Çünkü evreni oluşturan mesafe görünüşten ibarettir. Ve tabii zaman izafidir, zaman içinde seyahat mümkündür. Bunları söyleyenler rastgele kişiler olsa güler geçersiniz. Ama karşımızdakiler dünyanın en saygın bilim adamlarıdır. Kuantum fiziğinin düşündürdüğü birkaç nokta önemli. Birincisi, evrenin 'birliği' fikri ki bizi Doğu felsefesinin binlerce yıl önce söylediği düşüncelere geri götürmektedir. İkincisi, geleneksel 'materyalist' düşünceye karşı, 'idealizmin' destek bulduğu bir evreni betimlemektedir. Ki kimse fizikten böyle bir sonuç beklemezdi."

Hz. Ali, "Siz insanlar kendinizi *önemsiz* sanırsınız. Halbuki içinizde koca bir evren saklıdır," derken tam da bu anlattıklarımızı *özetlemiş* oluyor.

Vücudumuzun her zerresinde kozmik güç, bilgi ve kudret aynı orijinal yapısıyla mevcut bulunmaktadır. Dolayısıyla evren bizim içimizdedir. Ve biz bir şeylerin olmasını istediğimiz zaman, uzaktaki bir varlıktan değil, kendi varlığımızdan, Öz'ümüzden, DNA'mızdan istiyoruz. Diğer bir deyişle; Öz'ümüzde mevcut olanı Allah kendi dilemesi ve kendi kudretiyle bizden açığa çıkarıyor.

Muhiddin Arabi'ye göre, *"Âlem gölgedir, fakat aslın, yani Allah'ın kendisidir"* ki; bu kitabın asıl amacı bu hayalin ötesine çok boyutlu olarak gidebilmektir. Bu anlatımla çöp DNA'da "ilim bilgisi", "varlık bilgisi", "öz bilgisi", "zamansız ve mekansız", "geçmiş gelecek", "olmuş ve olacak" tüm olaylar mevcuttur. Kur'an'da da bunu Levh-i Mahfuz olarak aynen görmekteyiz.

Levh-i Mahfuz Nedir?

"Levh-i Mahfuz nedir, DNA ile alakası var mıdır?" diye sorulacak olursa Kur'an'da bir cevabın var olduğunu düşünüyorum.

"Gökte ve yerde gizli olan hiçbir şey yoktur ki, apaçık olan bir kitapta olmasın.»[39]

Ayette geçen apaçık kitap Levh-i Mahfuz olabilir mi?

Levh-i Mahfuz; âlemlerin aynasıdır ve "evrenin geni" hükmündedir. Evrende ve onun boyutsal tüm katmanlarında meydana gelmiş olan tüm varlıklar, Levh-i Mahfuz âleminden, bir üst boyuttan meydana gelmişlerdir. Burada mevcut olan her şey, yıldızlar, galaksiler, burçlar, güneşler, gezegenler ve dünya varlığını "bir"den alır.

Buruc suresi 22. ayetinde Kur'an'ın Levh-i Mahfuz'da bulunduğu ifade edilir; ancak hiçbir tanım getirilmez. Bazı ayetlere göre Levh-i Mahfuz içinde hiçbir şeyin eksik bırakılmadığı (En'am: 59), olacak şeylere ait bilgileri saklayan (Kaf: 4), yeryüzü ve insanlarla ilgili tüm olay ve oluşların yazılı bulunduğu (Hâdid: 22) her şeyin sayılıp tespit edildiği (Yasin: 12), gökte ve yerdeki tüm gizliliklerin açıkça belirtildiği (Neml: 75), temiz yaratılan meleklerden başka kimsenin dokunamayacağı apaçık, korunmuş, koruyan, saklanmış ve ana kitap'tır. İsrâ Sûresi 58. ayette de "Bu, Kitap'ta (levh-i mahfuz'da) yazılıdır" şeklinde yer almaktadır.[40]

---

39 Neml; 75.
40 Bu paragraf Vikipedi, "Levh-i Mahfuz" maddesinden alıntılanmıştır.

Bu konuyu *Levhi Mahfuz* kitabının yazarı Celaleddin Özbek[41] şöyle özetler:

"Evren yaratılmadan önce arş denen tek bir âlem vardı. Onun da Levh-i Mahfuz denilen bir çekirdeği vardı ve çekirdekse kalem denen genlerle kopyalanmıştı."[42]

Konuyu toparlayacak olursak; insan için DNA ne ise evren için de Levh-i Mahfuz odur. İnsanın bünyesinde olan her şey nasıl gen programına göre oluyorsa, evrende de yaratılanlar evrenin geni olan kalemle oluyor.

Çok sayıda genin dizilişi nasıl insan genetiğini oluşturuyorsa, 'arş'ın kalemi de yazılımıyla ana kitabı, yani Levh-i Mahfuz'u meydana getirmiştir.

Big Bang'den şu ana kadar ve bundan sonra da olacaklar, kıyamet sahnesi hepsi evrenin geni olan kalemle Levh-i Mahfuz'da programlanmıştır.

Evrenin geni olan kalemle yazılan her bilgi sırası geldiğinde yaratılır. İlk önce muazzam sıcaklıkta büyük bir patlama olur, yıllar yıllar sonra başka bir aşamaya geçilir. Kur'an'ın ifadesiyle "altı günde" yaratılır ve yine Kur'an'ın ifadesiyle "Hak ile yaratılır" ve yine Kur'an'ın ifadesiyle "belli bir hesap ile" yaratılır. Çünkü hepsi evrenin geni olan kalemle şifrelenmiş ve Levh-i Mahfuz'da yazılmıştır.

Tıpkı genetikte DNA'lardaki bilgilerin RNA'lara kopyalanmaları gibi; Levh-i Mahfuz'da bilgiler sabittir ve bu programa göre yaratılış sırası gelen şeylerin burada kopyalanan bilgilere göre yaratılışı gerçekleşir.

---

41 1960 Edirne doğumlu. 1970 yılından beri İstanbul'da yaşıyor. İstanbul Üniversitesi İşletme Fakültesi mezunu. Aktif yönetim danışmanı ve torf ithalatçısı.

42 *Levh-i Mahfuz*, Hayat Yayıncılık.

"Hangi işi yaparsan yap, Kur'an'dan ne okursan oku, ne işte çalışırsan çalış, unutmayın ki siz ona dalıp gitmişken biz sizin üzerinizde şahidiz. Ne arzda ne semada zerre kadar hiçbir şey Rabb'inin gözünden kaçmaz. Ne zerreden daha küçük ne de ondan daha büyük... Ancak bunların hepsi apaçık bir kitaptadır."[43]

"Nun, kaleme ve yazanların satıra dizip yazacaklarına ve yazacaklarına yemin olsun ki..."[44]

"Biz, her şeyi apaçık bir kütükte saymışızdır."[45]

Kısacası; evren ile insanın benzerliği bitmez, evreni anlamak isteyen için insan, insanı anlamak isteyen için de evren bir başvuru kaynağı.

Zigottan bir insan nasıl vücut bulduysa, evren de arştan öyle vücut bulmuş. Tıpkı insan genetiğinde yazılı bir program gibi evren de doğdu, genişliyor ve bir gün son bulacak. Her şey yok olacak; arş müstesna!

Ey insan! Heybeti görmek için ARŞ'a bak! Genişliği görmek için KÜRSÜYE bak. Yazıyı görmek için LEVH'e bak. Yüksekliği görmek için GÖKLERE bak. Bilgiyi görmek için KALPLERE bak. Aşkı görmek için BİLGİYE bak. Ve sevgiliyi görmek için AŞKA bak!

Size kaynakla yeniden bağlantıya geçmek ve beden farkındalığı için iki farklı nefes çalışması sunuyorum. Kaynakla bağlantıya geçmek, ardından bedeni uyarmak ve ona güvenmek için harika bir fırsat olacak. Bütünlendikten sonra fiziksel bedeninize enerji çekmeye olanak sağlayacak.

---

43 Yunus; 10-61.
44 Kalem; 68-1.
45 Yasin; 36-12.

Kaynakla Yeniden Bağlantıya Geçme Nefesi

Burnundan derin bir nefes al ve ağzından ver. Şimdi tekrar burnundan alt karnına doğru derin bir nefes al.

Ve şimdi çok yavaş bir şekilde alt karnına doğru ver. (Bu nefes alış ve verişlerinin dakikada 8-13 kere olmasına özen göster zira yavaş olması "Ben Ben'imin" deneyimlenmesi açısından önemlidir.)

Kendini en değerli olduğunu düşündüğün bir anda hayal et.

Derin derin içindeki özün ne kadar değerli olduğunu hisset.

Kutsal olanın sana doğru geldiğini ve seni sisin içine doğru aldığını düşle.

Derin derin nefes al ve nefes ver.

Nefesinin sesine odaklan.

Kalbin şimdi bir ritme bağlandı.

Bu ritim "Ben Ben'imin" ritmi.

Buna kabul ver.

Buna kabul ver.

Buna kabul ver.

Kaynakla bağlantıya geçtiğin eşsiz bir andasın.

Ruhun seninle şimdi coşmaya başladı.

Derin derin nefes al ve ver.

Karnına doğru, yumuşak ve nazikçe yap bunu.

Virüsü hisset şimdi, orada, nefes al ve nefes ver.

Virüsü ışığa çağır.

Gel, gel, gel...

Işığın altında şimdi, onu arındırıyor.

Özün yeniden açılmaya başladı.

Özün ve sen birsin.

Çok değerlisin.

Çok önemlisin.

Çok muhteşemsin.

"Ben Ben'im" ifade buluyor senden.

Konuşuyor şimdi.

Dinle.

Kalbini dinle.

Derin derin nefes al ve ver.

Evet!

Evet!

Evet!

Yavaşça buraya gel. Çok yumuşak ve nazikçe buraya gel. Şimdi...

Sıfır Noktası Beden Farkındalığı Nefesi

Burnunuzdan karnınıza doğru derin bir nefes alın ve verin. Karnınız sıfır enerjisini çok sever. Şu an ona çok sevdiği bir armağan verdiğinizi hissedin. Nefes aldığınızda sıfır büyüsün, verdiğinizde küçülsün. Bir dakika boyunca nefes alıp vermeye devam edin. Çok yavaş alın. Dakikada 8-12 nefes en idealidir.

Şimdi kendinizi doğada bir yerde hayal edin. Bu iyi bir imgeleme tekniğidir ve beynimizi Teta frekansına getirir.

Nefes yaparken her zaman bedeninizde kalın. Nefesinizin sesine odaklanın.

DNA'mızın, bedenimizdeki her hücresinde bir kopyası var ve bu hücrelerin olağanüstü kendi zekaları bizim en yüksek hayrımıza hizmet ederler.

Şimdi hücreleriniz ve DNA'ları ile direkt olarak konuşacağız. Hücreler birbirleri arasında iletişim halindedir. Bize birlik içinde mesaj aktarırlar. Şimdi onlara, onları sevdiğimizi söyleyeceğiz.

Derin ve yumuşacık nefes alın ve gözünüzde bir hücre canlandırın. Karşınızda milyarlarca hücrenin toplamından ortaya çıkmış, çok zeki bir hücre olduğunu imgeleyin. Onların temsilcisi olarak size hizmet etmek için karşınızda duruyor. İletişime geçin. Onu çok sevdiğinizi söyleyin.

Bedeninize aynı sizin gibi olduğunu iyice hissettirmek için bir arkadaş gibi davranın. Ona kendini ifade etmesi için fırsat verin. Ona sorular sorun. Onu dinleyin. Ona gerçek olarak davranın. Hüküm sadece size ait. Patron sizsiniz (Hayali olan, kendini özünden uzak hissedendi, bunu unutmayın). Ben örnek sorularla size çalışma alanı vereceğim. Siz lütfen kendinize göre olanı düzenleyin. Derin ve nazik nefes alın ve verin.

"Sağlığımın şu sorunu için ne önerirsin?"

"Neleri yapmam gerekiyor?"

"Neleri yapmamam gerekiyor?"

"İşimi bırakmalı mıyım?"

"Annemle ilişkimi nasıl düzeltebilirim?"

"Arkadaşıma nasıl davranmalıyım?"

Şimdi tekrar derin ve yumuşak nefes alın.

Bedeninizin içinde kutsal bir mabette olduğunuzu hissedin ve bunu bedeninize söyleyin. İçinizde gerçekten yaşamın kaynağı gizli. Sihir gizli. Bunu açığa çıkaracaksınız. Ruhunuz şimdi sizinle bedeniniz aracılığıyla iletişime geçmeye hazır.

Tekrar derin bir nefes alın ve verin.

Bedeninizin ruhunuzla konuşması için izin verin. Zihniniz burayı size kapatmak isteyebilir; ancak şimdi tekrar derin bir nefes alın ve bunun ötesine geçmenize izin verin. Şu an sizin için hücreler iş başında ve hizmetleri arasında ruhunuzla bağlantıya geçmeniz de var. En yüksek hayrınıza olacak her şeyi hücreler gözetirler. Buna güven duyun. Şimdi iyice sessizleşin ve eşsiz armağanı kendinize verin...

Tekrar derin bir nefes alın ve verin.

Bedeninize nazikçe sevgi gönderin. Ona iyi bakacağınız güvenini verin. O size neye ihtiyacı olduğunu söylediğinde şüphe etmeyin. Dans etmek, yürüyüş yapmak, koşmak, egzersiz yapmak için ona izin verin. Bolca kahkaha atacağı eylemlerde bulunun.

Son olarak, zihninizde, kalbinizde ve bedeninizde birleştiğinizi hissedin. Yaratanın bilinci, DNA'nın bilinci ve bedeninizin bilinci bir olsun. Bu yeni bilinç trenine biletinizdir. Artık yeni güç kaynağınız oluşmaya başlamıştır. Bundan şüphe etmeyin.

Dördüncü Bölüm

DNA İPLİKÇİĞİ KODU
ve
KOPYA BİLGİNİN
SONLANMASI

"Sizi ve yaptıklarınızı Allah yarattı."[46]

Bu bölüme bir ayetle başlamak istedim. Neden kopyalandığımızın açıklandığı en önemli ayetlerden biridir. Buradaki en derin anlam; göze görünen ne varsa her şeyin O olduğudur. Onun dışında hiçbir şey yoktur ki yapılanları ve yaptıklarımızı ayrı kılsın. Biz hakikat kısmıyla değil kendi bildiğimiz halimizle, bize öğretilenlerle, aşılananlarla Allah'ın sadece şeriat kısmıyla yoğruluruz. O da bize ancak bir kul olduğumuzun bilgisini verir. Ona ibadet et, onun kitaplarına, meleklerine, ahirete inan gibi kurallarla bezeniriz. Buraya kadar muhteşem, ancak bu inançların hakikatlerini bilmediğimiz için bir süre sonra öteye dair bir gerçekliğimiz olmadığı hissi uyanmaya başlar. Bu da korku dolu yaşamlar geçirmemize sebep olur. Oysa hakikat böyle midir?

Bilincimiz sadece kullukan ibaret olunca şeriat nedir, hakikat nedir sorularına da kopya zihnimiz yanıt verir. Yaratılışın hiyerarşisi şeriatsa, özü hakikattir. Şer olanları gören zihinse, kendini ve yaptıklarını Allah gören de hakikat yolcusudur. Bütün olan her şey bu zemin üzerindedir. Her şey olması gerektiği gibi oluyor.

Bilincimiz sadece kitabî bilgilerle doluysa ve özümüzden hâlâ uzak bir haldeysek, cevaplar kendi özümüzden değil, zihnimizden gelir. Dolayısıyla başka bir yerlerden kopyaladığımız bilgidir. "Şeriat nedir, hakikat var mıdır?" diyen bir varlık kendisine aradığı cevapları buldu, ancak bunu deneyimlemek yerine kitabî bilgileri bırakırsa, bu da yine kopyadır.

Her şey ilahi nizama göredir. Başkaldırmaya, korku duymaya gerek yok. Korkuyla kopya yaratma. Hakikat ortaya konamayacak kadar açıktır; ancak kimse bakmak istemez. Balıkların suda yaşadığı halde "su nerede?" diye sorması gibidir hakikat.

Yine bir ayetle devam edeceksek İsra suresi 70. ayet bakın ne diyor...

"Andolsun, biz Âdemoğullarını şan ve şeref sahibi kıldık. Onları karada ve denizde taşıdık; temiz besinlerle onları rızıklandırdık. Yine onları yarattıklarımızın birçoğundan cidden üstün kıldık."

Tek tek inceleyelim.

"Andolsun, biz Âdemoğullarını şan ve şeref sahibi kıldık."

Âdem'den kasıt kendi yokluğunun aslında özünü ortaya çıkarma hali olduğunun bilincidir. Zihin yoksa Âdem vardır. Âdem, zihninden (kopya cennet) kovulmasaydı bugün biz de bu gerçekleri konuşamazdık. O yüzden zihninizden kovulmaktan korkmayın, orası cehennem değildir. Kur'an buraya işaret ediyor. Şan ve şerefli kılmakla özünü kast ediyor.

"Onları karada ve denizde taşıdık."

Karadan kast edilen dünyevi âlem (kesret/çokluk âlemi- beden), denizden kast edilen birliğin âlemi (vahdet/ birlik âlemi-yüksek bilinç) ile Allah dediğimiz özümüz ile her iki yerde de biriz.

"Temiz besinlerle onları rızıklandırdık."

Kara bilgisine göre: Bu hale gelen her varlık için daima taze rızıklar mevcuttur. Onlar bolluğun kendisi olduğunu fark etmişlerdir.

Deniz bilgisine göre: Kendini tanrısal ilme ve bilgeliği açan bir kişi için nihai sonsuz tanrı katı bilgileri açılır. İlim daima tazedir. Denenmemiş olandır ve sen deneyimle diye daimi öyle olacaktır.

"Yine onları yarattıklarımızın birçoğundan cidden üstün kıldık."

Yarattıklarımızdan kasıt deneyimlenmiş olan tüm oluşlar Allah'tır. Yaratılmış olan her şey Allah'ın kendinden kendine tecelli etmesidir. Hakikatte yaratım yoktur sadece onun bilinmesi, belirmesi ve görünmesi vardır.

Her kim bunun farkındalığında yaşarsa taze olarak gelen her zaman bir öncekinden üstündür. Bilgiye kendinizi açmaya hazır mısınız? Ya da kopya cennetten kovulmaya razı mısınız?

Bilginin Giriş Noktası

Bilginin giriş noktası kök çakrayla ilintilidir. Kök çakrada yaşamın ve ölümün tortuları var ve korkuyla, ayrılık duygusuyla, bilgi kendini kapatıyor. Demin açıklamaya çalıştığımız gibi eğer kendimizi değersiz hissediyorsak bilinç bedeninde değiliz. Düşük bebekler gibiyiz. Dünyaya doğma şansımız yok. O zaman köklenemeyiz ve kopya bedenin içinde, kopya bilgilerle yaşamaya devam ederiz. Kök çakramız sürekli hata verir. Cehennem demektir burası. Rengi de kırmızıdır. Boşuna değil.

Kopya olduğumuz zaman haz noktalarımız da kapalıdır. Hayattan da suni olarak zevk alırız. Neden? Çünkü özgün değiliz. Kendimiz değiliz. Başkalarının bilgilerini çalıyoruz ve manipüle ediyoruz. Aslında çok önemle altını çizeceğim bir durum var; bizler özgün varlıklar değiliz. Kendimizi gerçekleştiremiyoruz, "öğretim" adı altında bilgi kirlenmesiyle tuzağa düşüyoruz.

Sadece Hatırlamak...

Kimseye değil kendimize inanacak noktaya gelmemiz çok mühim. Zira kimse kimseye bir şey öğretmiyor. Zaten sende var olan bir şeyi ben sana nasıl öğretebilirim? Burada anlattıklarımın tümü hepimizin DNA'sında var. Kodlanmış olan bilgiyi şüphe etmeden açarak genişlersek büyük hatırlama başlar. Niyetin gücü devreye giriyor burada. O aslında çok güçlü bir katalizördür. Tüm potansiyelleri harekete geçirmek için en önemli silahımızdır. Niyet ettiğimizde bu bir süreç başlatır ve bizim tekâmül etmemizi sağlar. Bu çok önemlidir, zira zaten bizde mevcut olanı açığa çıkarır.

Aslında basitçe söyleyeceğimiz tek şey: "Kendimin bilgeliğinin açılmasına niyet ediyorum" demektir. Bu, bilgilerin kendiliğinden açılmaya başlaması için sihirli bir cümledir. Açılır mı acaba? Açılacak mı gerçekten? Bu kadar basitçe olması mümkün mü? Bunları söyleyen zihnimiz için; bu, onun algılayamayacağı bir niyet cümlesidir. Zihin eyleme girmek, şüphe etmek ve sorgulamak üzere programlı olduğu için buna ikna olmak istemez. Beklenti içine girer ve sabote etmeye başlar. Oysa "öğrenme" aşamasından artık "bilme" aşamasına geçebilmem için "kendimdeki bilgeliğin ortaya çıkması" için "hatırlama"ya başlamam gerekiyor. Hepsi bu. Ben sadece hatırlatıcı olabilirim. Öğretici değilim. Biz kendimizi bu farkındalık ve şüphesizlik alanına açarsak DNA aracılığıyla bir bilgi portalına giriyor olacağız. Bilgi kendinden kendine akar. Dışarısı sadece bunun yansımasıdır. Bizler bilgiyi düşünüyoruz. Bilgeliğimizi de bu yüzden manipüle ediyoruz. Sadece zihinsel bir durum yaratıyoruz. Bu manipülasyona girersek, orada yine kopya bilgiye ulaşırız. Buraya zaten toplu bilincin ortak kullandığı bilgi alanı diyoruz. Biricik olduğumuz alanımızdan haberimiz bile yok; üstelik bu alanda tüm evrenin bilgileri var. Onu niyetle açtığımız zaman manipülasyon sona eriyor. Kendine şüphesizlikle yaklaşıyorsun ve burada gerçekten bir akış başlıyor. Ama bunun için izin vermemiz gerekiyor.

DNA'mızda üstatlık kodumuz var. Peki biz üstat olmaya izin veriyor muyuz? Tasavvuftaki insan-ı kamil; üstat demektir. Bir üstat dünyaya gelirken donanımlıdır. Tüm bilgileri sırrında taşıyarak gelir. Unutulur sonra, ama şimdi bunu duyduğun anda; insan-ı kamil olmaya izin verir misin? Gerçekten, bunu soruyorum. Bu üstatlık değerinde misiniz?

Olay burada başlayıp tam da burada bitiyor. İzin verirsen geliyor. İzin vermezsen gelmiyor. Değerli olduğunuzu kabul etmek işin zor kısmı. Hepimiz şu an en yüksek potansiyelimizdeyiz, bunu anlayabiliyor muyuz? Şimdi hepimiz en yüksek potansiyelimizdeyiz, çünkü "şimdi anı"ndayız.[47]

Zihin soruyor: "Benim misyonum ne?" Bu, tuzak bir soru. Bu sorunun ardından misyonumuzun ne olduğunun peşine düşüyoruz. Kimimiz kitap yazmak, kimimiz cami yaptırmak, kimimiz de huzurevi yaptırmak gibi amaçlar edinmeye çalışıyor. Bizim misyonumuz şu anda su içmek kadar basit olabilir mi? "Bulunduğumuz anı onurlandırmak" olabilir mi? Bizim hep düştüğümüz tuzak aslında onu hep dışarıda aramak değil mi?

En yüksek potansiyelimiz, şimdi anında iken zaten her türlü potansiyeli deneyimlemeyi kendimize çekeceğimizi biliyor olmak demektir. Senin en yüksek potansiyelinin sende var olduğunu biliyor olmanın kabulünde olursan eğer ve şimdi anında buna kabul verirsen o zaman bir sonraki zaman zaten yoktur. O arayıştır ve bir illüzyondur. Sen hep buradasın. Her an şimdi anındasın. Geçmiş ve gelecekteki eskiye dayalı bilgilerinle zaten bilinçsizdin.

Ben Her Zaman Değerliyim Diyebilmek...

"Neden değersiz tecrübelerimiz var?" gibi bir soru gelebilir akla. Cevap basit aslında: Kendimizin ne kadar değerli olduğunu anlamamız için. Konuyu biraz açalım...

---

47 Şimdi anı: Geçmişin ve geleceğin aynı noktada birleştiği ve zamanın olmadığı yer. Sürekli an'da mevcut kalmak.

Her durumda ve her yerde, her zaman, her nerede ne yaşarsam yaşayayım; taşlanayım, parasız kalayım işkence göreyim, bana ne türlü saldırı olursa olsun, ben orada kendimi değerli hissedebiliyor muyum? Hakka ait olan potansiyelleri deneyimlemeye aracılık ettiğimin farkında olabiliyor muyum? Tüm oyun bundan ibaret.

Her zaman değerliyim, çünkü Allah kendini benim aracılığımla biliyor. O değersiz değilse ben nasıl değersiz olabilirim ki?

Farz edelim tatsız olduğunu düşündüğünüz bir tecrübe yaşıyorsunuz. Evinize hırsız girdi. Bu kötü bir tecrübe. Kimse evine hırsız girmesini istemez. Bu noktada hatırlanması gereken şu: Değersiz tecrübe yok. Ama insan zihni bunu değersiz olarak algılıyor ve küfür ediyor. Allah kahretsin diyor. Zihinsel tuzaklar bunlar. Her zaman deneyimdeyiz. Cebrail Miraç hadisesinde Resule *"Kıf (sus) ya Muhammed, rabbin namazdadır"* demişti. Deneyim ve deneyimleyen bir olduğu zaman orada tam bir sessizlik vardır.

İyiyi ve kötüyü bıraktığımız zaman muhteşem açılımı yaşıyoruz. İnsan zihni devrede olduğu zaman daima tepkisel ve yargı içinde oluyoruz. Toplu bilinç yargıya alışıktır. Bizler bu alana kaydığımız zaman olayları eylem olarak görüyor ve tepki vermeye başlıyoruz. Oysa eylem deneyimi örter. Aslını değiştirmeye çalışır. Genişlemeyi durdurur. O an her ne yaşıyorsak kendi bilgeliğimize tam güven duyduğumuzda bunu birkaç dakikalığına sessizleşerek, ruhsal nefesle[48] nötr hale getirebiliriz.

---

48 Ruhsal nefes: Ruhsal nefes bir teknik değildir. Sadece akışta olmanın derin hazzıdır. Burnunuzdan karnınıza doğru çok yavaş ve sakince alacağınız doğal bir nefestir. Kendinizi yüksek bilince hazırlamak için 10 dakika kadar ve dakikada 10-12 nefes alacak şekilde tuttuğunuzda bu nefes aracılığıyla nefesin kendisi olduğunuz bilincine geçebilirsiniz. Zihin nefesin ne olduğunu bilmez. Sadece hızlı ve yorucu şekilde nefes

Ruhsal nefes eylemsizdir. Derin kabuldür. Bir eyleme ihtiyacımız yok; nefes katalizördür.

Oysa burada DNA'mızda var olan, üstatlığının devreye girmesiyle eylemsizlik başlar ve direkt olarak kaynağa bağlanırız. Aracısız bilgi akmaya başlar ve "Rab" ismi devreye girer. Üstat nefes alır, insan-ı kâmil tecelli eder. Allah'ın daha eski tanımlamalarında her yerde mevcut olduğu ve dünyamızda gözlerimizle göremeyeceğimiz bir form aldığı anlatılır. Böylece, O sadece O'nun tezahürleri vasıtasıyla bilinebilir.

Allah'ın fiziksel olmayan formunu tarif edebilseydik ona uyan tek şey nefes olabilirdi. Âlemler de bu kutsal nefesin tezahürüdür. O, sonsuzluğun idrakidir ve daimi olandır. Bu nefesi aldığımız her an Allah ile birlikte aldığımız ve verdiğimiz birliğin içinde erimeye başlarız. Zihin burada dönüşüme uğrar; çünkü zihin nefes bilmez, o sadece ölümün son nefesini vermeyi bekler. Kaynakla bağı yoktur, çünkü kendini bir varlık zanneder. Olmaya bakmaz, çünkü olmuştur ve bitmiştir. Sonludur çünkü almayı bilmez. Sınırlıdır çünkü vermeyi bilmez. Erimez ve daima katı bir şekilde nefesini tutarak yaşamlar sürer. Bunu anladığımız an 18 bin âlemin Rabbi ile mülakata başlarız. Bunu şimdi genişletelim dilerseniz.

18 Bin Âlem

18 bin âlem var ancak bizler farkında değiliz. Aslında bunu dünya idrakiyle anlayamayız. Bu varoluşun şab-

---

aldırır. Oysa Allah yavaş ve anda olandır. Her şeyin başı nefestir. Ancak niyet ederek bunu yapabilirsiniz. "Kendimi ruhsal nefese bırakıyorum ve an bilincinde tek bir nefes olana geçmeye niyet ediyorum." İşte bu kadar basitçe kalpten yapılan, herhangi bir tekniğin uygulanmadığı ancak çok güçlü bir durumdur.

lonudur. Nedir 18 bin âlem? Allah'ın formsuz halinin, form alarak kesret âlemi ve kendi nefesiyle yine kendini seyrettiği âlemleridir. Bugün dahi bu kelimeleri form alarak yazmaya muktedir kılındıysak ve dönüşümüz yalnızca O'na ise, bu âlemlerin fark edilmesi mutlak gerçekliktir. Âlemleri 18 bin olarak kabul edenler için esas şöyledir...

Külli akıl, külli nefis, arş, kürsi, yedi kat sema, dört unsur (ateş, hava, su, toprak), üç mevaliddir.[49]

Bütün olarak hepsi 18 eder. Her biri biner sayılmış ve böylece de 18 bin âlem denmiştir.

"O'nun kürsüsü semavat ve arzı ihata eder!.."[50]

Kürsîde, yedi kat gökte, yedi kat yerlerde ve denizlerde olanlar bir araya gelse, cümlesi arşın bir köşesindeki meleklerin onda biri kadardır.

Fatiha Suresi'nin birinci ayetinde geçen "âlemler" tabirini "18 bin âlem" olarak ifade eden birçok din âlimi vardır. Arapçada kullanılan bu tarz rakamlar genellikle kesret (çokluk) ifade etmek içindir.

Başka bir örnekte de Katade der ki:

"el-Alemün" kelimesi "âlem" kelimesinin çoğuludur. Yüce Allah'ın dışında bulunan her varlığı ifade eder. Bu kelimenin kendi lafzından tekili yoktur.

Gelin şimdi 18 bin âlemin, hepimizin sıkça okuduğu ve çok iyi bildiği Ayet-el Kürsi ile daha da farkında olalım. Zira Ayet-el Kürsi indiğinde, dünyadaki bütün put-

---

49 Maden, nebat, hayvan.

50 Bakara, 225.

lar ve krallar yere düşmüş ve başlarındaki taçları yuvarlanmıştır. Ve artık bizler de çok iyi biliyoruz ki, kendini kral zanneden, taç olarak kullandığımız zihnimiz artık daha fazla iş görmeyecektir.

Ayet-el Kürsi Anlamı

Allah ki, O'ndan başka ilah yoktur. O hayydır, kayyumdur.

Kendisine ne uyku gelir ne de uyuklama.

Göklerde ve yerdekilerin hepsi O'nundur.

O'nun izni olmadan katında kim şefaat edebilir?

O, kullarının yaptıklarını ve yapacaklarını bilir (Hiçbir şey O'na gizli kalmaz).

O'nun bildirdiklerinin dışında insanlar

O'nun ilminden hiçbir şeyi tam olarak bilemezler.

O'nun kürsüsü gökleri ve yeri içine alır, onları koruyup gözetmek kendisine zor gelmez.

O, yücedir, büyüktür.

Muhiddin Arabi'nin *Fütuhat-ı Mekkiye*'sinde:
Arş: Allah'ın âlemlere hükmettiği yer
Kürsi: Allah'ın (Rahman'ın) iki ayağını sarkıttığı yerdir[51]

Arş ve Kürsi'yi daha iyi anlamak için Allah'ın gizli hazine halinden âlemleri nasıl ortaya çıkardığına bakalım.

---

51   s. 347, 349.

Âlemler birbirini nasıl kapsar? Âlemleri sayarsak 18 olduğunu görürüz. Tasavvuftaki 18 bin âlem kavramı 18 adet ana âlemden çok sayıdaki detay âlemlerin meydana geldiğini belirtmek içindir.

1- Akl-ı Kül (Muhammed)

2- Nefs-i Kül (Rahman ruh)

3- Arş (Adem)

4- Kürsi (Havva)

5- Ay (Kamer)

6- Venüs (Utarit)

7- Merkür (Zühre)

8- Güneş

9- Mars (Merih)

10- Jüpiter (Müşteri)

11- Satürn (Zuhal)

12- Hava

13- Su-beşer

14- Ateş-beşer

15- Toprak-beşer

16- Hayvan-beşer

17- Bitki-beşer

18- Maden-beşer

13'den, 18'e kadar beşerin kapsadığı âlemler. 1'den 18'e kadar Muhammed'in kapsadığı âlemlerdir.

Ayet-el Kürsi'ye dönersek, insanlar onun bilgisinden bizzat kendisinin dilediği dışında hiçbir şeyi kavrayıp kuşatamazlar. Akılları cüzi (kısıtlı) akıl, nefisleri cüzi (kısıtlı) nefistir. Adem'de ise tüm isimler bir araya gelmiştir, yani Allah'ın Kürsi'si olan Adem çeşitli isimlerin ortaya çıktığı âlemlerin hepsini kapsamakla gökleri ve yerleri çepeçevre kuşatmıştır. Adem'de Muhammed'in nurundan (dişil) bir parça, Akl-ı Kül vardı, yani Rahman (eril) Adem'le ortaya çıkabilmişti. Akl-ı Kül'ün tamamı ise Muhammed'de ortaya çıkabilmiştir. Adem'le Muhammed arasında geçen zamanda Akl-ı Kül(dişil), Nefs-i Kül (eril), Arş ve Kürsi madde âleminde tam olarak idrak edilir hale gelmiştir.

Muhammed 18 bin âlemi bünyesinde toplamıştır. Bu da DNA'nın tamamını anlamakla eş değerdir.

Kur'an arşa bir anda indi, yani Muhammed'in ruhu tüm âlemleri kapsadı, sonra 23 senede söze döküldü."[52]

Buraya dikkat çekmek istiyorum. DNA'daki 23. kromozom hem eril hem dişildir. Diğer bir deyişle ikisinin toplamı 46 kromozomdur.[53] Elbette ki bu Kur'an bilgilerin Arş'a (bedene) inmesi bir andadır; ancak bunun anlaşılması için 23 sene geçmesi gerekmektedir. Tıpkı kromozomların da kendi işlevselliğini yapabilmesi için bedene programlanarak tam kapasite çalışmaları gibi. Bu programlanmada hata payı olmaması için anne ve babadan alınan genlerin kusursuz olması çok önemlidir. Bu da bizi yine eril ve dişil dengesine getiriyor.

Bunun en derin anlamı; bizler yükseliş yolculuğunda deneyim içindeyiz. Birden bire âlemlerin bilgeliğine

---

52 www.allahgercegi.com

53 Kromozom, canlılarda kalıtımsal bilgiyi taşıyan molekülleri içeren yapıların belirten terimdir.

erişemeyiz. Bu bir süreç gerektirir. Sabır gerektirir. Yükseliş yolculuğunda her bir varlığın alması gereken bilgi ne ise ona göre açılım olur. Geçilen her bir kapı diğer kapıya (âleme) gitmek içindir.[54]

Muhammed kendi farkındalığındaki sırrında, madde âlemi daha ortaya çıkmadan önceki ve sonraki tüm bilgileri bilmesi ile tüm âlemleri kapsamıştır. Allah, kendi bilinmek arzusunu Muhammed (Akl-ı kül) ile bilmiş ve kendini hatırlamıştır.[55]

"Allah Muhammed'ine 'Benim bilinmem seninledir. Beni herkes idrakinde zaten öyle ya da böyle şekillendirmiş ve zannına göre bilmektedir. Beni inananlar zaten kabul ve tasdik ediyorlar. Ben kulumun zannettiği gibiyim. Öyleyse benim hakkımda iyi zanda bulunsun.'[56] Yine 'benim bilinmem değil, senin bilinmen önemlidir' demiştir."[57]

Hakikat yolculuğunda olan bir varlığın, insan-ı kamil (kopyadan çıkmış gerçek insan) olmaya başlaması Adem'in kim olduğunun idrakiyle başlar. 99 ismin toplamını ifade eden Adem, isimlerin henüz bulunmadığı Akl-ı Kül'den sonraki aşama olduğundan simge olarak

---

54 Döllenme sırasında annenin (dişil) yumurtasındaki 23 kromozom, babanın (eril) spermindeki 23 kromozomla birleşir. İşte bu 46 kromozom insanın yaşamında belirleyici rol oynar. Kromozomlarda yer alan ve sayıları 25 binle 100 bin arasında olduğu tahmin edilen genlerin oluşturduğu zincir, kişinin göz renginden boyuna, yaşam süresinden yakalanacağı hastalıklara kadar pek çok şeyi programlar. Bu genetik programlar, DNA alt ünitesi denen (A, T, C, G) kimyasallarıyla programlanır. (Kaynak: www.msxlabs.org)

55 www.allahgercegi.com

56 Vakıa, 61.

57 Ahmet Taner Oğuz. Melami üstadı.

sudan toprağa geçiş halindeyken, Muhammed (Aklı kül) vardı.

"El fakrü, fakri" (Fakirliğimle övünürüm-Hadis) Eğer tüm beşeriyete ait vasıfları (isimleri ve sıfatları) bırakarak fakir olursak, tüm âlemleri kapsayan Akl-ı Kül'e ulaşırız anlamını çıkarabiliriz. İsim ve sıfatlar, yani bu dünyaya ilişkin bağlantılar bizi tanımlar, sonlu ve kısıtlı hale getirir. İsimlerden, yani belli isimlerin bizi kayıtlamasından, kısıtlamasından ve programlamasından kurtularak diğer bir deyişle kopyadan çıkarak biz de Adem haline geliriz. Seviyemiz insandan gerçek (kamil) insana yükselir. O zaman yükseliş başlar ve yeni bilince uyumlanırız.[58]

"Onun Kürsi'si gökleri ve yeri çepeçevre kuşatmıştır. Rahman olan Allah her yeri kaplamıştır."

Zaten ondan başka da yoktur ki bunu yapabilsin. Hal böyle olunca da Ademiyet (Arş) olan insanlık beşer olarak ruh hali ile meydana gelmiştir.

"Kur'an'da 18 ve 19 sayısının gizemi oldukça merak edilir. Aslında 19 sayısındaki gizem demek bu 18 âlemin üstünde olan ve 19. olan Allah'ın zatını-özünü (HU) ifade eder. 18 âlemi kapsayan yani onu fark eden 19 olmuş demektir."[59]

Numerolojik olarak baktığımızda da 1+9=10, 1+0=1. Bir'dir. Bu insan-ı kamilin hakikatidir.

---

58   www.allahgercegi.com

59   www.allahgercegi.com

Allah Hu (O) ismi halindeyken hiçbir âlem ortada yoktu. Yani "Bir" iken âlemler yoktu. Kendi kendine tecelli ederek birinci âlem olan, Akl-ı Kül (Muhammed) meydana geldi.

Bunu kopya dünyadan çıktığımızda yani aslında "ben-ego-nefs" olarak kavradığımın "bir" olduğunu idrak ettiğimiz an boşluk vardır. Erimiş bir zihin vardır. Ayrılık duygusu ortadan kalmıştır.

O zaman bu kendi kendine değişimle, kendinden kendine tecellisiyle "Bir'i" bütünüyle hissetmeye başlarız. Kendimize aşk duyarak Muhammedi olan ilahi elbisenin görünmesinin kendi bilincimizden meydana gelmesine şahit oluruz. Bu görüntü gerçek aşktır. Saf bilinçtir.

Birinci Âlemin Adı: Akl-ı Kül'dür.

"Birinci âlemin adı: Akl-ı Kül'dür. Akl-ı Kül kendisini ortaya çıkaran cevhere ait olduğunu, onunla var olduğunu kabul etti. Ona Rahman (muhtaç olunan) adını verdi."[60]

Bu bilinci anlamak için kendimizi tıpkı anne karnındayken, yani daha oluşmadan önceki cenine benzetebiliriz. O aslında daha ilk oluşmaya başladığında tüm istidatları ve kabiliyetleriyle kendinden kendine değişim içindedir. *Nasıl gelişirim, organlarımı nasıl yaratabilirim* diye düşünmez ve olduğu haliyle dünyaya gelmek için doğum sürecini başlatır. Dünyaya geldiği zaman ise kendi görüntüsünü ve kim olduğunu henüz bilmez. Boş gözlerle bakar ancak özü yanındadır. Kendini bilmesi için özü yani onu ortaya çıkaracak olan cevher devrededir

---

ve onunla deneyimdedir. İşte bu deneyim onun ölümüne kadar kim olduğunun bilinmesiyle ilgilidir. İşte bu bilinme durumuna Muhammedi idrak diyoruz. Göze görünen her şey bu idrakle mümkündür.

"Ey insanlar, eğer öldükten sonra dirilmekten şüphede iseniz, şu muhakkak ki, Biz sizi topraktan, sonra nutfe (sperma) den, sonra alaka (yapışkan bir madde) dan, sonra da uzuvları görünen ya da görünmeyen bir et parçasından yaratmaktayız ki, size (ne olduğunuzu) anlatalım. Dilediğimizi de belli bir süreye kadar rahimlerde durdururuz. Sonra sizi bir bebek olarak çıkarırız, sonra da olgunluk çağına gelmeniz için geliştiririz. Bununla beraber, içinizden kiminizin canı alınıyor, kiminiz de biraz bilgiden sonra bir şey bilmemek üzere, ömrünün en kötü devresine getiriliyor. Yeryüzünü de sönmüş kül halinde görürsün; ama üzerine su indirdiğimiz zaman harekete geçer, kabarır ve her dilber çiftten bitkiler bitirir."[61]

Sorgusuz ve sualsiz kendisinin ve her varlığın Allah'tan başka bir varlığın olmadığı ve görünmesi için Muhammedi bedene kendini yansıttığı gerçekliğidir. Burasını tam anlamanız için size cenin halindeyken nasıl bir boşluk içinde olduğunuzu hissetmenizi ve şu anda bulunduğunuz yaşa hiç anlamadan geldiğinizi düşünmenizi ve hafiflemenizi tavsiye ederim. Doğmadan önce nasıl doğacağınızı düşünmediğimiz bir teslimiyet halinde olduysak şimdi de aynı şekilde olmak için kendimizi teslimiyet enerjisine (cevhere) bırakmalıyız. Unutmayın, burada var olduk ama öncesinde yoktuk. Eğer 19 (insan-ı kamil) yani "bir" olduğumuz

61 Hacc, 5.

gerçeğine uyanmak istiyorsak, her an o yokluğumuzun farkında olmamız çok önemli. 18 bin âlem ancak o zaman içimizde tecelli etmeye başlar ve sonrasında ve Onunla birleşiriz. Göreceğimiz de Allah'ın özüdür ve O yani Rahman ruh olarak beşeriyete iner. Burası ikinci âlemdir. Tüm ruhların toplamı aslında tek bir ruh olan Rahman ruhtur.

Şimdi buraya kadar bir anlık bir idrak halini söyledik. Bu ve bundan sonraki âlemleri tabii ki insan üzerinden anlatmaya çalışacağım. Akl-ı kül bizim sağ beynimizdir. Kendiliğinden olan enerjinin, kutsallığın, varoluşun gizemini dişil enerjiyle kavrarız. Sonsuz olasılıkların saklı olduğu, gizli bir hazine diye tarif edilen yerin gerçeği ve tüm âlemleri bilgeliğiyle etkileyen yaratıcı enerjinin kaynağı dişil enerjidir. Doğrusal olmayan zaman bilincidir. Dişil enerji zaman kavramından uzaktır. An bilinci içindedir. Besmele'nin rahim sıfatıdır.

İkinci Âlemin Adı: Nefs-i Kül'dür.

Akl-ı kül(dişil enerji), bu sefer ruhların toplamı olan Nefs-i Kül (eril enerji) ile birleşti yani Rahman'ın varlığını teşkil eden ruhlara yöneldi. Burası da sol beynimizdir. Eril enerjidir. O, doğrusal zamanlı, stratejik ve analitiktir, dişilin kendini ifade ettiği eril enerjiyledir. Akl-ı külün kendini Rahman'da ifade etmesidir. O halde sağ ve sol beynin uyum içinde olması çok önemlidir; zira onlar bütünlüğü Arş'ı meydana getirecektir ki bu da Adem'dir.

Üçüncü Âlemin Adı Arş: Adem'in Ruhudur.

Eril ve dişil dengede olduğunda âlemdeki isimlerin tümünü nasıl Arş kaplıyorsa ve o da Adem ise bizim bedenimiz de aslında Arş değil midir?

"Muhammed'in varlığından yani akl-ı külden meydana gelen melekler (hayat, ilim, irade, kuvvet, görmek, işitmek, konuşmak) Adem'e secde ettiler ve onun emrine girdiler. Nefs-i külden, yani ateşten meydana gelen şeytan Adem'e secde etmedi. Bunun anlamı şudur: Allah (Rahman) hava simgesini kullanarak, ruhundan üfürünce, yani Rahman tüm isimlerinden birden görününce (celal-cemal) tüm zıt isimler (hayat, ilim, irade) kuvvet kazandı yani melekler Adem'e (Arş) hizmet ettiler.

Burada *'Ben Adem'i topraktan yarattım; ona kendi ruhumdan ruh üfürdüm.'*[62]*'Allah bütün isimleri Adem'e öğretti.'*[63] ayetleri ne anlama gelmektedir?

Allah 'Daha madde âlemi ortada yokken, topraktan yarattım,' diyor. Toprak; suyu ve ateşi bünyesinde toplar. Diğer bir ifadeyle, yani zıtları kendinde birleştiren demektir. Hali ile Arş olan bedenimde eril ve dişil zıt olarak durmasına rağmen birleşmek durumundadır."

Hava değişerek bünyesinde suyu meydana getiriyor. Burada su, Muhammed'i yani Akl-ı Kül'ü, simgeliyor.

Su = Akl-ı Kül = Muhammed

Su (dişil) hava (eril) ile birleşerek, ateşi (eril) ortaya çıkartmıştır.

Ateş = Nefs-i Kül

Burada su, hava ve ateş simge olarak kullanılmaktadır. Bildiğimiz anlamda hava, su ve ateş ancak madde

---

62   Secde, 9.

63   Bakara, 31.

âleminde bulunur. Halbuki bu olaylar henüz mana âleminde gerçekleşmektedir.

Nefs-i kül(eril), Akl-ı kül (dişil) ile birleşerek Arş'ı (Adem-beden-toprak) meydana getirdi, yani simge olarak toprak meydana geldi. Diğer bir deyişle; Adem'in ruhu meydana çıktı. Allah'ın zıt isimlerinin göründüğü âlem Adem'dir. Adem'de su da vardır, ateş de vardır, ama birinin diğerine hakimiyeti yoktur. Ateş sudan meydana çıktığı yani suyun değişimi ateşi oluşturduğu için su ateşi söndürür ama ateş suyu yok edemez.

Su Rahmet, ateş Gazap'tır. 'Allah'ın rahmeti, gazabını geçer ve önündedir'[64] hadisinin hikmeti budur.

'Sizi sudan halk ettim'[65] Yaratılışın başı sudur anlamına gelen ayetler, bize tüm âlemlerin Muhammed'in varlığından, yani Akl-ı Külden neşet etmiş olduğunu anlatıyor. Su simgesi kullanılıyor. Yansıma olarak madde âlemi gerçekten H2O'dan ortaya çıkmıştır.

İnsanın maddesi sadece sudan meydana gelir, ruhu ise suyla simgelenen Muhammed'in aklından ortaya çıkmıştır.

Nefs (benlik)= Ateş ise Adem'i Kürsi'ye, yani maddeye geçiş âlemine indirdi. Baştan beri âlemlerin meydana gelişinin bir sonraki ile bir evvelkinin birleşimi sonucu olduğunu söylemiştik.

Akl-ı Kül+ Rahmanın nefesi= Nefs-i Kül

Nefs-i Kül+ Akl-ı Kül= Arş=Adem

Adem= Arş+ Nefs-i Kül= Maddeye geçiş âlemi

64   Arabi, *Fütühat-ı Mekkiye*, 17.

65   Furkan, 54.

Dördüncü Âlem Havva: Kürsi

Burada Şeytan = Nefs isimlerin toplu olarak değil, ayrı ayrı varlık gösterme isteğidir, yani Adem'de mevcut isimlerin birbirinden ayrı vücut bulma nefs kazanma isteği Adem'e secde etmeyiş demektir. Adem'de kalmak istemeyen isimler, nefsin yani şeytanın kandırmacasıyla ayrı ayrı vücut bulmuşlardır. Şeytanın Adem'den önce Havva'yı kandırması bu anlama gelir. İsimler madde âlemine geçiş sırasında ikiye ayrıldılar. Geçiş noktası Kürsi'dir. Kürsi'ye Havva da diyebiliriz. Arş ile Kürsi birleşince Kürsi'den iki ana kola (celal-cemal, rahmet-zulmet, negatif-pozitif) ayrılan isimler birbirleriyle birleşerek dünyayı ve yedi kat göğü meydana getirdiler."

5-11. Âlemler: Yedi Gök (Katman, Felek, Basamak)

Bu basamaklar Ay(Kamer), Venüs(Utarit), Merkür(Zühre), Güneş, Mars(Merih) Jüpiter(Erendiz-Müşteri), Satürn (Zuhal).

"Yedi kat gökler"den maksat güneşten kopup ayrılan Neptün, Uranüs, Satürn, Jüpiter, Mars, Venüs ve Merkür'dür. Dünya, Mars ile Venüs arasındadır. Dünyadan önce meydana gelen ve kopup ayrılanlara 'ulvi gezegenler' ve ondan sonra meydana gelen ve kopup ayrılanlara 'süfli gezegenler' derler. Bu mevzudaki ayrıntılar astronomi kitaplarında mevcut bulunduğundan burada bilgi verilmesiyle yetinilir. Şöyle ki: Güneş, kendi sisteminin kalbi ve Muhyî isminin görünme yeri olduğundan kendi azası mesafesinde olan tabilerine verdiği ısı ile hayat başlar. Ve etrafında dönen gezegenlerin hepsini idare eder. Güneş onları yoldan geçerken tesadüfen bulup idaresine almamıştır. Belki kendisiyle beraber aynı menşee sahip olup, ona tabi ve itaatkâr olurlar. Bir masa üzerinde, merkezde bulunan bir güllenin etrafında dönen küreler gibi gezegenler güneş ile beraber aynı yüzeyde dönerler. Ve bunların hepsinin bir maddeden var olduğuna, daha önce bahsedilen *"İnkâr edenler semavat ve arzın bitişik olduğunu görmediler mi? Sonra Biz o ikisini ayırdık."*[66] ayet-i kerimesi delildir.

Güneşe en yakın gezegen olan Merkür, güneşten 57.85 milyon km., Venüs 108.10 milyon km., Dünya 149.50 milyon km., Mars 227.72 milyon km., Jüpiter 777.6 milyon km., Satürn 1425.6 milyon km., Uranüs 2868.1 milyon km. ve gezegenlerin en uzak olanı Neptün ise 4494.1 milyon km. uzakta dönerler. Dünyanın çapı (12.742 km.) olduğu halde, güneşin çapı (1.382.000 km.)'dir. Jüpiter, Satürn, Uranüs, Neptün, büyük gezegenlerden olup, Dünya ve Venüs ve Mars bunlardan küçüktür. En küçük gezegen ise Merkür'dür. En uçtaki Neptün gezegeninin güneşten aldığı ışık dünyanın aldığı ışığın binde biri kadardır. Ve Venüs'ün yüzeyindeki temiz havanın yoğunluğunun, dünyamızdaki temiz havanın dörtte birine denk geldiği hesap edilmiştir. Mars ile Jüpiter arasında, yine güneş etrafında dönen asteroidlerin olduğu bir sahada, bu asteroidlerin 200'den fazlası keşfedilmişse de, astronomi ehli indinde tam olarak bilinmemektedir. En büyüğünün çapı 228 mil kadar tahmin edilmektedir. Bunların güneşe olan mesafeleri 400 milyon km.'dir. Bunlara benzer diğer asteroidler küçük olduklarından önemleri yoktur.

Hz. Mevlânâ, *Mesnevî-i Şerif'*inde şöyle der:

"Yıldızların ötesinde yıldızlar vardır ki, onlarda hoşsuzluk ve uğursuzluk olmaz; onlar başka se-

---

malarda seyrederler; bu meşhur olan yedi sema-
nın gayrı olarak."

Ve yine Ebu'l- Alemeyn Seyyid Ahmed er-Rifâî (r.a.)
buyururlar ki:

"Işık saçan güneş bu yüksek âlemlerin genişliğinde
yuvarlanan parlak bir yıldızdır. Muhtelif katlarda
nice yıldızlar dahi yayılmıştır. Görünen bazısı bu
dünyadan büyük olduğu gibi, çeşitli surette bir di-
ğerinden cisimli, çok büyük, muhtelif ışık ve par-
laklık ve ölçülerde ışıklar saçmakta olup, ışık ateşi
her yönden uzamayla öyle karışmıştır ki, daima
çarpışmaktadır. Belirli burçlarda hepsi dönüp do-
laşarak seyrinde sabit ve sabitliğinde seyirdedir.
Bunların her biri ötesinde olanlara perde olduğu
halde, gayb âleminde mevcut ortada daha ne per-
deler vardır ki, görüş mesafesinden daha uzakta
bulunarak görülemediğinden, akıl inkâr ediyor.
Oysa bu büyük yıldızlar ve bunlardan başka göz-
lerimize küçük görünen nice cisimler vardır ki,
onlar bile aslında dünyadan çok büyüktür."

Ve Maarrı da bir beyitinde şöyle der:

"Ey insanlar! Allah'ın nice feleği vardır ki, yıldız-
lar ve güneş ve ay onunla seyreder."

Şimdi dünyamız ile bu şehadet âlemleri arasında
çok büyük fark olduğunda şüphe yoktur. Nitekim
insani fertlerin şekillenmiş sureti bir diğerine ben-
zer olarak olmakta ise de, her ferdin işleri dahi su-
reti gibi ayrıntıda bir diğerinin aynı değildir. Her
birinde büyük fark ve ayrılık vardır. Diğer âlem-

lerdeki suretlerin hallerini ilmen tetkik etmek anlamsızdır; çünkü Allah 'Ve daha bilmediğiniz şeyler halk eder'[67] demiştir.[68]

12-13-14-15. Âlem = Hava-Su-Toprak-Ateş

Madde âleminde hava, su, toprak, ateş birbirleri ile birleşerek, maden, bitki, hayvanı meydana getirdi."[69]

Hava, Su, Toprak, Ateş. Bu dört element; aynı zamanda kutsal elementlerimiz ve hayat yolculuğumuzdaki sihirli oyuncaklarımız. Dünyamızın ve bizim yaşamsal faaliyetlerimizi sürdürebilmemiz için bu dört elementin bir araya gelmesi zorunludur. Tasavvuf anlayışında insanın ve evrenin, dört ana-sır erbaa yani dört kozmik element tanımıyla var olduğunu görürüz. Ayrıca, hava, su, toprak ateş elementleri, dört büyük melek, dört büyük kitap, dört büyük peygamberle de tanımlanmıştır.

Bu tanımlanmalardan şimdilik dört büyük melek örneğine bakacak olursak: melek kelimesinin Arapça anlamına baktığımızda; "melk" kökünün, kuvvet olduğunu görürüz ve bu kuvvet bizim yaşamamız için yaratılan bir enerjidir. Dört ana-sır ve dört büyük melek kuvvetler birleşimidir ve içimizdeki büyük meleklerin, uyanış yaşamımızda bize hizmet etmesine sebep olur. O halde tasavvuf, elementlerle melekler arasında ne şekilde iş bölümünü uygun görmüştür ve sebebi nedir?

---

67 Nahl, 8.

68 *Fusûsu'l-Hikem*; Tercüme ve Şerhi Ahmed Avni Konuk önsözü

69 www.allahgercegi.com

Hava-İsrafil-Suru üfleyeceği için

Su-Cebrail-İlim vereceği için

Toprak-Mikail-Taze rızıklar vereceği için

Ateş-Azrail-Aşk olduğu için

İçimizdeki gücü uyandırmanın en güzel tarafı; meleksi varlıklar olduğumuzu da hatırlamamızdır. Elementler ve melekler insana hizmet için verilmiş en büyük sihirli güçlerdir. İsrafil'in suru üflemesi ne kadar önemliyse, hava elementi olmazsa yaşayamayacak olmamamız da o kadar önemlidir. Sur; kıyametin geldiğinin belirtilmesi ve uyuyan kapalı bilincimiz için üflenecekse, hava elementi de farkındalığa ulaşmamız için kullanmayı öğreneceğimiz çok önemli bir elementtir.

Aydınlanma

Yaratan tarafımız; hava, su, toprak, ateş hiyerarşisinde hiçbirinin önceliği bir diğerinden daha az ya da daha önemsiz olmadığı gerçeğiyle çalışır. Yaratımın baş rollerinde olan veçhelerimiz de yine aynı şekilde dört element farkındalığında birleştiğinde; bu artık ruhun hizmetine sunulmuş sihir gücüdür -ki kimileri buna 'aydınlanma' diyor.

Havada uçmak (bir kuş rahatlıkla bunu yapıyor), suda yüzmek (bir balığın en iyi bildiği şey), toprakta yetişmek (tohum ağaca dönüşüyor) ve ateşte erimek (demir her şekilde ateşin hizmetkârıdır) bu elementlere hükmetmenin ta kendisidir. Elbette daha derin anlamlar çıkarıp, olayı daha da mistisizme sokabiliriz; ama öncelikli hedefimiz, temeli anlamak olmalıdır. Zira asırlardan beri büyük öğretilerde hep gücün layık olmayanların eline geçmemesine uğraşılır, ama nedense bu hiç önlenememiştir. Layık olamadıkları için mi bu kadar başarılı oldular? Havaya, toprağa, suya ve ateşe hükmettiler? Yoksa gerçek layık olanlar içindeki kötülüğe rağmen, yükseliş umudunu kaybetmeyen cesurlar mı? Ya da deneyimlerine iyilik ve kötülük isimlerini takmayan Bektaşiler mi?

İç içe geçmiş halkalar misali keşif yolculuğumuz sonsuz boyutlara genişlemek için, hava havaya, su suya, toprak toprağa, ateş ateşe karışıyor, yaratılışın ruhunu tezahür ettiriyoruz. Bu yüzden önce bunun farkına varmak çok önemli. Bedensel ölümlerimiz gerçekleştiğinde, geldiğimiz yere geri döndüğümüzü çok fazla dinledik. Havaya, suya, toprağa, ateşe tekrar karıştığımız söylendi. Bizler, bunu ölmeden önce yapsak daha doğru olmaz mı?

Şimdi tüm bu elementlere yakından bakalım:

Hava

Hava (Asma Yaprağı)

Melek Lideri: İsrafil, nefes ve dirilişi temsil eder.

Gezegeni: Jüpiter

Yönü: Doğu

Renk: Sarı

Cinsiyeti: Erkek

Mevsimi: İlkbahar

Elementler her iki kutba uyumludur. Aşağı ve yukarı ya da negatif ve pozitif kutup. Ve aynı zamanda da her şeye karşılık bulan bir element de var. Yönlere, meleklere, mevsimlere, peygamberlere, dini kitaplara, ülkelere, eşyalara, burçlara, kozmetik sektörüne, modaya, enerjiye ve tabii ki insana-ruha. Buradan hareketle sembolik olarak hepsine dört elementin ışığı altında yakından bakmaya çalışacağım.

Hava elementinin lideri Başmelek İsrafil'dir. Bu bilgiyle karşımıza hemen uyanış ve diriliş kavramı çıkar. Ne diriliyor? Yüksek bilinç diriliyor. Sur, kıyameti haber veriyor. Özüne diriliş ve zihnin ölümü. Bu büyük kıyamettir. Biz üflemeye karar verdiğimiz anda, tanrısal gerçekliğimizi ifade etmeye başladığımız anda İsrafil devreye girer. Kıyam başlar. İsrafil sur'a üflediği zaman artık toplanma zamanı gelmiş, hasat başlamıştır. Mavi suyla sulanan toprak, kırmızı ateşle birleşerek, üzüme en mor rengini vermekten çekinmeyecektir. Ya da sadece kendi varoluşunda, en saf halinde, sarının rengini tercih edecektir.

Bireysel uyanışa geçen asma yaprağındaki tek bir üzüm tanesi, doğu yönünden yani 'doğan' yeni bilinciyle, aydınlanma üçgeninin birinci ayağını oluşturmaya başlamıştır (elementlerin sembollerini iç içe ters geçmiş üçgenler olarak düşünebilirsiniz). Diğer bir deyişle tekliğini-erkek halini deneyimlemeye başlamıştır.

Üzüm artık farkındalığını diğer üzümlere verebilir. Tüm sıcaklık (ateş) ve nem (su) özelliklerini ve renklerini birleştirebilir. Dört ana rengin ilk sıralaması olan sarıyla bütünleşir. Bu rengin en büyük özelliği, solar-plexus'u-su (karın çakrası) yani güneş sinir-ağını temsil etmesidir. Bu aynı zamanda havanın güç merkezidir. Güneş, hava elementi aracılığıyla tüm gücünü üzüme yansıtarak, ona üzüm olma şansını tanır. Tıpkı kendimize, hava aracılığıyla yaşam hakkı şansı tanıdığımız gibi...

Hava gücünü geceden ve gündüzden özgürleştirmiştir. Artık tüm olan-yaratıma, an'a odaklanmıştır. Gece ve gündüz, geçmiş ve geleceğin kısa özetidir. Ama akşamüstü saatleri hem gündüz hem gece aynı anda var olur. Güneş her iki zaman dilimini de kapsar.

Hava tüm atmosferi lineer zaman diliminden, sonsuz zaman dilimine kadar kapsar. Bunun farkındalığında olan bir ruh çember halinde akan zamansız zamanda, hava elementini (ılık esinti) 'an' (havanın sabit varlığı-oksijen-nefes) farkındalığında kullanır.

Üzüm toplu bilinçten (asma yaprağı) özgürleşerek kendi gücünün farkındalığında büyük bir dönüşüme girmiştir.

Havanın sıfır derecede sabitlendiğini farz edelim. Yani kendimizin en havasız noktamızı fark etmeye hazırlandığımızı hayal edelim. Ne eksi ne de artı sıcaklıktayız. Yani her hangi hükümsel bir olayda değiliz. Yaratım artı ve eksi kutupluluk arasında bir yerlerde. İşte son derece basit bir şekilde, gerçekten son derece basit bir şekilde anlayacağımız, kör nokta 'nefesimizdir'. Sıfırdan aşağıya (eksiye) yukarıya (artıya) doğru nefesin hava yani elementinin kullanılmasıyla gerçek yöneticiliğimi kullanmış olurum. Benim için artık Allah kutsal nefesimin huzurunda dönüşüm geçirerek görünür hale gelir. Nefes almak hava elementinin gücünü aktive etmemiz demektir. Havanın eksi ve artısı yaratım açısından birbirinden daha iyidir ya da kötüdür demek değildir. Sonuçta ortaya çıkan ve görünüşü olan ve deneyimlenen bir varlık vardır. Bize verilmiş en kutsal armağan 'nefestir' ve bu da hava elementi olmadan gerçekleştireceğimiz bir nitelik değildir. Bu anlamıyla hava elementini kullanma kılavuzu 'nefestir'.

Günde sadece bilinçli bir şekilde yirmi dakika nefes alıp vermek, enerji transferi demektir. Hava'ya kendi enerjinizi vermek, havadan da yaşamsal gücü almaktır. İçerideki kör karanlığın uyanışa geçmesi, yani uyuyan yılanın uyanması için tetiklenmesine zemin hazırlar.

Diğer elementlerin açıklamasına geçmeden önce şunu anlamak lazım ki; tüm elementler birbirine dönüşerek niteliklerini ortaya koyar. Hiyerarşik sıralama vardır ama toplamında dört de olsalar, sonuçta tek bir şeyi var ederler. O da ruh'tur-üzümdür.

Buradan hareketle elementleri okumalıyız. Havanın suya, suyun toprağa, toprağın ateşe dönüştüğünü ve sonra tekrar tekrar bunu yaptığını çok iyi bilmeliyiz. Meydan okumalıyız hatta.

Şimdi somut olarak hava elementine bilinç yüklü bir çember diyelim. Buradan yola çıkarak diyorum ki; bilincimizi nefesin gücüyle açamaz mıyız? Yoksa havadan nem kaparak, ateşten gömleği giymeye hiçbir zaman cesaret edemez miyiz?

Bir fikir düşünelim. Havada (asma yaprağı) dolaşıyor ve öyle güçlü bir hale geliyor ki üzüm olarak (ruh) yaratıma geçiyor. Kimler aracılığıyla oluyor bu? Bizler aracılığıyla tabii. Daha somut örnekleme yaparsak, mesela hurafeler örneği herhalde çok uygun olur. 'Çok gülersek sonra çok ağlarız'. Şimdi bu, hurafelere verilecek en müthiş örneklemelerden biridir. Havada dolaşıyor, dolaşıyor, dolaşıyor ve size kadar geliyor. Çünkü teneffüs ettiğimiz hava aracılığıyla dolaşan 'çok gülme ağlarsın' enerjisi bu sayede yaratılmış oluyor. Oysa bu olgu, bize kadar gelme becerisine yine bizlerin yardımıyla geldi ve bunun altında ezildik. Gülmeyen toplum haline gelmiş olduk böylelikle.

Toplu bilincin içinde varlığımızı yok edemeyiz; ama bunun toplu bilinçten gelme bir olgu olduğunu fark ederek hava elementinin gücünün ortaya çıkmasını sağlamış oluruz. Çok gülelim ama o kadar çok gülelim ki, neşe enerjisi dört elementin içine işlesin ve gezegensel bereketi gerçekten sağlamış olalım. Hava elementinin gezegeni olan Jüpiter'in ana ilkesi; bilincin tekâmülüdür. Yunan mitolojisinde Jüpiter gökyüzü tanrısıdır. Gökyüzündeki hiçbir yıldız onun kadar parlak değildir. Aynı zamanda özgürlüğü ve adalet dağıtmayı sever. Dolayısıyla temsil edilen tüm nitelikler, hava elementini 'nefes' yaratımına sokmazsak, enerjisel olarak son derece dengesiz, kapana kısılmış, tekâmülden uzak, dolayısıyla dönüşemeyen solgun varlıklar haline geliriz. Hava, tüm gezegene yaptığı bu misafirperverliğiyle, tıpkı insana bir şeyleri hatırlatmak ister gibidir. Bir zamanların yıldızları olan bizler, şimdinin evinin yolunu unutmuş oyun kurucusu olan bizlere mi dönüştük?

Su

Su (Ab-ı Hayat)

Melek Lideri: Cebrail, İlahi Aklı temsil eder.

Gezegeni: Ay (Neptün)

Yönü: Batı

Renk: Mavi

Cinsiyeti: Dişi

Mevsimi: Sonbahar

Hayat suyla başlar. Makro-cosmos da, yağmur, nehir, okyanuslar, göller tüm evreni kaplamıştır ve tabii insan vücudunun yüzde yetmişi de sudan oluşmuştur. Hal böyle olunca duygusal durumumuz oldukça hassas bir haldedir. Buna biraz daha yakından bakalım.

Suyun büyüleyici etkisini anlatmadan önce, hepimizin bildiği, Japon bilim adamı Masaru Emoto'nun çalışmasına değinmeden edemeyeceğim. Emoto, somut kanıtlarla insanın titreşimsel enerjisinin, düşüncesinin, kelimelerin, fikir ve müziğin, hatta son yaptığı çalışmalarda suya oynatılan filmlerin dahi suyun moleküler yapısını etkilediğini ispat etmiştir.

Suyun fiziksel şekli kolayca bulunduğu ortama adapte olur. Çevreden aldığı enerji veya titreşimler, suyun moleküler şeklini değiştirir. Bu anlamda su sadece görsel olarak çevresel durumu yansıtmaz, aynı zamanda moleküler anlamda da yansıtır.

Bay Emoto dünyanın değişik kaynaklarından alınan ve değişik durumlarda olan suyun kristalize şekillerinde birçok büyüleyici farklılıklarını da keşfetmiş. Akarsulardan ve kaynaklardan alınan su çok güzel geometrik şekilleri olan kristal desenler gösterirken, sanayi ve yerleşimin yoğun olduğu yerlerden alınmış kirli ve toksik su, su borularında, depolarda bekletilen durgun su damıtılmış olsa bile kesin olarak şekilsel bozukluk ve rastgele oluşmuş kristal şekiller oluşturuyor.

Su bu gezegendeki yaşamın kaynağıdır. Yaşamımızın kalitesi kendi sıvımızın kalitesi ile direkt bağlantı halindedir. Su son derece uyumlu bir maddedir. Su girdiği kabın rengiyle aynı olur. Çok itaatkârdır. İnatçı değildir. 'Suyun rengi kabın rengi gibidir' demiş bilenler. Akmayı bilenler için su, (bedenin taşıdığı büyük sır) kapla (beden) aynı olduğunu fark eder.

Hz. Muhammed'in, bilinç dönüşümünde (Miraç'ta) Cebrail'e ihtiyacı vardı. Ama kendi kendini idrak etme noktasında, Cebrail'in (aklın bilgisi) habercilik görevi de biter (ateş konusunda tekrar buraya döneceğim).

Suyun rengi mavidir, çünkü mavi aynı zamanda özgürleşmenin de rengidir. Suyla nasıl özgürleşiriz? Akıl bize kendimizi fark etme yolculuğunda aracılık eder, ama ondan sonra (akıl; düalite dediğimiz yere kadar, bize, bilenler, kitaplar, filmler yoluyla arkadaşlık eder) suyun akışkanlığı lazımdır. Ama bundan sonra akılla bir yere gidemeyiz. Suyun akışkanlığını anlamak için zemzem suyumuzun açılması gereklidir. Zem Arapçada 'dur' demektir. 'Dur, dur suyu'. Zemzemin hikâyesini bilirsiniz ama yine de kısaca anlatayım:

Hz. Hacer ve İsmail çok susamıştır. Hacer, İsmail'i olduğu yere bırakır ve su aramaya gider. Safa ile Merve tepeleri arasında gidip gelirken gözden kaybolan çocuğu için endişelenir ve koşarak ona bakmaya gelir. İsmail, bu günkü zemzem kuyusunun olduğu yerde yatmış topuğuyla yere vurmaktadır. Bu arada annesi gelir ve çocuğun topuğunu vurduğu yerden su çıktığını görür. Kabararak yukarıya doğru, kaynayarak yükselen suyun kenarını çevirir ve 'zem, zem' yani 'dur, dur' der. Su hafifler ve kısmen durur. İddiaya göre, Hz. Hacer 'zem, zem' demeseydi, bu suyu tutmak mümkün olmayacak, oradan fışkırıp dünyayı sulayacak kadar çok ve bol olacaktı. Yine rivayete göre zemzem suyunun cennetten geldiği söylenir. Günümüzde ise, bilim adamlarının faydalarını hâlâ anlamakta zorluk çektiği şifalı bir sudur.

Bilgi, suyun ilmini taşıyan yegâne araçtır. Kendi bilgi kaynağımızı açtığımız zaman, İsmail'liğimizi ortaya çıkarırız. Ama erkek (safa) enerjinizi ve merve (dişi) enerjimizi nasıl kullanacağımızı bilmek için önce çok susamamız gereklidir. Susamak; hem mecazi anlamda hem de gerçek anlamda çok fazla dayanacağınız bir şey değildir. Ama denge çok önemli. Çok fazla kabaran enerjimizi (çok fazla dişi enerjide ya da erkek enerjide kalmak enerji dengesizliğine yol açar) durdurmak için bu konuda suyumuzu iyi kullanmanız gereklidir. Şifalanmak ve diğerlerini şifalamak için suyun cennet tarafını, yani özgürleştirici tarafını çok iyi anlamamız gereklidir. Kendi içinde değişimi yaşayan çok özel bir element olan suyun, sıvı halden buza ve aynı zamanda buhara dönüşmesini de göz ardı etmeden, ama tüm yaratılışın bir zamanlar sıvı halde olduğunu tekrar hatırlaması çok önemlidir (Burada Lemuryan yaşantımızı kast ediyorum. Bizler o dönemde henüz sıvı haldeydik).

Eğer bizler, katı hale özgür irademizle gelmeyi seçtiysek, o zaman, tanrısal enerjimizle tekrar sıvı hale gelmenin hafıza kayıtlarına ulaşabiliriz demektir. Cebrail zemzem suyumuzun açılmasına bu anlamda çok yardımcıdır. Yani aklımızla tüm bilgileri anlayabiliriz, ama bunu deneyime dökmek için aklın yerini kalp-bilişinin alması gerekir. Dönüşüm için tekrar etmek gerekirse önce çok susamak gereklidir. Bu şarabın zemzem suyu tarifidir.

Bu elementin lideri Cebrail, ruh-ul emin olarak da adlandırılan başmelektir. O mesajı kulaktan bize indirirken, şüphe duymadan, bizim de kalbe indirmemiz çok önemlidir. Zekeriya peygamberi ziyarete gittiğinde Azize Meryem'in (kutsal-su) İsa'ya (insan) hamile kalacağını müjdelemişti. Meryem'e İsa'ya hamile kalınacağı söylendiği zaman denir ki; eğer Azize Meryem (kutsal-su-bakire) hamile kalacağından korksaydı, emin olamadan, şüphe duyup, mesajı kalbe indirmeseydi, İsa eciş bücüş doğacaktı ama Meryem (Tanrı taşıyan) Rabbine güven duydu ve hiç korkmadı. Böylelikle ebedi rahimden İsa (insan) doğdu.

Cebrail'in, Hz. Muhammed'e de Kur'an ayetlerini getirmesi çok önemli bir süreçtir. Böylesi mesajcı bir meleğin aynı zamanda Ay'ın meleği olması da çok anlamlı değil mi? Tüm ayetlerin gelme aşamasına ek olarak açıklamak gereği duyduğum bir diyalogu aktarmak isterim. Cebrail, ayetleri getirdiği zaman, Hz. Muhammed kendisine bu ayetleri nereden getirdiğini sorar, Cebrail de "Bir perde var, oradan alır, getiririm." der. Bunun üzerine Resul, "Perdenin arkasında kim var hiç baktın mı?" diye irdeler, ama Cebrail bilmediğini söyler. "Bir daha bakarım" diye ayrılır. Cebrail tekrar geldiğinde resul yine sorar: "Baktın mı perdenin arkasına kim varmış?", "Baktım ya resul, yine sen varmışsın, meğer senden alır sana getirirmişim" der. Ve gelen son ayettir, ama yine aracılık eden çok önemli bir başmelek olan Cebrail'dir.

Cebrail'liğimiz, diğer bir deyişle; ilahi olan akıl ile ilim devreye girer. Yani bizim oturduğunuz yerden organize ettiğimiz, "Gel Cebrail bana şunu söyle, gel Cebrail bana bunu söyle!" dediğimiz bir sistem yoktur. Ya da "Kart çekeyim, şu kartlarla bir şey anlayayım," yoktur. Tam tersine kartlarla yüksek benliğimizin üzerini örteriz ve gücümüzü kartlara veririz. Biz bu sistemi kaldırıyoruz artık. DNA, yani tanrısallık devreye girdiği zaman biz kendi içimizdeki bu dört büyük meleğin hakikatini de anlamaya başlayacağız.

Ay'ın, milimetrik olarak yaptığı döngüleriyle, gelgit hareketleriyle, dünyamızdaki suyu etkilediğini, bu yüzden denizlerin yükseldiğini ve alçaldığını hepimiz biliriz. Bunu biraz daha açarsak, tüm suyunu dünyaya akıtan ay (Cebrail)ın getirdiği mesajların aslını bizden alması (yüksek benliğimiz) ve bize getirmesi (kutsal kaynak-kalp) çok anlamlıdır...

Çok güçlü bir imajinasyon getiren Cebrail, aklımızdan kalbimizin derinliklerine inerek, bunun hayata geçirilmesiyle ilgili kabiliyetlerin de ortaya çıkmasına vesile olur. Başka bir bakış açısıyla, Cebrail (ay) kalbin derinliklerine (kutsal kaynak-su) nüfuz ederek, dönüşümü ve yaratım enerjisini tetikleyerek, hayatımıza (dünya-beden) indiğini de açıkça gösteriyor.

Son olarak değinmek istediğim bir konu da, elementlerin cinsiyet olarak da tanımlanmalarıdır. Bana göre, su elementine erkek (tekil) denmesi, nufte (saf-su-erkek-suyu) olarak özdeşleştirilmesidir.

"Şüphesiz ki; biz insanı, karmaşık olan bir damla sudan yarattık. Onu deniyoruz. Bundan dolayı onu işiten ve gören yaptık."[70]

Karmaşık olan bir damla su: her iki enerjiyi (erkek-dişi) barındırıyor olmasıdır. Mesajı tekil olarak bize getiren Cebrail'i, işitenler olarak suyun aracılığı sayesinde ve deneyim yoluyla öğreniyoruz. Ve bu işitsel öğretiyi görmeye çeviriyoruz veya duyduklarımızla görmeyi öğreniyoruz. Diğer bir deyişle, karmaşık olan akıl, (Cebrail) aracılığıyla bilgi sunarken, ruh (üzüm) bunu işiterek kavrar ve oradan da cennetin ırmaklarında yıkanarak, şaraba-zemzeme dönüşür ki bu, bilincin dönüşmesidir.

---

70 İnsan, 2.

Bu ne işe yarar? Eh! Kutsal kadehimizden kendi şarabımızı ve zemzemimizi içmeye tabii ki...

Toprak

Toprak (Bağcı-Şit)

Melek Lideri: Mikail, İlahi Rızık'ı temsil eder.

Gezegeni: Satürn-Venüs

Yönü: Kuzey

Renk: Yeşil

Cinsiyeti: Dişi

Mevsimi: Kış

Başmelek Mikail en muhteşem lezzetleri toprağa sunar ve doğayı yönetir. Bizlere her zaman taze rızıklar getirir. Aldığımız rızıklar; saf aromalı ve katkısızdır. Mikail, ilahi olanın en kutsal ürününü bize verirken aynı zamanda keşiş olma özelliğimizi de geliştirir. Bu sayede bizler çok boyutluluğumuza adım atmış oluruz. İşte ben, tam burada buna 'yüce kralın hazineleri' diyorum. Mikail'den ne kadar taze rızık almaya gönüllü olursak bu sayede bağcılığın sırlarına da adım atmış oluruz. Dolayısıyla asmanın köklerinin derinlere giden bir bitki olma özelliğinden dolayı, toprak elementiyle tıpkı asma gibi derinlerde çalışacağımız anlamı çıkarabiliriz. Toprak en derinlerde ölümü çağrıştırır ya da ölme duygusu derinlere atılarak insanoğlu tarafından görmezden gelinir. Çok eski çağlardan beri hazineler toprak altından çıkar ve yine hazineler toprağa gömülüdür.

Toprak elementine bu doğrultuda baktığımız zaman, insanın özünün toprakla aynı olduğunun da altını çizersek, diğer kozmik elementlerin toprak elementine tüm özelliklerini bağışlaması sayesinde toprak yeşerir. Diğer bir anlamıyla nefes (hava) alan toprak, toprağın cinsine-bilgisine (su) göre ekildiğinde, toprağın ürün vermemesi olanaksızdır. Ateşse meyvelerin (üzümün) olgunlaşması için görevini eksiksiz yerine getirecektir.

Ölüm yaşamı barındırır ve bu sebeple toprak tüm olan için ürün vermek zorundadır. Toprak ana terimine yakından baktığımızda, o aslında Dünya-Ana ya da Gaia dediğimiz doğanın Tanrıçasını Adem ile ilişkilendirmek için, toprağı Havva ile havalandırarak toprak bütünlüğüne gitmek istersem bunu nasıl karşılarsınız?

Bugüne kadar belli kalıplarda, belli hiyerarşik düzende hareket etmeye alışkın olduğumuz için, kendi çeşitliliğimizi de belli kalıplara soktuk. Oysa Adem'in kelime anlamlarından biri de Hiç'liktir. Hiç olunca cinsiyetiniz de yoktur. Gerçek anlamda varoluşa geçmek için Havva'ya ihtiyaç duyarız. Varoluşun derinlerine gitmek için Adem (hiçlik-farkındalık) ve Havva (dişi toprak-beden) ekiminde elde edilecek ürün Şit (Adem ve Havva'nın, Kabil'in, Habil'i öldürmesinden sonra, dünyaya gelen oğulları-işitme kabiliyetinin oluşması) ise, o zaman nihai amaç gerçekten de işitmek, taşıdığımız bedenin dışında bir yerlerde gerçekleşmez. Bedenin, (toprak) Adem'liğini kavraması, kendi tanrısallığının, Tanrıçalık içerdiğini de fark etmesi sayesinde olacaktır. Toprağın bütünleşik anlamında ortaya çıkan sonucu bağcıdır. Şimdi İlk Tohumu atabiliriz, dişi ve erkek tohumları toprağa ekebiliriz.

Kutsal işitme tıpkı Meryem'in rabbini işitmesi gibidir; ancak, bunun olması için ilk tohumun atıldığı (Adem-Havva) kusursuz bedene (toprağa) çok dikkatli bakmalıyız. Bağcı olmak ve toprağı yönetmek için kucakladığımız hazine, şarabın oluşmasını sağlayacak cennet meyvesi üzüm olmak zorundaysa, o zaman üzüm diyerek geçmeden asıl hedef bağcıyı sormak olmalıdır. Diğer bir deyişle; toprağın sahibinin kim olduğunu anlamak önemlidir. Bu sayede ustalığa ulaşmamız için en önemli süreci de başlatmış oluruz.

Adem mi toprak sahibi, Havva mı yoksa her ikisinden olan Şit mi? Ya da üçü de mi? Beden (toprak) kendini tek cinsiyetle özdeşleştirdiğinde verimliliğe ulaşması imkansızdır. Eğer bir erkek "Bende doğurganlık yoktur, ben sadece buna aracılık ederim" derse (fiziksel olarak doğru olsa bile ki bu sadece fiziksel katta doğrudur) o zaman kendi Tanrıçalığını fark edemez. Ya da bir kadın, kendini sadece doğuran bir obje olarak algılarsa o zaman kendi tanrısallığını fark edemez. Her ikisini birden kucaklayan kişi süreci başlatır ki bunun adı enerjiyi topraklamaktır. Dişi ve erkek enerji birleştiğinde toprak (beden) doyumsuz ürünler vermeye başlayacaktır.

Toprağa tohum atmak için hangi kabiliyetlerde olmamız gerekiyor? Kabil, Habil'i öldürmeseydi Şit ortaya çıkmayacaktı. O zaman kabiliyet, diğer bir bakış açısıyla, "Toprak elementiyle çalışmak için hangi kabiliyetlerde olmamız gerekiyor?", "Hangi taraflarımızı öldürmemiz gerekiyor?", "Öldürmek derken, bunun gerçek anlamı nedir?" gibi sorulara cevap arıyoruz.

Her varlığın dünyaya gelme sebebi vardır. Ama bu sonradan bir şekilde unutulur. Kendi kabiliyetlerimize ulaşmak için zorlu yollar seçeriz ve kimi zaman başarılı da olamayız. Bu, işin acı tarafıdır. Ortaya çıkmamış yeteneklerimiz sayesinde çok mutsuz bir hayat geçiririz.

Kabiliyetlerimiz, hobi olarak yaptığımız şeyler değildir. Kabiliyetlerimiz tutkuyla yaptığımız şeylerdir. Tutkumuzu keşfettiğimizde kendinden kendine beslenen kaynağa bağlanırız. İşte bu, düalitenin ölümüdür.

Habil çok iyi, çok sadık bir çocuktu. Ama Kabil tarafından öldürüldü. Yani; düaliteye sadık olmak ve çok iyi bir insan olmak yetmez, kabiliyetlerimizin ortaya çıkması için cesaretle çıkış yapmamız gereklidir.

Toprak sessizliktir. Diğer bir deyişle; sessizliğin sesini dinlemek, işitmektir. Bu bağlamda işitmek, bağcılık yönetimdir. Toprağın ne verimlikte olduğu, ekilecek tohumların toprakla uyumu, yapılacak hasadın zamanı çok önemlidir. Toprağı işitmek için tüm bu özellikleri bilmek gereklidir.

Sessizliğin sesi: Kulağımız aynı zamanda bir denge organıdır ve içinde kristaller vardır. Kristaller çeşitli sebeplerle (uzun yolculuklar, darbe, enfeksiyonlar) yer değiştirdiğinde baş dönmesi meydana gelir ve hem dengemizi hem de duyma kapasitemizi kaybederiz. Yani sessizliğin gerçek kristali olan tanrısal sesimizi işitmemiz imkansız hale gelir. Dolayısıyla topraktan ürün almamız imkansız hale gelir.

Asma nasıl üzüm üretirse, İnsanoğlu da (dişi ve erkek enerji) olan asmanın meyvelerini (sessizliğin sesi-Şit) hasat ederek sofralarımıza (idrak etme-biliş) getirir.

Ateş

Ateş (Ölmeden Önce Ölmek)

Melek Lideri: Azrail, Aşk'ı temsil eder.

Gezegeni: Jüpiter

Yönü: Doğu

Renk: Kırmızı

Cinsiyeti: Erkek

Mevsimi: İlkbahar

Azrail, herkesin adını duyduğu anda korktuğu melektir. Azrail de, tarot kartlarında çok iyi bildiğimiz ölüm kartıyla yerini almıştır. Ölüm, hepimizin spiritüel yolculuklarda bildiğimiz gibi dönüşüm ve yeni bir başlangıçtır. Azrail, "ölmeden önce ölme sırrıdır". Bize bunu anlatmak için de orada Azrail parçamız devreye girer.

Fiziksel olarak gözümüze görünen tüm şeyler, elementlerin onlara hayat vermesi sayesindedir. Kimyacılar, bilim adamları ve sihir yapanlar binlerce yıldır elementleri tanımladılar. Bunlarla ne yapacaklarını ya da yapamayacaklarını tartıştılar. Gerçek anlamda ruhsal olarak bir yolumuz olacaksa bu elementlerle nasıl çalışacağımızı bilmemiz çok önemli. Bunlardan biri olan, Ateş elementi de bu yüzden çok hayati anlam taşıyor. Yol boyunca ateşin bize rehberlik etmesine gönüllü olmasına izin verirsek (Hz. Musa gibi) o zaman yakıcılığından ziyade hayat enerjimizi yukarıya nasıl çekeceğimizi de anlamış oluruz.

Ateşin yakıcılığı sarhoşluktur. Çünkü ateşin bize dokunmasına izin vermişizdir. Aynı zamanda havanın da, suyun da, toprağın da ruhumuza dokunmasına izin vermişizdir. Dört element ruhumuzda birleşmiştir. Elementlerin gücünü anlamak, tüm yaradılışın ruhuna konuk olmak demektir. Aynı zamanda da çok önemli bir başmelek olan Azrail'in enerjisini de hissetmeye başlamak demektir.

Ateşlendiğimiz zaman aslında vücudumuz kendi ısısını yukarıya çıkararak bedenimizdeki virüsleri yok etmek üzere programlanır ve virüsler bu sayede, yüksek ısıda kalamaz ve ölürler. Ama düşmeyen bir ateş, bağışıklık sistemini de aynı zamanda felç eder. Pozitif kutbuyla Azrail; virüslere saldıran bir ateştir. Negatif kutbuyla da düşmeyen bir ateştir. Hangi tarafla çalışacağına karar vermek için ruhumuzun ateşini anlamalıyız. İşitmeliyiz. Ateş ya yok edecek ve bitirecektir ya da var edecektir.

Sabır, ateş elementinin en büyük meyvesidir. Genişlemek bir sabır işidir ve kendini kabullenme eylemdir.

Korkuysa ateş elementini bitirir. En büyük virüs olan korku duygusu, bilincimize yayıldığında artık yapacak çok fazla bir şey kalmamıştır. Bizi ele geçiren standart bir hayattır. Deneyim yaşamaktan, tembellik adının altına saklanan korku enerjisi sayesinde vazgeçeriz. Korku her şeyin ismini de değiştirir. Azrail dediğimizde O'nu da sadece bir kere randevumuz var diyerek toprağın altına gömeriz.

"Kendimi keşfetmek istemiyorum, ben böyle mutluyum: Kimliğimi kaybedeceğim."

"Yenilenmeye ihtiyaç duymuyorum, ben daha 30 yaşımdayım: Eyvah! Yaşlanıyorum."

"Dönüşüm benim için gerekli değil, ben zaten ölünce dönüşeceğim: Diğerleri tarafından dışlanamam. Ben avukatım, iş adamıyım, gazeteciyim..."

Ateş elementinin gezegeni olan Jüpiter'in işlevi; genişletmek, çoğaltmak ve bolluk hediyeleridir... Jüpiter gezegenler arasında en büyüğüdür. Böylesi büyük bir gezegene sahip olan ateş elementiyle çalışmak tüm korkulardan arınmamız için bizi destekler.

Korku ortadan kalktığı zaman hayat daha renkli, daha geniş ve fırsatlarla dolar. Korkunun yerini neşe enerjisi alınca çoğumuz kendimizi daha şanslı hisseder, risk almaya daha açık oluruz. O zaman gelsin hediyeler.

Ateş, bizde kalan her şeyi eriterek bizi deneyimlerimizi yaratacağımız boşluğa götürür. Ateş, demiri eritir ama insanı eritir mi? Evet. Demirden örnek verecek olursak, ateşin demiri erittiği yer boşluktur, sonra onu kalıba dökmek, bizim yarattığımız dünyamızdır.

İnsanın dönüşüme uğradığı ve tıpkı demir gibi genişlediği yer, bilincidir. Demirden kılıç dövülür, ateşle şekil verilir ve o zaman Excalibur (Merlin'in öğrencisi, Arthur'u kral yapan kılıç) dediğimiz kılıç meydana gelir, ama bu kayaya saplıdır (ego-illüzyona kapılmış zihin). Ancak kılıcı kayadan çıkarmak cesaret gerektirir ve bu sayede büyük bir dönüşüm olur ki bunu fark eden kişi de kral olmayı hak eder. O, bunun için ateş elementine hükmetmiştir. Ama önce suyun dönüşümüne uğramış, bilgiyi aşka dönüştürmüş, kılıç yönetiminde ve bu sarhoşlukla son element olan ateşi kullanmayı öğrenmiştir.

Kılıç artık insanın sırrı şeklinde ona hizmet etmek için vardır. Dört yöne bakan kılıç, her an ve sonsuza kadar özgürce geçmişi ve geleceği kesecek; negatifi ve pozitifi ayıklayacak; iyinin ve kötünün kafasını koparacaktır. Ve sonra tekrar ateşe gitme cesareti göstererek bir kez form almaya cesaret edecektir. Ruhun bu sarhoşluğa ihtiyacı vardır. Ateşinse, meyvelerin (üzümün) olgunlaşması için görevini eksiksiz yerine getirmesi için Azrail'in aşkına ihtiyacı vardır.

Bu bağlamda, Hz. Musa'nın Allah'la ateş aracılığıyla konuşmasına değinmek istiyorum. Hz. Musa, ateşe yaklaştığında ateşin gökten orada bulunan bir ağaca doğru uzandığını ve bu ateşin dumansız ve büyük bir ateş olduğunu gördüğünde ne yapacağını şaşırmıştı ki tam bu sırada Rabbi ona Kutsal Tuva vadisinde seslendi. Yüce Allah, ona ilk önce, bastığın yerin kutsal bir yer olmasından dolayı tazim ve saygı göstererek ayakkabılarını (ayakkabılarının sesi çok gürültü yapıyor!) çıkartmasını emretti. Ayrıca ona, sağ elinde bulunan asayı yere atmasını emretti. Bunun üzerine o da onu yere attı. Elinde olanı yere attığında asa, koşan bir yılana dönüşmüştü. Hikâye kısaca budur. Hem gidilecek yön değişiyor (ayakkabıların çıkması) hem de (asayı yere atıyor) kendi zannettiği tüm kimliklerinden arınarak, gerçek bilgiliğe-kaynağa ulaşıyor.

Tanrı ile ateş aracılığıyla konuşması, Hz. Musa'nın hava, su ve toprak elementlerinin de üstadı olduğunu gösteriyor. Bana göre; onun Nil'i ikiye ayırma mucizesi, doğanın bir dengesiydi, ya da o, buna hükmetti, ikisi arasında bir fark yok. Tüm elementleri birbirine dönüştürerek kullanmayı biliyordu.

Hz. Musa'nın kendini bilme uyanışı, onun tüm elementlerle farkındalıklı olarak çalışması şeklinde açıklanabilir. Ancak gerçek anlamda ateş elementinin, tanrısallığının ortaya çıkması için devrede olması çok önemlidir. Ateş, tüm yakıcılığıyla, diğer tüm veçhelerinin yansımalarını ayıklayarak, onu kendi gerçek varlığına ulaştırır. Ateş devredeyken, yakıcılığından, hararetinden bilinç dönüşür.

Camiye gidenler bilirler ki, hoca vaazdan önce yedi merdiven (minber) çıkar ve sonra beşe geçerek anlatmaya başlar. Yedinci çakra olan tepe çakrası, evrensel bilginin saklı olduğu çakradır. Cebrail buraya kadar bu bilişe varılmasına eşlik eder, ama burada görevi sona erer. Artık, kendi sırrına uyanan kişinin, bilgiyi, aşağıya (kalbe) indirmesi söz konusudur. Burası ateş elementinin olduğu aralıktır. Beşinci çakra, boğaz çakrası, ateştir, bilginin aşkla ifade edilmesidir. Kendinden kendine, aracısız akışın olduğu yerdir. Hz. Musa'nın Allah'ıyla konuştuğu yer burasıdır. Bunun için beşinci çakradan da kalbe ulaşmak çok önemlidir, zira yaratımın başlayacağı yerdir. İşte bu yedi ve beş dönüşümü ateş elementinin sayesindedir.

Hz. İbrahim'in meşhur ateşe atılma hikâyesindeki sadakati sayesinde onun Cebrail'in aracılığıyla ateşin etrafının gül bahçesine çevrilmesini de hatırlayalım.

Hz. Musa'nın ateş yüzünden kekeme olması ve Allah'la ateş aracılığıyla konuşması, Hz. İbrahim'in ateşe atılması, Hz. Muhammed'in ateşi atlaması... Bu üç peygamberin ateşle ilgili mesajlarından ne anlamamız gerekiyor?

Ateş elementinin özünü anlamak için Azrail'e bakmak gerekir. Bugüne kadar karşımıza ölüm meleği olarak çıkan sevgili başmeleğimiz, bana göre bizi yeterince korkuttu. Eğer ondan yeterince korktuysanız onu görevinden azat edin, biraz kutsal şarabınızdan için, arkanıza yaslanın ve onu Aşk meleğine dönüştürün.

Korkuyla yaklaşılan hiçbir eylem başarıyla sonuçlanmaz. Ancak o eylemi bitirmenizi sağlar. Ama aşkla yapılan bir eylem başarıyla sonuçlanır ve zaten nasıl biteceği başından bellidir. Aşk tarif edilirken hep sarhoşluktan bahsedilir. Ne de güzeldir âşık olmak. Dönüşmek ve umursamaz olmak. Hesap yapmamak, plansız olmak. İşte ateş elementiyle çalışmak böyle bir aşk sarhoşluğu gibi olmalıdır.

Hz. Musa Firavun'u (illüzyon) öldürmek için ateşi tercih etmeseydi, sihirli asasına kavuşamazdı. Hz. İbrahim ateşe atılmasaydı teslimiyeti öğrenemezdi. Hz. Muhammed ateşe atlamasaydı Miraç'ı gerçekleştiremezdi. Dikkat ettiyseniz ateşin en son dakikasına kadar Cebrail eşlik ediyor. Yani akıl son dakikaya kadar görevini yapıyor (kusursuz plan - kusursuz yaşam - kusursuz mesaj verme) ama ondan sonra yerini Azrail'e bırakıyor.

Sonuç: Çok boyutluluğu kucaklamak ve illüzyonu devirmek. Oyun bitti ve yenisi başladı.

Ateşle oynamaya gönüllü olursak Jüpiter'in bizi desteklemesiyle, hayatı tümüyle katılmamız gereken bir oyun olarak görmeye başlarız ve kendi sesimize ulaşırız. Fermantasyonda her fırsatta sabırla geçerek ateş elementini kullanmaya daha yatkın oluruz.

"Ateşle oynamak" dünyevi anlamda korkutucu bir deyimdir. Tehditkâr bir eylemdir. Ölümü yenmek, yaşamı seçmekle mümkünse, ateşle oynamaya gönüllü olmak bizi bağı bozmanın kuralsızlığının sihirli dünyasına götürür.

En sevdiğimiz şey sihirli dünya değil midir? Tüm dileklerimizin kabul olduğu, hayallerimizin sihir gücümüzle gerçekleştiği bir evin olduğunu ve bize verileceğini söyleseler, ama bu eve ve sihir yapma gücüne sahip olmanın tek şartının önce ateşte yanmak olduğu kuralını koysalar ne yapardık? Çok gizemli ve imkansız bir soru mu sordum? Hayır. Zaten var olanı hatırlatmaya çalıştım. Harika evimiz var, tüm dilek ve hayallerimizi, hayata geçirecek, potansiyellerimizi ortaya çıkaracak sihir gücümüz var. Bize deniyor ki; işlediğin günahların yüzünden cehennem ateşinde yanmadan cennete gidemezsin. Bu kuralın yüzde kaçını kabul ettiniz ve sihir gücünüze (ya da hadi ona asamız diyelim) kavuşmayı hayal ediyorsunuz? Bu gerçekten de hayaliniz mi, yoksa korkumuzu örtmemiz sonucu yaşadığımız saplantımız mı?

Ateş saplantıyı yakar. Yakmalı da. Yanarsam ben yanayım diyen yüce bir peygamberin yanması acaba tüm bunların sona erdirilmesi için çok boyutluluğu ateşe atlayarak kucaklaması mıydı? Bu cevapları düşünerek değil yanarak bulmayı dilemeliyiz belki de...

Ben Benim!

Ruh-Üzüm (Kevser Şarabı)

Melek Lideri: Dört Melek

Gezegeni: Çok boyutluluk

Yönü: Doğu-Batı-Kuzey-Güney

Renk: Sarı-Mavi-Yeşil-Kırmızı

Cinsiyeti: Erkek-dişi

Tek olanı anlamak neden bu kadar zor? Adı üstünde t-e-k...

Tanrı

Erkek

Kadın

Yani üç kelimeden oluşmuş bir tekliği anlamak zor. Bir şey kendiliğinden var olunca, o zaman neşe, rahatlama, tanımsızlık, cesaret ve özgüven de kendiliğinden oluşur.

Ben, edebi varlıktır ve "im", bu varlığın kendini tezahür ettirdiği kaptır.

BEN, Ateş'in en yüksek ifadesi olan Işık'tır. Demek ki BEN...İM. Ateş, Hava ve Su'nun tezahür etmesidir, bu kombinasyonda Su tek görünür elementtir.

Ruhun bütünleşmesi ve enerjinin aktive edilmesi için doğanın da iş başında olması ve beşe uyumlanmış olması gerekiyor. Amaç birliğin kucaklanması. Beş, birleşik enerjidir. Bu birliği kucaklamanın yolu Ben Benim demekten geçer.

BENİM TOPRAK'tan, BENİM ATEŞ'ten, BENİM SU'dan, BENİM HAVA'dan olan. Ben üzümüm, ruhum, aşkım, sihirli gücüm, ışığım, koşulsuz olanım, sevgiyim, sevgiliyim, eylemsiz olanım.

Ben aşağıyım, yukarıyım, negatifim, pozitifim, kuzeyim, güneyim, doğuyum, batıyım. Ben elementlerin de üstündeki gücüm. Ben yönetenim, bilenim, görenim, tadanım, işitenim, hissedenim, dokunanım, koklayanım.

Ben havanım kibriyim, üstünlük taslayanım. Ben suyun kabına yansıyan nifak tohumuyum, sudaki kabımdan yansıyan ikiyüzlüyüm, ben toprağın tembeliyim, uyuşuğuyum, ben ateşin zulmüyüm, hiddetiyim. Ben havayı ısıtıp ateşe dönüştürenim, ben suyu ıslatıp toprağı çamura çevirenim.

Ben iç içe geçmiş uyumlu dört elementin, iki kutuplu üçgenin altı köşeli yıldızıyım. Ben felsefe taşıyım. Ben Haç'ta dört yönüyle tarif edilen kutsanmış insanım.

Ben mavi ve kırmızıdan olma ateşin moruyum. Ben sudan ve ateşten güçlenen, mor ateşin kutsal mağarasıyım. Bu mağara dönüşümünü gerçekleştirmek isteyen ve kabuklarını nereye atacaklarını bilemeyen için hazır. Mor alev bu kabuklarla güçlenir. Bu kutsal ateş, dönüşüm artıklarını insanlığa hizmet için arındırır. Kolaylaştırır.

Ben sarı ve maviden olma yeşilim. Ben havadan ve sudan büyüyen tohumum. Ben tohumların kutsal hazinesiyim. Bu hazinenin her biri tüm evrenin her bir zerresine sonsuza kadar yetecek bolluk ve bereket var. Kutsal tohum yenilenme evresinden geçenler için, tekrar tekrar deneyim yaşamalarını kolaylaştırır.

Ben süreçlerden geçmeyi bilen element ustasıyım. Havayım, suyum, toprağım, ateşim.

Ben elementlerin birbirine her an dönüştüğünü bilen keşişim, asmayım, bağ bozucuyum. Ben özüm.

Ben ateşimle yok ediciyim, bilinçleri genişletenim, toprağımla hayat verenim, üretenim, suyumla arındıranım, sonsuzluğu hatırlatanım, havayla, kuşatanım, nefes aldıranım, gezegenin yumuşak yatağıyım, üzümümle, sarhoş edip dönüştürenim, iki dünya arasındaki boşluğum. Boşluktan akan musluğum. Musluktan dolan bardağım. Bardaktan taşan hayatım. Hayatın içindeki noktayım. Noktanın başladığı ilk vuruşuyum. Kelimeler tükendiği için bilinmezim, tanımsızım, şimdi'yim... Şimdilik...

16-17-18. âlem = Maden-Bitki-Hayvan

'Bitkinin hayvana geçişi hurma ile simgelenir. Hurma üreme organları açısından hem bitki hem hayvana ait özellikler gösterir.'[71]

---

71 Öztürk, *Mevlânâ ve İnsan*, s.196.

En son olarak da insan yani Adem peygamber madde âleminde ortaya çıktı. Böylece Adem'in bünyesindeki tüm isimler önce dünyayı sonra gökleri meydana getirdi, sonra dünyada cisim olarak insan ortaya çıkınca tekrar insanda, yani Adem'de bir araya geldiler. Bir saçılma ve toplanma oluştu.

III. cilt *Mesnevi-i Şerif*'te de aynen böyledir:

'Madenlikten öldüm ve bitki oldum; ve bitkilikten öldüm, hayvan mertebesinde göründüm. Hayvanlıktan öldüm, Adem oldum. Böyle olunca ne korkayım, ne zaman ölmekten noksan oldum! Diğer bir hamlede de beşer mertebesinden ölürüm. Nihayet melekler arasından kanat ve baş kaldırırım. Diğer defa da melek mertebesinden kurban olurum. O şey ki vehme gelmez, o olurum.'

Adem'in ruhunda akl-ı külden (Muhammed) bir parça vardı. Bu yüzden madde âleminde (esfel-i safilin) Allah'ın kendisini bilişi Adem'le mümkün oldu. Ondan evvelki âlemlerde (hayvan, bitki, maden) akl-ı kül ortaya çıkamamıştı; çünkü akl-ı kül tüm isimlerin gark halinde olduğu idraktir.

'Gökleri, yeri, bunlar arasındakileri altı günde yaratıp sonra Arş üzerinde egemenlik kuran O'dur. Rahman'dır O. Haberdar olana sor onu.'[72], 'Ve O Rahman Arş üzerine egemenlik kurmuştur.'[73]) ayetleri bu demektir, yani isimlerle kainatı yarattı. Akl-ı Kül'ünü ancak Adem'le ortaya çıkartabildi, yani insan ortaya çıkınca madde âleminde Akl-ı Kül görünebildi ve rahatlık buldu. Kürsi rahat edi-

---

72 Furkan, 59.

73 Taha, 5.

len yer anlamındadır. Böylece Adem yeryüzüne indirilmiş oldu. Muhammed adı verilen Akl-ı Kül, Adem'in bedenindeki ruhtan, yani Arş ve Kürsi'den bu âlemi idare etmeye başladı; çünkü tüm isimler çıktıkları yerin idaresindedirler. Rahman yani rahmet eden iki bacağını (celal ve cemal isimlerini) Kürsi'den (bedenli olan Adem'den) sallandırdı. (Rahman'ın rahmeti Adem'den itibaren rahmet ve gazap olarak ikiye ayrıldı. Adem'in oğulları Habil ve Kabil bu anlamdadır. Adem'in Havva ile birleşmesi, yani Arş'ın Kürsi ile birleşmesi, zıtları ortaya çıkardı; bir diğer anlamda Adem'in kendi bünyesindeki isimlerle birleşmesi birbirine zıt isimlerin ortaya çıkmasına neden oldu.

Su, Rahmet'i (Akl-ı kül) = Muhammed'in aklını simgeler.

Ateş, Gazabı (Nefs-i kül) = Muhammed'in nefsini simgeler.

Adem peygamberden itibaren gelen 124 bin peygamberin her birinde Akl-ı Kül (Muhammed) biraz daha fazla olarak madde âleminde ortaya çıkmış, Muhammed'in ortaya çıkışı ile manada olanlar, madde âlemine tamamen taşınmıştır. Hz. Muhammed'in ruhu Arş'a tamamen inmiştir. Kürsi onun tüm isimlerini kapsayan idrakidir.

Bu yolculuk Adem'in cismine kadar maddeden manaya, Adem'in cisminden Muhammed'in cismine kadar mana katlarında yapılmıştır. Muhammed'in cismi ile de Akl-ı Kül'ün ezeldeki kapasitesi madde âleminde ortaya çıkabilmiştir. Madde ile mana arasındaki geçiş sahası, Adem'den Muhammed'e genişlemiş; mana aynı madde haline gelmiş, daha doğrusu manadaki âlemler, ilk hali ile madde âleminde idrak edilir hale gelmiştir. Buna zihinden çıkmak ve programsızlık hali diyebiliriz. Akl-ı kül (Muhammedi idrak), bizden tecelli eder ve âlemin gerçek programına dahil oluruz.

Allah'ın zatı açısından ortaya çıkacak yeni bir durum olmadığından, peygamberlik Muhammed ile son bulmuştur. Allah'ın isimleri açısından olan değişiklikler sonsuzdur. Muhammed her devirde bir başka elbiseyle madde âlemindedir. O kişilere "gavs" denir. Gavs, âlemleri tek başına idare etmez. Sağ ve sol kutup bu arşın taşıyıcıları olurlar.[74]

Bismillahirrahmanirrahim'in Hakikati

Bu, "Bismillahirrahmanirrahim"in hakikatidir ve 18 harften ibarettir. Varoluşun şablonudur. Besmele'nin en derin anlamı "frekans alanı"na erişmektir. Nedir frekans alanı?

"Allah" dediğimiz ve formu olmayan, sadece sevgi frekansıyla titreşen ilk yaratıcıya ulaşmak için gittiğimiz alan.

Onunla bir olduğumuzu her an hissetmek için, "Rahman" ve "Rahim" diyerek; "eril" ve "dişil" olarak anıyoruz. Dişilindeki bilgiyi erille dile getiriyoruz. Yani deneyimin ona ait olduğu gerçeğiyle hareket ediyoruz. Dişili ve erili bütünleştirmeden bilge varlıklara dönüşme şansımız hiç yok.

Bu bağlamda kopya bilginin sonlanması için bunu basamak basamak anlatmak istiyorum.

Birinci Basamak: Erili ve dişili bütünleştirmek gerekir. Ruh ile birlikte yaratmak için ona şüphesiz kabul vermek gerekir. İçsel olarak ruh dişil, dışsal olarak erildir ve her ikisidir de. Ancak cinsiyetten bahsetmiyorum. Ruhun cinsiyeti yoktur. Kadın, erkek ayırımı yapmaz. Bunu yapan zihnimizdir. Kendi bilgeliği ile kendini Allah'a yakın göremeyen herhangi birimiz bir kişilikten ibaret olduğumuzu düşündüğümüz için tanımlamaya gideriz ve artık ya kadınızdır ya da erkek. Oysa 18 bin âlemin tohumu içimdedir; fakat farkındalığımız devrede olmadığı için bunu fark edemeyiz.

İkinci Basamak: Burası frekans alanına yaklaşmaktır. Orada saf bilinç vardır. Tam bir sessizlik halidir. Kendi kişiliğiyle değil Allah'ın varlığıyla bilgeliğini açmaya başlar. Düalitik[75] kurallar ona yetersizliğini ve değersizliğini günah ve sevap üzerine koymuştur. Oysa varlığında yüce hakikatle birleştirdiği için o günahsızlık neşesine varır. Günah işlerse bunun en derin anlamı kendini deneyimleyen Allah'ın örtülmesidir.

Üçüncü Basamak: Bu, sessizliğe ulaştıktan sonra kendini ortaya koyar. Allah tecelli eder. Neyiyle? İlmi ve bilgisiyle. Burada tüm yetersizlik ve değersizlik biter ve kişi özgürleşmeye ve ilmin ancak Allah'tan başka bir yerde, yani kendi sırrında tecelli edeceğini bilmeye başlar. Burası Miraç'ın, manevi orucun başladığı yerdir. Görünmeyen âlemlerin rabbi onun aracılığıyla görünür ve bilinir. Ağaç, kuş, deniz, dağ, ova olarak değil ilahi elbise olarak tecelli eder.

Dördüncü Basamak: Bu basamağı deneyimleyen kısım biziz ve buna cenneti inşa etmek diyoruz. Eğer

---

75 Düalite, Türkçede "ikilik", "ikilem", "ikileme", "ikili denge" gibi manalara gelmektedir. Ezoterizmde ise, sayısal sembollerden iki rakamının içerdiği anlamlarla ilgili olarak kullanılır. Doğadaki, evrendeki karşıtlık ve birbirini tamamlayıcılık ilkesini ifade eden; ruh-madde, hayır-şer, pozitif-negatif gibi genel bir terimdir.

miraç gerçekleştiyse cennet de tamamlanmıştır. Tevhit ilminin tarif ettiği arif artık burada an'ı seyretmeye başlar. Boyut artık değişir ve kopyadan çıkmış oluruz. Cennet neşesi başlar. Cennet aslında ölümsüzlük demektir. Kopya cennet ölümlü insanın gideceğini zannettiği hayali tatil gibidir.

Burada altını çizmek istediğim önemli bir nokta var. Allah hiçbir şeyin aslını değiştirmez. Bu ne demektir? Kendimize bakalım. Biz her şeyi değiştirme eğilimindeyiz. Hele hoşumuza gitmeyen bir durum varsa hemen müdahale etmeye çalışırız. En çok bunu karşımızdaki için yaparız. Onu olduğu haliyle kabul etmek yerine kendi istediğimiz şekle büründürmeye çalışır, bizim belirlediğimiz hayatı yaşasın isteriz. Bu çok yıkıcıdır. Kimse değişmez ve değişmemelidir de. Aslından uzaklaşmak gerçekten hüsran getirir. Depresyona girmiş olan birçok insanın ortak noktası değişime ayak uyduramamaktır. Yaratıcı bunu asla yapmaz. Bu kendi potansiyellerini kısıtlamak anlamına gelir. Nasılsa öylece ortaya çıkarır. Kendimizi hiç değiştirmeden özümüzle dünyada yaşamaya devam etseydik cennet kaybolur muydu? Hayır.

Bir bebeği anne sütünden istemeye istemeye kesmeye benziyor hayatlarımız. Alıştırana kadar da yalancı memeyle kandırırız onları. Sonra artık bir daha hatırlamaz hale getiririz. Oysa bebek dünyaya geldiği için anne sütü vardır. Bebek olmadan o süt gelemez. Bebeğin doğal besini onunla birlikte akmaya başlar. Sütün içinde ona faydalı olacak her şey mevcuttur.

Tevhit ilminde süt, ilim demektir. Tasavvufa göre; Anne mürşit. Süt: İlim. Çocuk: İhvan. Bu sütü mürşidin ilminden alır ihvan çünkü onu doğuran odur. Kaynaktan gelen bu ilim tıpkı süt gibidir. Onunla beslenen tüm varlıklara yetecek kadar vardır. İlim bizim bilgeliğimizdir ve biz dünyaya gelirken tıpkı annesi aracılığıyla sütünü doğaçlama getiren bebek gibi mevcuttur. Ancak daha sonra bunu unuturuz ve yalancı ilimlerle üzerini örteriz. Bunun tekrar açılması için de süte zaten en başından beri sahip olduğumuzu fark etmemiz gerekir.

Anne sütü içen tadını bilir. Bu onun büyümesi, gelişmesi içindir. İçeriğinde bulunan tüm faydaları hücresel olarak bilir. Bu sayede tüm hayatını şekillendirecek bilginin ona daha doğar doğmaz verildiğini hisseder. Bu da ilim neşesiyle doğmaktır. Şüphesizliktir. Burada tüm bilginin ona verileceğinin imanı ile yaşamın sırrına açılmaya başlar.

Bizler şüphesiz olarak aslımızın ne olduğunun bilinciyle Allah'ı temsil ediyoruz. Nerede? Âlemlerde. Çok boyutlu düşünün, ama asıl olarak aydınlanmanın dünyada gerçekleştiğini anlayın. Bu dört basamak dünyayla ilintilidir. "Dünya biziz" derken bunu kast ediyoruz. "Potansiyelleriyiz" derken burayı anlatıyoruz.

Bizler sırren Allah, deneyimde olma haliyle Muhammedî idrakteyiz. Allah potansiyellerini bu bilinçle deneyime sokuyor.

"Muhabbetten Muhammed doğar" der tasavvuf. Allah kendiyle muhabbettedir. Kimin aracılığıyla? Bizim aracılığımızla kendisiyle konuşuyor, görüyor ve duyuyor. Neden Allah'tan başka yok; çünkü bu bilgeliği açacak sadece kendisidir. Allah'ın bilgeliğini ancak Allah bilir ve ortaya çıkarabilir. Başkasının bilgilerini bilemezsiniz; ancak kendi bilgilerinizi bilebilirsiniz. Bu anlamda Allah, Allah'lığını kimseye vermez. Allah'ı ancak Allah sıfatları ve isimleri aracılığıyla görür ve işitir. Dünya'da olmanın tek amacı budur. İşte bu idrak bütünlüğünü yakalamış varlık Muhammedi olarak yaşamını sürdürür. Bu 1400 yıl önce yaşamış varlıktan çok öte bir sırdır. O hep var olmuş ve olanın kendini görmek biçimidir. Onun adı Muhammediyet'tir.

Hz. Muhammed'e Allah tarifi sorulduğunda, "Altı havasız, üstü havasız ama (kör) bir yerdeydi" diye cevaplar. Yanında bulunan Hz. Ali de devamını getirir "Hâlâ öyle hâlâ" öyle der. Bunu ya belirmemiş ve onu görme ihtimali hiç yok gibi de algılarız ya da bilinmezlik diyarından ilahi elbise ile daima görünür ve bilinir haline kabul veririz.

Ulaşılamaz zannettiğimiz bilgiyi dünyaya aktaramamamızın nedeni Allah'ı çok uzaklarda gizli bir varlık olarak algılamamızdır. Başkalarının bilgiyi aktarmaları ise aradaki mesafeyi kaldırmış olmalarıdır. Onların indirdiği bilgiler dünyanın tekâmülü için yeterli değildir. Herkesin kendi bilgeliğine açılması tekâmül için zorunludur. Bu titreşimin artması ve gezegenin yükselişi için çok önemlidir.

Bu bağlamda baktığımızda unuttuğumuz tek gerçeklik Allah'tan başka bir varlık olmadığımızdır. Bu söylediğim şirk değil, böyle anlamak istemek kısıtlılık sağlar ve zihinde kilitlenmemize yarar sadece. Allah olmayı öğrenmeden Muhammedî idrake gelemeyiz. Muhammed onun ilminin ortaya koyduğu sevgilisidir. Ruhun ortaya çıkmasıdır. Allah olmadan Muhammed, Muhammed olmadan da Allah olmaz. Bütün mesele bunun idrakine varmaktır. Bunun kabulü bizi "Yeni Bilinç" alanına yani "Yeni Enerji" farkındalığına getirir.

Yeni bilinç, hepimizin kaynağın kendisi olduğu bilincine uyanmasıdır kısaca. "Kaynak benim" diyebilir miyim? İşte bu yüksek farkındalık noktasına izin verirsem DNA kendi işlevlerini yapmaya başlıyor ve 12 sarmala doğru yolculuk başlatıyoruz. Peki bunun nihai amacı nedir? Tabii ki "ışık ile bir olmak." Biz ışıktan başka ne olabiliriz ki başka bir şeye dönüşelim? Âlem "nur"dan başka bir şey değildir dediğimizde ve de biz de o âlemin bir benzeriysek zaten başka türlü bir şeye dönüşme şansımız olabilir mi? "Ne varsa şu âlemde bir benzeri Adem`de (yani insanda)."

Yaşayan kütüphanenin bizde olduğu inancına girmezsek, kitaplarda, öğretilerde, seminerlerde bu gerçeği aramaya devam eder, kendi gücümüzün farkında olmadan yaşamaya devam ederim. Kopyalana kopyalana tatsız ve hazsız yaşamın içinde bulurum kendimi.

Bir insan kendisinde var olan bilgiyi neden kullanmaz? Ya da bildiğiniz bir şeyi neden söylemezsiniz? En çok neden korkarsınız? Ayıplanmak, alay edilmek ya da onaylanmamak mı alıkoyar sizi bundan? Niye onaylanma peşindeyiz bu kadar? Niye beni onaylamak zorunda birileri? Bunların hepsi birer tuzak.

Kimsenin beni onaylamasına ihtiyacım yok. Yeni enerji lisanıyla "Ben Benim" (Tanrı'nın kendini ifade biçimi) dediğin noktada illüzyonu bitirirsin. Beklentide yaşıyorsan zaten senin "Ben Benim" deme şansın yok. Biz illüzyonun dışında tamamen sevgiye dönüşmek için buradayız. Allah sevgidir. Hep alışmışız dışarıdan beslenmeye, pohpohlanmaya. Kaçımız kendimizi yargılamadan koşulsuzca seviyoruz? "Seni çok seviyorum muhteşem bir kadınsın/erkeksin!" diyoruz, ama peki biz kendimizi seviyor muyuz? Hayır. Kendimi sevmiyorum ki... Kendimle ilgili asırlık problemim var, nasıl seveceğim ki?

Burada en önemli nokta suçluluk duygusudur. En derinlerde kendi özümle bütünleşemediğim için, bilgeliğimi açamadığım için ayrılık duygusuyla kendimi suçluyorum. Eğer o suçluluk duygusundan kendimizi gerçekten çıkartabilirsek, tüm yaşantımızdaki suçluluğun ne kadar ona bağlı olduğunu görüp güleceğiz. Büyük kahkaha gelecek arkasından. Çünkü artık suçlanacak hiçbir şey olmadığını göreceğiz. Ne yaparsak yapalım suçlanacak hiçbir şey yok. Çünkü biz sadece sevgiyiz, sevgi suçlanacak bir şey yapmaz ki... Sevgiden başka bir şey olmadığına göre hangi cehennemden bahsedeceğim ki? Burada cehennemi zaten zihnimizle biz yarattık. O yüzden görmüş gibi anlatanlar çok.

Hakikat bilgisinde Nuh peygamber dört ana sırrın su kısmıyla ilintilidir. Su ilimdir. İçinde tüm bilgeliği barındırır. Suyun hafızasının olduğu artık ispatlanmış durumda.

Nuh peygamber gemi yaptığı zaman onu aşağıya çekmeye çalışan ve onunla alay edenler vardı. O ise bunlara hiç taviz vermeden içindeki tanrısaldan gelen emre tabi olmuştu.

"Muhakkak ki iman edip imanın gereği fiilleri ortaya koyanlar ve Rablerine huşû ve itaat hâlinde olanlar var ya, işte onlar cennet ehlidir! Onlar orada ebedî kalıcılardır."[76]

Peki biz bilgi geldiği an bundan şüphe etmeden gemiyi inşa edebilecek miyiz? Gemi nedir? Neyi temsil

---

eder? Üstelik gemiyi karada yapıyordu Nuh peygamber. Gemi DNA'dır. Diğer bir deyişle, çift sarmalın aktive olacağı sonsuzluk gemisidir. Ölümsüzlüğün gemisidir. Oraya her hayvandan dişil ve eril almasını söylenmişti Nuh'a. Bu bir kodlamadır. Bu varlıklardan kainatın sürekliliği için DNA tohumu alınmıştır ve evrenin tüm bilgileri DNA'da mevcuttur. Biz de burada kendi gemimizi denizde (bilgeliğimizde) yüzdürmek için inşa ediyoruz. Kur'an-ı Kerim'de Hz. Nuh'un gemisini nasıl yapıldığı şöyle açıklanmıştır:

"Nuh'un gemisi saçtan yapılmış ve buharla çalışan bir gemiydi. Üç tabakadan oluşuyordu. Alt tabakada vahşi haşarat denilen hayvanlar, orta tabakada sair ehli hayvanlar, üst tabakada Hz. Nuh ile kendisine iman etmiş olanlar bulunuyordu."

Bildiğimiz bir diğer bilgi de Nuh hariç gemiden yedi insanın kurtulduğu (Nuh sekizinci insan) Şimdi ben dikkatinizi şuraya çekmek istiyorum. Bu hayvanlardan hem dişi hem de eril olanlar alındılar gemiye. Yukarıda da dört basamak halinde ilmin açılımını anlatmıştım. Şimdi buna ilave olarak zıt kutbuna bakmak istiyorum.

Birinci Basamak için *erili ve dişili bütünleştirmek gerekir* demiştim. Ruhla birlikte yaratmak için ona şüphesiz kabul vermek gerekir. İçsel olarak ruh dişil, dışsal olarak erildir ve aynı zamanda her ikisidir. Ancak cinsiyetten bahsetmiyorum. Ruhun cinsiyeti yoktur. Kadın erkek ayırımı yapmaz. Bunu yapan zihnimizdir. Kendini bilgeliğinle Allah'a yakın göremeyen herhangi birimiz, kendimizin tek bir kişilikten ibaret olduğumuzu düşündüğümüz için tanımlamaya gideriz ve bu noktada artık ya kadın ya da erkek oluruz. Oysa 18 bin âlemin tohumu içimizde; fakat farkındalığımız devrede olmadığı için bunu fark edemiyoruz.

Nuh peygamber gemisinde, birinci tabakaya vahşi haşarat olan hayvanlar alınıyor: Eril ve dişil dengesizliğinde olduğumuz zaman kendi ilmimiz açılmıyor. Kendi "vahşi" yani "özümüzden uzak doğamız" la alt tabakada oluruz. Bu yine DNA'nın varlığını bize gösterir, ancak işlevsel değildir. Bunun için ikinci tabakaya bakmak lazım. Ne demiştik?

İkinci Basamak frekans alanına yaklaşmaktır. Orada saf bilinç vardır. Tam bir sessizlik halidir. Kendi kişiliğiyle değil Allah'ın varlığıyla bilgeliğini açmaya başlar. Düalitik kurallar, yetersizliğini ve değersizliğini "günah" ve "sevap" üzerine koymuştur. Oysa varlığında yüce hakikatle birleştirdiği için o günahsızlık neşesine varır. Günah işlerse, bunun en derin anlamı kendini deneyimleyen Allah'ın örtülmesidir.

Nuh peygamber ikinci tabakaya sair ehli hayvanları alıyor. "Hayvaniyet"in kök kelimesi "Hayy" tasavvufa göre "diri" demektir. Hâlâ benlik duygusuyla hareket eden ve zihninden ölmeyen, şirke düşen, ayrılık duygusuyla Allah'ı ve kendini ayrı gören varlığa işaret eder. Bu tabakada da helak olacak hayvaniyetimiz vardır. Bu da örtünün kaldırılması gereğinin altını çizer.

Üçüncü Basamak bu sessizliğe ulaştıktan sonra kendini ortaya koyar. Allah tecelli eder. Neyiyle? İlmi ve bilgisiyle. Burada tüm yetersizlik ve değersizlik biter ve kişi özgürleşmeye ve ilmin ancak Allah'tan başka bir yerde, yani kendi sırrında tecelli edeceğini bilmeye başlar. Burası Miraç'ın, manevi orucun başladığı yerdir. Görünmeyen âlemlerin rabbi onun aracılığıyla görünmeye başlar. Ağaç, kuş, deniz, dağ, ova olarak değil ilahi elbise olarak başlar.

Nuh peygamber, üçüncü tabakaya iman etmiş olanları alıyor. Neye iman ediyoruz? Kendi sırrımızda olan Allah'a. Korkularımız genelde görünmeyene, bilinmeyene dairdir. Bu noktada, sırrımızdaki Allah'ın tecelli etmesine de araçlık etmeyiz. Gemideyiz, ancak uyanış kapalı. DNA gemisinde olduğumuzun bilincinde değilsek içimizdeki bilgeliğin ortaya çıkması nasıl mümkün olabilir ki?

Dördüncü Basamak ise diğer üç basamağı an neşesiyle deneyimlemeye başlıyoruz. Burada adeta cennet neşesi hissedilir, hatta inşa edilir ve Miraç cennet farkındalığıyla tamamlanır. Tevhit ilminin tarif ettiği arif artık burada an'ı seyretmeye başlar. Boyut artık değişir ve kopyadan çıkmış oluruz. Cennet neşesi başlar.

Burası nihai tabakamız. Önünde sonunda ne oldu? Allah o gemiyi Hud suresinde *"Ey yeryüzü! Yut suyunu. Ey gök! Tut suyunu denildi. Su çekildi iş bitirildi. Gemi de Cudi dağına oturdu,"* şeklinde anlatılır. Bu da dördüncü basamağımızın cennet neşesine geçemediğimiz zaman kurtulan kişilerden olamayacağımız gerçeğiyle karşı karşıya bırakıyor.

Yedi kurtulan kişiden biri olacak mıyız? Yoksa zihnimizde yaşamaya devam ederek cennet yerine cehennemin yedi kat dibinde mi kalacağız? Seçim kimin? Elbette ki bizim.

Madem Nuh'tan bahsettik. Ney eşliğinde uygularsanız daha etkili olabilecek bir meditasyonla bu bölümü bitirelim.

Nuh Suresi İlk 12 Ayet Nefes Çalışması

1. Biz Nuh'u, "Kendilerine can yakıcı bir azap gelmeden önce halkını uyar" diyerek toplumuna gönderdik.

2. Şöyle dedi: "Ey kavmim! Şüphesiz ben size gönderilmiş apaçık bir uyarıcıyım.

3. Allah'a kulluk ediniz; O'na karşı gelmekten sakınınız ve bana itaat ediniz.

4. Ki Allah bir kısmı günahlarınızı bağışlasın ve sizi belirli bir vadeye kadar ertelesin. Şüphesiz Allah'ın belirlediği vaade geldiğinde artık ertelenmez. Keşke bilseydiniz!"

5. Nuh, "Rabbim" dedi, "doğrusu ben kavmimi gece gündüz hakka çağırdım.

6. Fakat benim yaptığım çağrı onları daha da uzaklaştırdı.

7. Kendilerini bağışlaman için ben onları ne zaman çağırdıysam, parmaklarını kulaklarına tıkadılar; elbiselerini başlarına bürüdüler, ayak dirediler, kibirlendikçe kibirlendiler.

8. Yine de ben onları açıkça çağırmaya devam ettim.

9. Onlara açık da söyledim, yerine göre gizli de söyledim.

10. Dedim ki: Rabbinizden bağışlanmanızı dileyin; O, çok bağışlayıcıdır.

11. (Dileyin ki) üzerinize gökten bol bol yağmur indirsin.

12. Mallar ve oğullar vererek sizi desteklesin, size bahçeler versin ve sizin için ırmaklar akıtsın."

Derin derin nefes alın. Sessiz ve derin. Nazik ve yavaş olsun. Nefesinizin sesine odaklanın. İyice zihniniz rahatlıyor. Nuh'un gemisinde olduğunuzu hayal edin. Tabakalardan yukarıya doğru çıkacağız.

Birinci tabakayı düşle şimdi. Derin bir özgürlük hissinde kal. Vahşi haşeratların derin temizliğine izin ver.

Sessizlik...

Halk, senin özünden ayrı gördüğün azaların. Onları da bir bil. Azap nedir üstat? Senin haktan ayrı olduğun düşük bilincindir. Şimdi bu düşük bilince halkının ötesinde olduğunun uyarısını yap. Uyarıcı sensin. Beş duyunun ötesine geç. Derin bir nefesle karnına doğru nefes al ve ver.

O zaman dersin ki; ey düşük frekansa düşmüş ilmim artık hak ile bilişe geçiyorum. Buna şimdi nefesinle kabul ver.

Sessizlik...

Özünden şüphe etme. Ona güven duy ve itaat et. Ona direnç gösterme. Derin derin nefes almaya devam et. Açılan farkındalığına kulluk et.

Sessizlik...

Derin nefes al ve ver. Karnına doğru iyice girdiğini hisset. Orada saf bilinçtesin. Haşeratların iyice temizleniyor. Kendini zihinden çıkmış vadeni bitirmiş bil. Bu senin için kaçınılmazdır. Sen izin verdiğin için bu artık ertelenmeyecek zihnin tarafından. Artık biliyorsun.

Sessizlik...

Senin ilmin seni gecende (kopyadan çıktığın vahdet denizi) gündüzünde (potansiyellerini deneyimleyenle işbirliği içinde) özünden gelecek olana davet ediyor. Daveti hisset.

Sessizlik...

Bu davete zihnin uzak kalacak. Özünün sesini duymaya alışık değil. Panikleme. Sadece derin nefes almaya devam et. ikinci tabakayı hisset. ikinci basamağı da atladığını düşle...

Sessizlik...

Eski bilgilerin sana görmemen için, duymaman için hücum edecek. Seni kopya elbiseyle aldatmak isteyecek. Yeni bilince, ilme geçmemen için direnç gösterecek ve senin zaten bunlara ihtiyacının olmadığını senin ilminin sana kâfi geleceğini söyleyecek.

Sen tüm bunlar olurken zihnine şefkat duy. O bilmiyor. Derin nefes al ve zihnine şefkat duy.

İkinci tabakadan çıkıyorsun. Sen kendi gerçekliğini söylemeye devam et. Gizli olana, bilinmeyene aç kendini. Ben Benim. Ben Benim. Ben Benim...

Sessizlik...

Bağışla kendini. Ayrılık duygusundan özgürleş. Suçluluk duygusundan özgürleş. İçindeki öğreticiyle, 18 bin âlemin Rabbi ile mülakata başla. üçüncü tabakayı hisset.

Sessizlik...

Şimdi niyet et. Bilgi aksın üzerine. Yağmur gibi üstüne kozmik bilgelik dökülsün.

Sessizlik...

Üçüncü tabakan senin DNA'nı aktifleştiriyor. Sen kendine gerçekten şüphesiz inandın. İman ettin. Malın senin ilmindir. Sen onu deneyimleyebilirsin. Desteğini özünden hisset. Orada DNA'nın içinde cennetin bahçesindesin. Dördüncü basamak senin için cennet neşesini sunuyor. Evrensel olan tüm bilgelik ırmak gibi sürekli aksın üstüne.

Sessizlik...

Ve de öyle oldu...

Yanılsamalar

Dünya sadece oyun alanımız. Gireriz oyun alanımıza ve sonrasında tekrar çıkmayı biliriz. Ama gerçekten nasıl oyuncu olacağıma ben kendim karar veririm, bir başkası değil. Gerçekten oyun alanıma birilerini sokarsam düşeceğim en önemli tuzaklardan bir tanesi rekabet ortamına sokulmamdır. Rakip varsa dikkatim özüme değil, zihnime çevrilecektir.

Yeni enerjide[77], yeni bilinçte rekabet gibi bir kavramımız yok. Tamamen "olma" halimiz var. Tüm olumlara, kendi olma halimize izin verdiğim zaman zaten diğerlerine de olma izni veririz. Biz olalım tamamda neyin olumundan bahsediyorum ben?

Tanrı bizim aracılığımızla kendini deneyimliyor dediğimiz noktadan hareket edersek şimdi roller değişti. Artık insan halimizden tanrısallığa doğru yükselişe geçiyoruz. Olayın özünde bu yatıyor.

Bunu somutlaştırmak için bu birleşimi "V" olarak düşünün.

Sol ve sağ öz, aşağı noktanın kesiştiği alan insan.

Allah aşağıya insana inmişti.

Şimdi sağ yandan yine aslına dönüyor. Niyazi Mısri şöyle diyor:

---

77 Ben bunları "yeni enerji" diye anlatıyorum ama yeni olan bir şey değil. Asırlık bir şey aslında. Eski demek, kendi gücünün farkında olmamak demek. Yeni demek, kendi gücünün farkında olmak demek. Ben'im enerjisi yeni enerjiye geçen, zihinden dönüşmüş olan varlığı temsil ediyor.

"Hakk'ı istersen yürü insana bak

Şemsü zâtı yüzünde Rahşan eylemiş

Hakk yüzü insan yüzünden görünür

Zât-ı Rahmân şeklin insan eylemiş."

Gerçek sevgiyi, koşulsuz sevgiyi deneyimleme zamanımız artık yaklaştı. Bizler sadece bunu yaşamak için bu yaratıma geldik. Çok gibi görünüyoruz ya, çok değiliz, biriz. Bir'in enerjisi var. Bir'in enerjisi kendisini deneyimlemek için parçalara böldü ama o hep birdi. Ne yaparsa yapsın Bir'in dışına çıkmıyor. O hep Bir'dir. Burada ortak bir bilinç yaşıyoruz şu anda. Bir'in enerjisi. Burada ortak bir bilinç yaşıyoruz şu anda. Bir'in enerjisi. Hepimiz şu an da bunu hissetmiyor olabiliriz ama Bir'in enerjisine bağlıyız ve onunla hareket ediyoruz. Hud suresi, 56. ayette şöyle der:

"Muhakkak ki ben, benim ve sizin Rabbiniz olan Allah'a tevekkül ettim. Yürüyen hiçbir canlı mahlûk (dabbe) yoktur ki; O (Allahu Teala), onun perçeminden tutmuş (O'nun kontrolü altında) olmasın. Muhakkak ki benim Rabbim, Sıratı Mustakîm üzeredir (Sıratı Mustakîm'in kontrolü Allah'tadır)."

Yeni enerjiye geçmenin en önemli noktası da gerçekten kendimi sevgiye açabilecek durumda, kendimi o değerde görmek. Kendi tanrısallığımı,(erilimi) tanrıçalığımı (dişilimi) yaşayacak değerde görmek. Bu değerde miyiz? Gerçekten bu değerde miyiz?

Hallac-ı Mansur'un ilk vurguyu yaptığı gibi "Enel Hak/Ben Hakkım" ile bitmiyor bu iş.

Karşı taraf kim?

"Ente Hak/Sen de Haksın"

Ben Hak isem, sen kimsin? İşte burada "Ente" kısmına geçiyoruz aslında. Kendi tanrısallığımıza kabul verdiğimiz anda o Bir enerjide her şey zaten Bir'dir, bütündür. Orada zaten hırstan, rekabetten, korkudan bahsetme şansımız yok.

Hayatta tamamen yanılsamalar var. Siz şimdi benim yazdıklarımı okuyorsunuz, ama ben tamamen illüzyonum. Ben, sadece siz beni buraya koyduğunuz için buradayım. Siz beni buraya koymasaydınız ben burada olmayacaktım. Siz kendinizi uygun gördüğünüz için, ilahi planda da bugün bu olması gerektiği için şu an kitabı okuyorsunuz. Bu dönüştürücü enerjiyi gerçekten hissedebilirsek eğer, buradan dönüşmüş çıkma ihtimali çok yüksek.

Beşinci Bölüm

KOPYA KİŞİLİĞİN (VEÇHELERİN) SONLANMASI

DNA İplikçiği Kodu

DNA ile konuşmak tasavvuf merdiveninden bizi yukarıya doğru çıkaracak en önemli araçtır. Düşük farkındalık halindeyken korkularla, veçhelerle, eskiye ait olan düşünce ve duygularla, karmalarla yüzleşmeden sadece hastalığa odaklanıyoruz ve yüzeysel bir şifa yapıyoruz. Oysa DNA ile direkt olarak konuşmaya başladığımız anda tek bir gerçekliğe uyanıyoruz ve tanrısal kodumuz devreye girmeye başlıyor. DNA'nın bu mucizevi noktası var. Tanrısallık direkt devreye girdiği zaman, insan parçasıyla bütünleşmeye başlıyor ve DNA'nın şifa gücü aktifleşiyor.

İşte biz DNA'ya talimat verince, kendiliğinden "şifa" dediğimiz sistem devreye giriyor. Çoğumuz mucize oldu, şifacı muhteşem diye düşünüyoruz. Bu mucize falan değildir. Bu zaten olması gereken bir şeydir. Biz burada bir mucize gerçekleştirmeye ya da mucizeleri öğrenmeye gelmedik. Sen zaten gerçekten unuttuğumuz, farkında olamadığımız ve kadim yolculukta daima bizimle olan güce kabul ve izin vererek şifaya kendini açtın. Böylelikle "Tanrısal kod" devreye girdi, şifa katmanında iyileşme başladı. Şifacılık tamamen bununla alakalıdır. Basitçe izin verdiğimizde, direnç göstermeyi bıraktığımızda şifa çabasız gerçekleşir. Basitçe, gerçekten basitçe. O, bir anlık bir şeydir ve gerçekten büyük bir açılım yaşarız. Bu hastalık aslında bir habercidir, bizimle evrensel bir dildir aslında. Bizi bir hizaya sokmak içindir. "Bak böyle bir şey var, bunu yaşıyorsun çünkü..." demek içindir ve o çünkü'leri biz açalım ister. Çünkü'leri açabilirsek içinde gerçekten haberci melek dediğimiz, bizim kendi ilahi farkındalığımız devreye girer - melekler aslında biziz biliyorsunuz. Onlar bize haber getirirler; ancak bugüne kadar anlatıldığı şekilde değil. Mesela kim, nasıl haber getirir? Daha önce anlattığım gibi Cebrail haber getirir.

O yüzden DNA'nın şifa gücüne dokunduğunuz andan itibaren büyük bir şifa gerçekleştirirsiniz. Yani bunu yapan sizsiniz. Şifacılar insanların sadece kendilerini şifaya açmalarıyla alakalı katalizörlük yapabilir. İzin veren, şifayı alan kişidir. Tasavvuftan da çok sevdiğim, her zaman kullandığım bir söz vardır: "Veren el değil, alan kişi makbuldür." Bu elbette "Veren kişi daha aşağı seviyededir" demek değildir; ama biz bu bilişe kendimizi açtığımız anda; yüksek farkındalık devreye girer ve an dediğimiz, sonsuzluğun içinde hayattan keyif almayı yaşamaya başlarız. Bütün yükler gider, dolayısıyla izin vermeyi öğrenmiş oluruz. İzin vermek. Sadece şifaya mı? Elbette deneyimlememiz gereken potansiyellerimizin ortaya çıkmasına izin vermeyi öğreniyoruz.

Ben size de anlattığım bu yolculukta otuz yıla yaklaştım. Tasavvufla başladım. Arkasından özel eğitimlere katıldım, önemli kitaplar okudum, kendi kendime bir sürü çalışmalar yaptım. Şu an gördüğüm, baktığım noktada, otuz yılın bir önemi yok, hatta bunların hiçbir önemi yok. Neden? Çünkü biz yeni enerjiden bahsediyorsak eğer; bizlerin artık bilmesi gereken tek gerçek; ilahi olanın kendi içimizdeki tanrısal kodun açılmasına izin verip vermediğimiz. Nice hizmette olan üstatları yargılamak için asla söylemiyorum. Sadece üstat olmaya izin vermeyenleri kastediyorum. Tanrısal kodun açılması daima korkutucu olmuştur. Fakat onu açabildiğimizde hayatımızda mucizelere yer açtık demektir.

Bu yolculuğa başladığımdan bu yana ilk önce kendi hayatımda sonrasında ise danışanlarımda pek çok mucizeye şahit oldum. Tanrısal kodun açılmasına izin veren bir dostumla yaşadığımız o günü sizinle paylaşmak istiyorum.

O gün telefonla beni arayan can dostum, akciğerinde bir kitleye rastladıklarını ve bundan dolayı çok korktuğunu söyledi. "Daha oğlum çok küçük ve ben onu annesiz bırakmak istemiyorum. Doktorlar biyopsi için bile beni çok korkuttular. Kitlenin çok zor yerde olduğunu ve risk içerdiğini söylediler." dedi. Hemen onu bana davet ettim. O, enerji çalışmasını bilen ve ruhsal şifaya çok inanan biriydi. Ona çok sakin bir şekilde rahatlamasını söyledim. Şifanın çok boyutlu olacağını ve hiç panik yapmamasını ve şifaya izin vermesini söyledim. Her şeyden önce öz benliğiyle iletişime geçmem gerekiyordu. Arkadaşım karşımda korku dolu gözlerle bana baktığımda ben onunla şifaya çoktan başlamıştım bile. Öz benliği bu şifaya izin verdi. Gerçekten bu hastalığı yaratmasının nedenini, kendinin şifa gücünü anlaması için yarattığını söylediler. O an ona sakın korkma şimdi şifa başladı dememle birlikte birden bire tüm bedeninde bir sarsılma hissetti. Çok büyük bir gürültü ile öksürmeye başladı ve ciğerindeki kitleyi tükürdü. O da ben de çok şaşkındık. Şifa çok çabuk gerçekleşmişti. Hemen ağzından çıkan kitleyi steril bir kutuya kitleyi koyarak evime çok yakın olan olan bir labatuvara koşarak gittik. Kitleyi tahlile verdik. Ardından arkadaşım kitlesine baktırmak için tomografiye girdi, gelen sonuç gerçekten de muhteşemdi. Tamamen tertemizdi. DNA'sında bulunan şifa katmanı devreye girmişti. O buna izin vermişti. Ve kitleyi ağzından tükürmüştü. Bu şifayı aldığı için ve ben de buna aracılık ettiğim için minnettarım.

Bilinçaltımızda Sınavda mıyız?

DNA'nın aktifleşmesi için gerçekten burayı çok iyi anlamamız gerekiyor. Ya geçmiş, gelecek, şimdi ve hatta deneyimlemeyeceğimiz potansiyellerimiz Allah'ın özünden başka bir şey değilse? Ya da biz tanrısallığımızla şu anda bu enerjileri çekerek deneyim için şu anki realiteye getiriyorsak?

Sınavlar olarak bildiğimiz bir hayatımız var. Bu herkesin diline dolanmış. Peki nedir gerçekten sınav? Biz sınavda mıyız? Eğer öyleyse notumuzu kim verecek? Sınıfta kalmamızı ya da geçmemizi kim belirleyecek? Biraz örnek verelim.

Hallac-ı Mansur "En'el Hak" sırrını söylediği andan itibaren onun sınavı başlamıştı. Düalite, "Sen şeytansın, hangi cüretle bunu söylersin?" diyerek derisini yüzdürdü ve bu söyleminin çok yanlış olduğunu tüm toplu bilince yaydı. Ve biz kendimizi ifade etmeye o günden beri -bu tarz olaylar sebebiyle- korkar olduk. Onun sınavı hepimizin bilinçaltında kayıtlıdır. Birlik duygusunun aslında nasıl işlediğine daha farklı açıdan bakabilirsiniz. Hallaç sınavını vermiştir. "Ben de Hakkım, Ben Benim" demiştir. Diyebilmiştir. Ölümü onun sınavına engel değildir; zira o birlik ağına çok önemli bir enerji bırakmıştır. Eğer tekrar bedenlendiyse geri geldiğinde bıraktığı tortuyu tekrar aldı ve bu onun hücrelerinde kayıtlı bir bilgi olarak var. Belki bu sefer de ayakkabıcı olarak kendi gerçekliğini söylemek üzere sınavı var. Bu noktada iki yol izlenir: Ya hücrelerindeki bilgi onu korkutacak ve bu sefer sınavını geçemeyecek, ya da bunu hatırlamasına rağmen yine "Ben Benim" diyecek. O zaman ne olacak? İşte bu hatırlama ona muazzam bir enerji verecek. Üstatlığını tamamen korkusuz bir şekilde devam ettirecek. Bu sefer daha güçlü bir enerji tezahür ettirecek. Geçmiş yaşam potansiyellerimizi fark etmemiz bu açıdan önemlidir; çünkü en derinlerde saklı kalmış aydınlanma korkusu yaşayan veçhemiz vardır. O kadar derindedir ki; biz, varoluşa kendimizi tam bıraktığımız noktada hayatımız değişecek korkusu başlar. Sevdiklerimiz yanımızda olmayacak, işimizi kaybedeceğiz, hatta öleceğiz. Aslında onun da en derininde layık olamamak yani değersizlik veçhesi var, bunu geliştirmişiz. Kendimizi bir türlü varoluştaki ilahi planın içinde göremeyiz. Çünkü bize Allah'ın zatından daha azı olduğumuz söylendi. Bizde buna bağlı inançla değersizlik, yetersizlik ve layık olamama gibi veçheleri yaratarak kendimizi kaybolmuşluk hissi ve korkuyla kapattık. Bu bağlamda baktığımız zaman; bizler aslında toplu bilincin rol modelleriyiz. Biçilen kıyafeti giyen ve hiç de rahatsızlık göstermemeye programlı rol modelleriz.

Geçmiş yaşamlarımızda sevgiyi öğrenemediysek, bu yaşantımıza bunu öğrenmek için tekrar geliyoruz. Sınavlarımızı bu şekilde düşünün. Notu kendimize biz veriyoruz. Biz kendimizin bir önceki halinin devamıyız. Ölünce yok olmuyoruz. Potansiyellerimizi tam ve bütün olma haline getirinceye kadar gidip geliyoruz. Sınavlarımız karmalarımız değil. Sadece öğrenme biçimimiz. Diğer bir deyişle Allah'ın kendini bilmesi. "Allah vardı, bilinmeyi murad etti ve kendinden kendine tecelli etti." kutsi hadisi gereğince bu böyledir.

Hallac'ın bu sınavı bizleri kendi gerçeğimizi söylemekten toplu bilince aykırı düşmemek adına alıkoymuştur. Benim tasavvuf hocam sevgili Taner Bey, Abdürrahim Fedai Bey Hazretlerinden bahsederdi, bir gün sohbetlerimizin birinde, "Bizler çok şükür ki onların varisleriyiz. Onların bizim adımıza yapmış oldukları fedakârlıklardan, kendilerini feda etmeleri yüzünden, hakikati konuşan öncüleriz. Onlara bizim özgürleşmemiz için yaptıklarından dolayı minnettarız. Onlar kendilerini zaten feda ettiler, biz artık o durumda değiliz. Biz artık herhangi bir fedakârlık yapma zamanında değiliz. Bizler artık tamamen kendi gerçeğimizi uyanan varlıklar halindeyiz." dedi.

Dilediğimiz gibi bu gerçeği ifade edebiliriz. Yeter ki kendimizi sınırlamayalım. Artık o bitti. O eski enerjiydi. Çünkü hâlâ bazı kalıntılar olabiliyor. Birilerine bir şey söylemek gerekirken; "Şimdi bunu söyleyeceğim, ama şimdi o bunu anlamayacak." ya da "Şimdi çok yanlış, ters bir anlam çıkacak." diyebiliyoruz. Bunu artık bir parça daha aşalım.

Kullandığımız kelimeleri düşünelim: "Acaba...", "umarım...", "nasıl olur?", "olacak mı?", "yapabilir miyim?", "anlayabilir miyim?", "başaracak mıyım?", "kabul görecek miyim?", "rezil olur muyum?", "reddedilir miyim?"

Bunların hepsi zihinsel kelimelerdir. Bugüne kadar hep bunları öğrendik. Bilinçaltımız korku içinde. Daima ihtiyaç üretip duruyor ve sonradan da bu ihtiyaç ve gereksinimlere ulaşmamız için çabaya sokuyor. Bu kelimelerin etkileri hayatımızdan bir anda özgürleşmiyor; ancak kendimize bir süreçte olduğumuzun iznini verir ve nazik davranırsak, kelimeler bilinçaltımızdan özgürleşecek ve akışa gireceğiz. En büyük özgürleşme belirtisiyse yaşamdan keyif aldığımızı, neşelendiğimizi fark etmeye başlayarak olacaktır. Nazik davranışa geçebilmek ya da diğer bir deyişle; kendimizi yargılamadan olduğumuz her duruma kabul verebilirsek tümüyle dönüşümü başlatacağız.

Peki Neye Dönüşeceğiz ya da Dönüşen Nedir?

Tüm korkular ve yargılar dönüşecek. Onların zihne ait olduğunu bildiğimizde, zihin artık işlevselliğini sadece görevi kadar yapacak. İşte tüm mesele zihnin, yüksek bilince katılarak dönüşmesine izin vermektir. Bizler başımıza gelenleri hatalı kabul ederek kendimizi yargılıyoruz. "Ben niye bu kadar yetersizim?" diyoruz ve kendimizle didişmeye başlıyoruz. Peki bunlardan nasıl kurtulacağız ve özgürleşeceğiz?

Bütün aşamaları birer birer geçtiğimizde, kendimizle dalga geçebilirsek o anda gülümseyebiliriz. Güzel bir gülümsemeyi neden yapamıyoruz? Çünkü; bu kadar kolay bir şekilde bunu yapabileceğimize inanmıyoruz ve bundan korkuyoruz. Basit bir gülümseme; özgürleştiren muhteşem bir durumdur. Neşeli olmak, evet. Deneyin. Gülün... Gülelim...

Bize neşeyi unutturan iki gerçeklik var: Düalite ve yüksek bilinç. Bizler ikisi arasında gidip gelmekteyiz. Bu gerçekliğe değişik bir gözle baktığımız zaman, "eski enerji" ve "yeni enerji" olarak da farkındalık geliştirebiliriz. Bir ayağımız hâlâ eski enerjide. Olmak zorunda; çünkü şu anda biz topraklanıyor ve "yeni enerjiye" geçiş yapıyoruz. O eski enerji zaten bütün kalıntılarıyla bizim asırlardan beridir üstümüzde bir yük olmuş vaziyette, birdenbire ondan çıkmayı beklemiyoruz; ama bir anda da olacağını biliyoruz. İşte buradaki nüansı anlamak lazım.

Aşırı uyku, aşırı uykusuzluk, boğaz ağrıları, bağırsak problemleri, karın şişliği, kulak ağrıları hatta kalpte ciddi sıkışmalar; hastalık değil uyanış semptomlarıdır.

Ben bir gün öyle bir sıkışma yaşadım ki ciddi olarak kalp krizi geçiriyorum zannettim. Biz bunların uyanış semptomlarının yan etkileri olduğunu anlamıyoruz ve sakin kalamayıp, panikliyoruz. Çoğu insan böyle zamanlarda ne yapacağını bilemez. Ancak en etkili sakinleşme metodu nefes çalışması yapmaktır. Nefes çalışması hemen nötr enerji alanı yaratır. Zihinden çıkmaya başlarsınız. Korku devre dışı kalır.

Nefes çok sakin ve yavaş olmalıdır ve burnunuzdan karnınıza doğru alınmalıdır. Bu zihnin karnımıza gelmesidir ki orası güvenli alanımızdır. Dolayısıyla hastalık ya da kalp çarpıntısı, tansiyon düşüklüğü, baş dönmesi ya da mide bulantısı gibi semptomlar yaşarsanız bunu hemen hastalık olarak değerlendirmeyin. Bazen kendisini depresyonda zannedenler de olabiliyor. Onlar kendilerini dünyaya ait hissetmemek gibi bir algıya kapılıyorlar. Bu eski enerji ve yeni enerji arasındaki dönüşümün en belirgin belirtileridir. Lütfen böyle zamanlarda panik yapmayın ve hemen nefes çalışmasına başlayın -tabii ki daha yoğun bir durum olursa doktora gitmeyi de ihmal etmeyin.

Eski enerji bizi yeniye götürmek istemediği için bize bağımlı bir karakter gibi sarılır. Kabuk değiştiğinde saldırgan bir enerji halini alabilir. Peki bu saldırının esas anlamı nedir? Bizim kendi kendimize; korku, yargı, endişe, sınırlılık, kurban sendromu, ayrılık duygusu, yetersizlik, değersizlikle alakalı duygu ve düşüncelerimizle oluşturduğumuz, veçhelerimizi karanlık enerjilerimizi ortaya çıkarmaktır.

Veçheler kendini eskinin dinamiğiyle beslediği için yeni enerjiye gelemeyeceklerini zanneder. Nedir bu eski dinamik? "Ben Benim'in" açığa çıkmaması ya da diğer bir deyişle; "Ben O'yum" deme yoksunluğudur. Veçhe bizim "Ben buradayım, Ben Benim, Ben Var'ım" dememizle kendine güvenli alan sağlandığını hisseder ve gelir. Biz ise onları kendimizden ayrı zannederiz. Oysa bu doğru değildir. Onlar da biziz fakat basitçe kendimize çağıramadığımız ve ışığa alamadığımız için karanlık tarafımız olarak kalırlar.

Veçheler, bize kendilerini özgürleşmek için oyunlar oynayarak gösteriyorlar. Onları fark ettiğimiz oranda çok şanslıyız. Bakın, basit, küçücük bir düşünce büyük bir uyanış sebebidir. Eğer küçücük dahi olsa bir hüznünüz varsa ve siz onu fark etmiyorsanız, ona dönüp bakmıyorsanız; o bir gün bir şekilde size kurban sendromu, ağır depresyon, içe kapanıklık oyunları oynayacaktır. Bunu, size o hüznün oluştuğu anı serbest bırakmanız için çok dikkat çekici şekilde gösterecektir. Bunu neden yapacaktır? Çünkü onun tek arzusu sizinle bütünleşmektir. Bu sayede özü kapatan parçalardan biri olan hüzün, kurban sendromu, ağır depresyon, içe kapanıklık adı altında başka veçheler yaratmayacaktır.

O yüzden biz diyoruz ki; tüm duygu ve düşüncelerin farkında olmak aslında veçhelerin farkında olmak demektir. Bizim en büyük hatamız onları başıboş bırakarak kendi özümüzü kapatmamızdır. Çağırdığımızda onlar o kadar yoğun bir şekilde gelecekler ki, bazen ağır hastalıklı bile olacaklar. Çok yaralanmış, kırılmış, agresif, korkak gözükecekler. Çoğu bize çok öfke duyacaklar. Onları uzun zamandır dışarıda bıraktığımız için tıpkı eve gelmek istemeyen bir çocuk gibi inatçı ve hırçın olacaklar. "Sen beni yarattın, ben onu oynadım ama sen beni unuttun!" diyerek belki direnç gösterecekler. Fakat biz, biz nötr enerjide olduğumuz zaman, onların sadece bizimle bir iletişim şekli olduğunu, bize kendilerini ifade etmek üzere geldiğini hep bileceğiz. Onları şefkatle ve sevgiyle kabul edeceğiz. Sahip çıkacağız ve onları yarattığımızın sorumluluğunu alacağız. Deneyimden dolayı onları onurlandıracağız. Sen olmasaydın ben kendimi keşfedemezdim. Senin aracılığınla değersizliği deneyimledim ki ne kadar değerli olduğumu anladım. Şimdi derin bir nefes alarak onlara seslenelim ve onları tekrar geri çağıralım.

"Sevgili değersiz (size göre olan bir huyunuzu seçin ve sonra diğerleri ile devam edin) veçhem. Hadi gel ve bütünleş benimle. Seni ben yarattım. Ben Benim. Ben buradayım. Güvenli alandayım. Şimdi değerli veçheye dönüş ve bana hizmet et. Sen olmazsan ben bir hiçim."

Veçheler Kendi Kimliğini Yaratır

Veçheler, kendinin (bireysel) veçhesidir. Onlar kendimizin çeşitli durumların üstesinden gelmek için yaratmış olduğumuz farklı kimliklerdir. Ruh her zaman kendisini keşfetme deneyimindedir ve her zaman veçheler ve kimlikler yaratır, onları kutsar ve onlara özgürlük verir. Bu veçheler daha sonra uzaklaşabilir ve kendi veçhelerini yaratır ve aynadaki yansımalar gibi sonsuz sayıda veçhemiz olabilir.

Bu yaşamda bir kimliğimiz var. Bir veçhe yarattığımız zaman, ilk önce bizi yansıtır; fakat sonrasında o dönüşür, adapte olur, uyarlanır ve sonra kendi kimliğini yaratır. Kendini taklit eder. Hatta bunu yapmak zorundadır, çünkü o bizim yeniden yaratış şeklimizdir. Bu sayede genişleyebiliriz. "Peki nasıl taklit eder?" diye düşündüğümüzde şöyle bir cevabı buluruz; biz kendimizi taklit ederiz, fakat sonra ikincil imaja dönüşmeye ve değişmeye devam ederiz. Böylece, belli bir noktada, o bizim gibi görünmez veya bize benzemez. O tamamen farklı ve ayrı olabilir. Eğer biz onu soğan kabuğu gibi soyabilirsek onun farklı bir yansıma olduğunu ve bizim enerjimizin başka bir taklidi olduğunu fark ederiz.

Bu önemli bir noktadır, çünkü bizim kendimizden veya özümüzden yarattığımız her veçhenin üzerinden de çalışmakta olan başka bir parçacığı görmeye başlarız. Bunları şöyle örnekleyebilirim.

Pek çoğumuzun kendimize edinmiş olduğumuz "çocukluk dönemi" adımız vardır. Belki arada bir çocukluğumuza geri döndüğümüzde hatırladığımız bir takma isim sadece, o bizim bir veçhemizdir. Sonrasında ergen olarak bir veçhemiz, evlilikte partnerimiz olarak bir veçhemiz, her gün işe giden bir veçhemiz, sinema seyretmeyi seven veçhemiz vb. var. Her gün işe kendimizin tamamını taşımıyoruz, veçhenin işe gitmesine izin veriyoruz.

Yükselmiş üstat Tobias der ki:

"Çocukken içerisinde sabunlu bir su olan plastik şişenin içine üzerinde daireler olan plastik bir alet daldırdığınız ve baloncuklar yarattığınız zamanı hatırlayın. Baloncuklar kayıp uçardı, fakat hepsi de aynı kaynaktan gelirdi. Onların hepsi kullanmış olduğunuz orijinal sabunlu sıvının aynaları veya yansımalarıydı. Siz daha çok bunun gibisiniz, etrafta uçan veçheleriniz var. Bazen veçheler, baloncuklar gibi dağılacaktır, enerji bir çeşit bütünlüğe geri döner. Bazen baloncuklar patlamak ve kaybolmak yerine bilinç âlemlerinin dışına doğru uçacaktır. Onlar hâlâ oradalar, fakat onları artık göremezsiniz, çünkü kimliklerin dışına kaymışlardır. Onlar şimdi bir anlamda kendi yolculuklarına çıkmışlardır. Benlikten çıkmış veya çıkartılmış olarak görünür ve şimdi bazı problemleriniz vardır. Bağlantınızı koparmışsınızdır. Benliğinizi parçalara ayırmış ve pek çok farklı veçheler yaratmışsınızdır. Veçhelerle ilgili yanlış bir şey yoktur, onlar harikadır. Onlar, kendimizi ifade etmemizin, oynamamızın şekilleridir. Fakat veçheler bağlantısı kopuk hale geldiklerinde dengesizliğe sebep olacaklardır."

Daha önce anlattığım gibi babam felç geçirmişti ve bunu yenmek için "ben felçli değilim" demeyi adet haline getirmişti. Bunu da derinden hissetmek için normal yaşamaya gayret ediyordu. Kullanmaması gerekirken, araba kullanıyordu. Doktorlar ancak çok yakın alanlarda ve otomatik araba kullanmasına izin vermişlerdi. Ancak o, düz vitesli araba kullanarak çok fazla kaza yapıyordu. Küçük küçük kazalardı, ama her an şarampole uçma korkusu oluyordu. Dolayısıyla bende küçüklüğümde oluşturduğum bir "araba kazası veçhesi" vardı. Şoför koltuğunda olmadığım zaman, bir başkası istediği kadar iyi araba kullansın ben direkt olarak korkmaya başlıyordum. Yani bu bende bir veçhe. Sonradan bunun bir veçhe olduğunu fark ettim. Öyle uzun yıllar babamla arabanın içinde dolaşarak ağır bir veçhe geliştirmişim ki, hâlâ hafif de olsa etkileri devam ediyor.

Biz veçhelerimizi fark edebilirsek, onları huylarımız olarak sahiplenmekten vazgeçiyor ve yuvaya alıyoruz. Bunun anlamı hiçbir yargı geliştirmeden onlara oldukları haliyle kabul vererek bütünleşmemiz. En basit anlatımıyla arabaları hayatımdan çıkarırsam benim işim gücüm aksar. Veçhelerin, bizim günlük hayatımızdaki rutinleri rahatlıkla yapmamızı sağlayan enerjiler olduğunu fark etmemiz hayatımızı kolaylaştırır.

Size Sedef'ten bahsetmek istiyorum, onun örneğiyle ilerlersek durumu somutlaştırmış olacağız. Sedef dominant ve kuralcı bir annenin kızı olarak büyümüş. Küçük yaşlardan itibaren annenin kızıyla iletişimi komutlar ve sorgulamalarla olmuş: "Yemeğini ye!", "elini yıka!", "dişini fırçala!", "ödevini yaptın mı?", "üstünü kirletme!", "erken yat".

Sedef'in annesi onu okuldan almaya geldiği zaman diğer çocukların annesi gibi davranmaz, diğer anneler çocuklarına sarılıp öperken Sedef sadece izler; çünkü annesi sadece Sedef'in elini sıkıca tutar ve karşıdan karşıya geçtiklerinde dikkatli olmasını söyler.

Annesiyle bu ilişki onun için bir rutindir; fakat babasıyla ilişkisi bambaşkadır. Birlikte harika vakit geçirirler. Babasının işten gelme saatini ezbere bilir Sedef. Babası her akşam kollarını açarak kızına sarılır, öper ve kumdan evler yaparlar. Bu, küçük kızın neredeyse bütün dünyası demektir, hayattaki tek şansının babası olduğunu düşünür. Gelgelelim bir gün babasının çalıştığı firma satılır ve onun işine son verilerek hazin bir durum yaşanır. Babası şirketin 15 yıl muhasebe müdürlüğünü yapmış; gerçekten de büyük bir özveri ve dürüstlükle çalışmış. Tüm bunlara rağmen kapının önüne konulmak Sedef'in babasının zoruna gider, hazmedemez ve hakkını aramak ister. Yöneticilere suçunu sorar; ancak onlar basitçe başka birini yerine getireceklerini söylerler. Bu açıklamadan tatmin olmayan baba hırçınlaşıp tersleştiğinden yaka paça kapının önüne atılır. Kendi iç dünyasındaki tek gerçeklik bu dramı içkiyle bastırabileceğini düşünmesidir. Bir bara gider ve kendini kaybedinceye kadar içer. Bardan eve gitmek üzere yola çıktığında evde kendisini oyun oynamak için bekleyen kızı aklından çıkmış, kendini tamamen dramına odaklamıştır.

Küçük Sedef babasının eve gelme saatinden dolayı oldukça heyecanlıdır, nihayet babasının uzaktan geldiğini görünce her zamanki gibi kollarını açarak babasına koşar. Fakat bu sefer beklediği olmaz, hatta çok kötü bir şey olur. Babası onu eliyle iterek kum havuzuna fırlatır ve küçük kızın ağzı burnu kum içinde kalır. Baba söylenir: "Çekil başımdan, benim derdim bana yeter, bir de seninle uğraşamam."

İşte bu Sedef için büyük bir kodlamanın başlangıcıdır. O anda yemin eder: "Bir daha asla kimseye sevgimi göstermeyeceğim."

Bu yemin öyle bir tutar ki; 30'lu yaşlarında ona âşık olanlara rağmen yapayalnız ve sürekli depresyondadır.

Psikiyatristler yıllarca buna çözüm bulamaz. Bütün ilişkileri yarım kalır ve kronik mutsuz bir hasta olarak iyice veçhelenir. Oysa yedi yaşında bu kodlanmayı yaşamıştır ve şimdi hatırlamıyordur. Oysa Sedef'in tek yapması gereken şey içsel çocuk şifasıydı.

Tam da bu noktada bir soruyu düşünmenizi isteyerek devam etmek istiyorum konumuza. "İnsanlar neden evlenirler? Evliliklerden amaç çocuk mudur?" Kalıplaşmış bir şey söylüyorum zannetmeyin; çünkü geçmiş kavimlerde daima evlilikler çocuk içindir. Ancak ben burada mana çocuğunun altını çizmek istiyorum. Onu kim doğurur? Erilini ve dişilini bütünleyenler doğurur. Eril ve dişil bütünleşmezse, mana çocuğu olmaz.

Kopya insanın sonlanması için mana çocuğunu iyi anlamamız gerekiyor. Tasavvufta aktifleşmesi önemli olan yedi tane sıfat vardır (aslında sekizdir, fakat bunun derin anlamını bir çocuğun dünyaya gelişiyle anlatmak istiyorum.)

1-Hayat: Dirilik

2-İlim: Bilgelik

3-İrade: Niyet

4-Görmek: Görmeyi idrak

5-Duymak: İşitmeyi idrak

6-Kudret: Güç ve kuvveti idrak

7-Konuşmak: Tanrısallığı ifade etmek

Şimdi bunlara çocuğun dünyaya gelmesini de ilave edelim.

Bir Çocuğun Dünyaya Gelmesi

Hayat: İlahi plan dahilindedir. Kimden doğulacağı, kaş göz rengi gibi detaylar dahil varlığın kendi seçimiyle oluşur. Diridir ve özüyle dünyaya gözünü açar. Diğer bir deyişle hayatın kendi sorumluluğunda olduğu bilinci vardır.

İlim: İlahi plan dahilindedir. Kendi bilgeliğiyle dünyaya gözünü açar.

İrade: İlahi plan dahilindedir. Tezahür gücüyle dünyaya gözünü açar. Doğar doğmaz sütü de birlikte gelir.

Görmek: Tanrısal benliğin farkındalığında dünyaya gözünü açar. Kalp gözü doğuştan açıktır.

Duymak: Tanrısal benliğin farkındalığında "işiten" olarak dünyaya gözünü açar.

Konuşmak: Tanrısal benliğin farkındalığında, tanrısalın "Ben Benim" inin en güzel ifadesiyle dünyaya gözlerini açar.

Kudret: İlahi plan dahilindedir. Öze ait olan saf bilincin en yüksek potansiyeli olarak dünyaya gözlerini açar.

Tekvin (Yaratma): İlahi plan dahilindedir. Mana çocuğu olarak dünyaya gözlerini açar; zira o eril ve dişilin evlenmesi; her ikisinin bütün olmasıyla meydana gelmiş, olmuştur. İşte burası aktifleşmenin neden görünmez olduğunu bize açıklar.

İşte çocuk olarak bizler dünyaya böyle geliyoruz. Saf ve doğal, üstelik yüksek frekansta olarak doğuyoruz. Bıngıldağımızın yumuşacık olması, kaynakla direkt bağlantıda olmamamızla alakalıdır. Bıngıldak gittikçe sertleşmeye başladığındaysa ayrılık bize aşılanır,

Hak'tan ayrı olduğumuz söylenir. Korkular ortaya çıkar. Suçluluk enerjisi aktifleşmeye başlar. "Günah" ve "sevap" bilincimize sokulur. Acı çekmeden yaşayamayacağımız söylenir. Bu acılardan kaçmak için arayışlara itilir ve kurtarıcı aramaya başlarız. En nihayetinde de travmaların dibini görüp DNA'mızı hasarlamaya başlarız. Bu travmalar ağır veçheler yarattığı için de çoklu kişilik bozukluğu bizler için kaçınılmazdır. Ayrılık bilinciyle; huylar, kişilikler geliştirdiğimizde de sınavlarımız kaçınılmaz olur. Kendimizi sınava sokmamızın sebebi budur, zaten bu sayede unuttuklarımızı hatırlayarak öğrenmeye ve bir sonraki aşamaya geçmeye çalışırız. Ancak bunu da unuturuz ve kurban sendromu geliştiririz.

Bu bağlamda kopya veçhelerin sonlanması için bunu basamak basamak anlatmak istiyorum.

Birinci basamak: DNA hasarının şifalanması için huylarımıza, düşüncelerimize ve duygularımıza çok yakından bakmamız gerekir; çünkü gerçekten de bizi hastalandıran, zayıf hissettiren, öldüren, korkutan tek bir şey var: Kendimiz. Bu hasarı meydana getiren bizsek o zaman şifalayacak olan da yine biziz.

Öncelikle aşağıdaki örneklere yakından bakmanızı rica ediyorum. Size ne kadar yakın geliyorsa o kadar hasarlısınız demektir. Aslında tüm bunları kendimizi Allah'tan ayrı olduğumuz inancıyla hasarlıyoruz. Ayrılık illüzyonuyla baş edemediğimizdeyse kendimizden kaçmak için zihinsel araçlar icat ediyoruz.

Çeşitli kalıplar üzerinden harekete geçeriz. Mesela;

"Ben kabul görmediğim ve onaylanmadığım zaman çok yetersiz olurum. Buna bağlı çok manipülatif 'huylarım' var."

Bu noktada söyleyeceğim şu: Ayrılık hissine son ver. Kendi tanrısallığını onayla, kabul et ve yetersizliğini özgürleştir. Huylarına elveda demek zamanı gelmedi mi?

"Ben düşüncelerimle kendimi yargılar ve sabote ederim."

Ayrılık hissine son ver. Şefkat duy kendine. Dikkat et yargıladığın kendin değilsin. O zaman kimi sabote ettiğini ve akışı nasıl durduğunu fark ettiğinde bunun gerçek bir kırılma noktası olduğunu göreceksin.

"Ben çok hassas, sevgisiz ve kırılgan olduğum için kurban sendromu ve değersizlik geliştirdim."

Ayrılık hissine son ver. Hassaslık, kırılganlık tamamen zihne aittir. Kırılma enerjisinden vazgeç! Kim kime kırılıyor? İki mi var hâlâ kırıldığın? Kurban sendromu zihnin beslenme kaynağıdır. Onsuz yapamaz. O zaman sen onsuz yapabilirsin. Dene bunu. Ne kadar değerli olduğunu fark et.

Yargılamanın olmadığı alan sevgiyi aktive eder. Kendimizi yeniden doğuracağımız için, dünyaya getireceğimiz içsel çocuğumuza nazik davranmaya başlarız.

İkinci basamak: İlahi olana güven duymaya başladığımızda kurban sendromu biter. Tüm deneyimler güvenilir alanda tanrısal bir şekilde yaşanmaya başlar. Bu büyük bir genişleme demektir.

Üçüncü basamak: İlahi olana duyulan güvenilir alan artık tanrısal olanın kendi yaşamının tezahürünü başlatır. Tüm yedi sıfat DNA'da aktifleşmeye başlar.

Dördüncü basamak: Saf sevginin, dişil enerjiyle cennette olmanın ve orada sadece tanrısal yaşamının olduğunu, tüm varlığa sevgiyle nüfuz ettiğinin büyük aydınlanmasını yaşar. Huylarından, travmalarından artık özgürleşmiştir.

Sekiz aylık doğan çocukların yaşama şansı çok fazla değildir. Hz. Muhammed sekiz aylık doğmuştur. Yaratımın olmadığını anlamak için sekizinci sıfat pek konuşulmaz. Sekizinci sıfat "Tekvin sıfatı" yani "yaratmak" demektir. Oysa hakikatte yaratım yoktur. Eğer öyle olsaydı yaratanın da bir yaratanı olurdu. Oysa her şey bütünsel bir haldedir ve sadece sevgiyi deneyimlemek için oradadır. Biz bir şey «yaratıyorum» dediğimiz zaman sadece illüzyon yaratırız; ancak «yaratımı deneyimlemek istiyorum» dediğimizde durum farklı bir noktaya gelir. Yaratımı deneyimlemek için sadece zaten «var olan» enerjiye izin veririz ve o bize kendiliğinden gelir. O yüzden sekiz aylık bir bebeğin yaşaması için arada en ufak bir manipülasyon ve sahiplenme durumu olmaz. Biz yaratanın dahi yaratımı değiliz, Allah'ın "kendini bilme hali" olan, "var olan potansiyelleri", "tam ve bütünü" olarak deneyimleyenleriyiz. Mevcut olmuş, hep var olan enerjiden yaratılanları seyredenleriz. Bunun aksi düşüncesi olduğunda, yaratma eylemi ayrılık illüzyonu içerdiği için deneyimlenen potansiyeller değildir, zihindir ki; bütünün farkında olmadan ve tekil olduğumuzu zannederek zanni yaratımla, onun kutuplu halini deneyimleriz. İyi, kötü, güzel, çirkin, doğru, yanlış algısı ile potansiyellerin gelmesini engelleriz. O zaman sevgiyle değil, korkuyla hayali bir dünya yaratırız ve deneyimlenmiş olanla asırlarca kopyalana kopyalana yaşamlar süreriz.

Oysa, "Var olandan, kendi biricikliğimi keşfetmek adına; deneyimleyeceğim potansiyellerimin gelmesine izin veriyorum." dediğimiz an kalpten bize gelen bütünselliğin tezahürü gerçekleşir ve zıt kutuplu enerjiye girmeden, deneyimlenmemiş olan potansiyelleri devreye sokarız.

Potansiyeller gerçekte nedir?

Potansiyeller, kısaca var olan her şeydir. Elbette bu aynı zamanda biz demektir. Potansiyellerin görünür olması için aktifleşmesi ve bir bir forma dönüşmesi gerekir. Tıpkı bizim, fiziksel âleme gelmeden önce formsuz olmamız ve sonradan form alarak insana dönüşmemiz gibi...

O zaman bizler Allah'ın potansiyelleri olabilir miyiz? Evet. Form alan her şey odur ancak dünyada yaşayan her yedi milyar insanın potansiyeli de kendine özeldir. O zaman bizim de aktifleşmemiz söz konusu mu? Evet.

Bu potansiyellerin aktifleşmesi eril-dişil enerjinin dengelenmesiyle mümkündür. Yükseliş için bu denge çok önemlidir. Başka türlü aktifleşmekten bahsedemeyiz. Potansiyellerin farkına varamayız. Eril ve dişil bütünselliği anlatıyorsa, potansiyelleri deneyimleyen bütünün kendisidir. Zihnin değil. Eğer eril dengesiz (yargılayıcı, korkan, ayrılık illüzyonuyla hareket eden vb); dişil de örtülüyse nasıl aktifleşmeden bahsedebiliriz. Dişile güvenmeyen erille-ki bu, kendinden şüphe etmek demektir-bir evlilik söz konusu olamaz. Eril ve dişil tam ve bütün hale geldiğinde onlardan bir çocuk dünyaya geleceği için biz bunu potansiyeller olarak tanımlıyoruz. O zaman potansiyeller deneyimlenecektir.

Burayı biraz daha açarsak; Tevhit ilmi "hayat sıfatı sana ait değil, hakka aittir" der. Bunu hak ile arana "senliğinle" perde koyduğun için söyler. Hayat sıfatı senin egona yani dengesiz eriline ait değildir. Hayat demek yaşamın tümü demektir. Dişil olmadan yaşamı görmek mümkün müdür? En azından doğaya bakarak bile buna cevap verebilirsiniz. Bir ağaç tohum olmazsa ağaç olabilir mi? Ağacın ağaç olma istidadı, dişil olan tohum ise, eril de onun yeşermesi ve büyümesi için tezahür eden istidadıdır. İkisinin birleşmesi bir ağaç meydana getiriyorsa, bizim de eril ve dişil bütünleşmesinden dünyaya getirdiğimiz çocuk aslında tanrısal bilinçtir ve o Bir olanın tezahürüdür. Sadece O'nun yaşamıdır. Dolayısıyla tek bir hayat vardır ve o da kendinden kendine deneyim içinde olan Allah'tır. Bunu da sadece Muhammedî idrake varan yaşar. Âlemi kaynatsan tek bir insan çıkar, o da Muhammed'dir. Diğer bir deyişle sırren Allah, beşeren insan olduğunu bilen hayat sıfatının hakikatini yaşar. Yedi sıfatın tümünü idrak eder ve sekizinci sıfat olarak, potansiyellerin tezahürünü tam ve bütün şekilde sıfat âlemini seyre dalar. Eğer sen, senliğinle bunu yapmaya kalkarsan, yani haktan ayrı olduğu zannıyla yaşamaya kalkarsan, kendini kopyalarsın, özgün olamazsın ve evrimini durdurursun.

Meselenin en önemli kısımlarından birisi; başımıza her ne geliyorsa bunun sorumluluğunun bizzat bize ait olmasıdır. Fakat biz bunu algılamayız. Toplu bilinç inancına göre kopya olarak yaratılmış zihinsel bir tanrı vardır ve o bizi ipleriyle yönetiyordur. Yaşamımızı da zaten o tasarlıyorsa biz kimiz ki? Yetersizlik sorusu bizi yakalar. İşte burası çok tuzak olan yerlerden birisidir.

Tasavvufun Yeni Enerjiye Katkısı

Tasavvuf der ki: "Başınıza iyi bir şey geliyorsa haktan, kötü bir şey geliyorsa kendi nefsinizden bilin." Bu ilk bakışta kutupsal gibi durmasına rağmen aslında durum böyle değildir. Başımıza her zaman iyi bir şeyler geliyor. Bu her gelenin hayırlı olması demektir. Potansiyelleri bunun dışında değerlendirmek onu aktifleştirmemek demektir. Kötü olan senin haktan ayrı hissinde olmandır ve nefsinin, yani zihninin etkisindesin demektir. Kötü diye adlandırdığımız her şey, bize dışarıdan geliyormuş ve bizi köşeye sıkıştırıyormuş hissi veriyor. İşte tüm bunların sorumluluğunu aldığımızda potansiyellerimizi nasıl sabote ettiğimizi fark edeceğiz. Ya da tüm bunların sorumluluğunu aldığımızda nefsin işe nasıl karıştığını fark ederek ondan özgürleşebileceğiz. Bu da zaten deneyimlenmek üzere bilincimizde duran, potansiyellerimizin ortaya çıkması demektir. İşte tüm bunların sorumluluğunu aldığımızda; iyi kötü ayrımı bitecek ve tam ve bütün bir halde hayat sıfatının bizden tezahür etmesine izin vereceğiz.

Sen gününü tanrısal yaşamaya başlarsan hayat sana aittir. O zaman hayat vücut ile görünür. Bu tanrısal vücuttur. Demek ki vücutlarımız dahi tanrısal. Bu bilişe gelmek pek istediğimiz bir şey de değildir. Ona iyi bakamadığımızı sürekli empoze eden ve onu ilaçlara, diyete, sıfır bedene, obeziteye bağımlı kılan bir sistem vardır. Burada anlatmak istediğim beden değil. Tüm vücut Allah ise, tüm varlıklar bu vücuttan beden halinde görünür. Eğer vücut hikmetini kavrarsak bedenlerimiz hemen onun etkisiyle ışımaya başlar. Tekrar edecek olursak, hayat vücut ile tüm âlemde kendini bedenleyerek gösterir. Bu yüzden onun dışında bir hayat yoktur ve sana ait değildir. Zihnine sığamayacak kadar engin bir durumdur. Ona düalite olarak bakarsan sen de o zaman kontrol edilebilir, yönetilebilir bir sistemde işçi olarak çalıştırılabilir noktasında bir hayat yaşarsın. Bu da senin sınavlarınla ne yazık ki daha birçok enkarnasyon geçirmene sebep olur.

Hayat sana ait değilse, ilim sana ait midir? Sana ait değildir. Çünkü ilim dediğimiz şey senin DNA'larındaki sırrında mevcut olan, tüm kadim bilgileri içeren ilmî olan potansiyellerindir. DNA'na bakarsan ilmi görürsün. Ama başkalarının ilmiyle hareket edersen kopyalamış olursun ve bir öğreti, ilim çıkartırsın ve ona tapınmaya başlarsın. İşte orada bütün işler karışır; çünkü senin özün devrede değildir.

Arkasından irade gelir ki; tasavvufun en önemli noktalarından bir tanesidir. Sen iradeyi başkalarının eline verdiğin zaman, senin adına birileri irade etmeye başladığı zaman, sen o toplu bilincin içindeki en büyük tuzaklara düşme halindesindir. Sen burada kendi iradenden bahsedemezsin. Senin kendi iraden, tanrısal olanın devreye girmesiyle aktifleşir. "Ben Benim"in devreye girmesi için niyet etmek tanrısal iradeyi devreye sokar. İrade, hal ve hareketlerle görünür. Halvetiler, "hal ehliyiz" derler. Bu yüzdendir. Allah'ın halleriyle hallenirler.

Daha sonra görme; elbette ki öğretilen bir gözden bahsetmiyoruz. Bu tamamen kendi içimizdeki hak gözünün görmesidir. Üstelik öyle bir görmedir ki; bir baykuş kabiliyeti gibi 360 derece her şeyi görebilir. O, çok boyutlu olabilendir. Baykuş sembolik olarak bütün dinlerde vardır ve bize çok boyutluluğumuzu anlatır. Bu gönül gözüyle görmektir.

Ve duymak; duyma, işitmek demektir aslında. Ne duyuyorsun? Nereden ne geliyor ve sen neyi duyuyorsun? Bu duymak, işitmek anlamındadır.

Tevhide göre Hz. Şit ismi "hakkı işiten" manasındadır. Biz de şimdi bu kavramdan örnek verebiliyoruz gerçek işitmeye. Adem ile Havva'dan doğan Habil ile Kabil'i bilirsiniz. Kabil kabiliyetli olandır; Habil ise kendini dünyevi olarak kurban sendromunda tutmuş, çok iyi kalpli anlatılan, zavallı sendromunda olan bir varlıktır.

Yine tevhit ilmine göre Kabil, "kabiliyet"ten gelmektedir. Kabiliyet; bizim içsel olarak yeteneklerimiz olan ve doğuştan kazandığımız edinimlerdir. Bu yeteneklerimizin ortaya çıkmasına izin verdiğimizde, Kabil, Habil'i öldürür. (Düalite bunu ilk insan cinayeti diye anlatır ancak biz buna hakikat yorumu ile bakıyoruz. Ayrıca Kur'an, Maide suresinde (27-29-30-31-32) bu ölümün olma şekli hakkında bilgi vermez. Sadece neden öldürüldüğünü anlatır. Burada insanın ölümü diye anlatılan aslında zanni benliğin ölümüdür. Yani dişilin eriline dönüşüm kabiliyeti vermesidir. Bu tam ve bütün olma halidir. Yükselişin en önemli aşamalarından biridir ki, aşağıdaki ayetle devam edersek:

"Derken nefsi onu kardeşini öldürmeye itti de onu öldürdü ve böylece ziyan edenlerden oldu."[78]

Bu ayete baktığımızda nefis madde âleminin yaratılması içindir. Toprak Adem'dir. Arşı simgeler. Bu toprağın iki tane sıfatı vardır. Biri celal diğeri cemal sıfatıdır. Ancak Kabil'in daha sonra kendini sadece madde sanmasından ibaret olması, onu derin bir arayışa sürükler. Bu hali ile Allah'ın celal (eril) sıfatı Kabil'dir. Yeteneklerin ortaya çıkmasıdır. Habil ise cemal (dişil) sıfatıdır. Kabil, Habil ile birleşince gerçek işitme meydana gelir.

Şit, tanrısallığı işitmekse ve biz de bu işitmeye kendimizi açarsak, yedi Sıfat-ı Subutiye'yi (hayat-ilim-ira-

---

78 Maide, 30.

de-kudret-işitme-kuvvet-kelam) olarak özümüzü işitmeye başlarız. Bu durum bu hale gelince başka bir şey işitmezsiniz çünkü zihin sessizleşmiştir. Zihniniz tarafından artık sabote edilmeyen, tuzaklara düşmeyen varlıklar haline gelmişsinizdir.

Ve sonra kudret sıfatı gelir; kudret etmek, kudretli olmak, her şeye kadir olan tanrısallığı anlamaya izin vermek. Aslında bu da yine tanrısallığından şüphe etmemekle alakalıdır. tanrısallık kudret midir? Evet, kendini ona açarsan bir kudrettir. Çünkü her şeye kadir olmaya, senden sana yemin eden bir kudreti ortaya koymuş olursun. DNA'nda her şeye kadirliğin mevcut. Burası şüphesizliktir. Ters açıdan daha iyi anlaşılır olursa şöyle düşünelim bunu: Üstat hiçbir şeye ihtiyaç duymayandır. Cennet neşesinde olan, farkındalığı yüksek varlıklardır ve ihtiyaçlarının onun önüne geleceğinden asla şüphe etmezler. Çabasızca geleceğini bilirler ve her şeyi gönüllerinde yaşayarak büyük bir huşu içindedirler. Bakın ne kadar yeni bir bilinç farkındalığı. Çaba yok. Bunu üstatlar asırlardır anlatıyorlar; ancak bizler şimdi anlıyoruz. Her şeye kadir olmak; çabasızca potansiyellerin sana gelmesine ve onu deneyimleme cüretine izin vermenle alakalıdır.

Ve kelâm; Kelâmullulah aslında. İlim kelâm ile görünür. Hz. Musa ile Hz. Harun'a bakalım. Musa kekeme iken ona Hz. Harun verilmiştir (yani özü devrededir); çünkü Hz. Musa kendi kelamının Hakk'a ait olmasını dilemiştir. "Öyle bir şey olsun ki bütün kelam benden gitsin, sadece sen konuş." demiştir ve ona Harun peygamber verilmiştir.

Musa beşiğin içinde Firavun'un sarayına ulaştığında hemen öldürülmek istenir, ancak Firavun'un karısı tarafından ikna edilir. Böylece sarayında onu bir gün öldürecek bir peygamber olup olmadığı test edilmeye karar verilir. Hz. Musa'nın bir önüne pamuk ve ateş konur ve eğer Firavun'u öldürecek bir peygamber ise onun pamuğu seçip ağzına alması gerekiyordu ve gerçekten de pamuğu almak üzereyken, Cebrail'in eline vurmasıyla, peygamberlik sıfatı ondan gitmesin diye ateşi ağzına alınca Hz. Musa o an kekeme olmuştur. Firavun bunun üzerine, onun sarayda kalmasına izin vermiştir. Ve Musa, Hz. Musa olmuştur. Yani kekeme olmamız için, bizim her şeyden önce bildiğimiz lisandan ruhun lisanına geçebilmeyi öğrenmemiz gerekir. Kelam dahi tanrısaldır. Eğer ağzımızdan bir şey çıkıyorsa, tüm sözler özümüzden, tekliğin ve birliğin içinden.

Bütün bunlara baktıktan sonra, tasavvufta konuşulmayan mana çocuğu kavramına geçebiliriz.

Sekizinci sıfat "yaratmak" demektir. Hz. Muhammed daha önce de söylediğim gibi sekiz aylık doğmuş bir peygamberdir. Bunun sebebi çok mühimdir. O yaratılmamış, ezeli bilgiyle donanmış bir halde dünyaya Allah'ın görünen yüzü olarak tezahür etmiştir.

Demin söylediğim gibi tasavvuf yaşayan tek bir insanı işaret eder ve onun da Hz. Muhammed olduğunu açıklar. Aslında ben burada bir insandan değil, kopyadan çıkmış ve üzerine ilahi elbiseyi giyerek, zihinden özgürleşmiş "ölmeden önce ölmüş" olan, hakikate ermiş olan bir idrakten bahsediyorum: Muhammedi idrak. O, bir kişi değildir. Allah'ın "sevgilim" dediği bir idraktir. Biz kime sevgilim diyebiliriz? Bize kim sevgili olur ki; onunla evlenerek çocuğumuzu yapabilelim. Elbette ki kendimize. İşte bu evlilikten yaratım, görünüşü itibari ile meydana gelir (görücüye çıkmak gibi düşünün; bilinen bir kız var, adı sanı belli, sadece henüz görücüye çıkmamış.). Manen dünyaya gelen, kendi potansiyellerimizden bir çocuktur. Eril ve dişil evliliğinden bahsediyorum aslında. Allah ile Muhammed'in birleşmesinden ancak nur meydana gelir.

Hakikatte yaratma yoktur. Hakikat ehli bunu bilir. Hakikatte bir yaratan varsa eğer, "onun da bir yaratanının, onunda bir yaratanının..."gibi bir silsileye sokar bizi. Hakikatte yaratmak yok, sadece potansiyellere niyet edip buraya getirmek vardır. Potansiyeller varsa yaratmaktan bahsederim. Ben direkt yaratmaya gittiğim için düalite yaratıyorum. "Ben şunu yaratmak istiyorum" dediğim an, bu yokmuş gibi davrandığım için yaratamıyorum. Burası çok önemli. Ben burayı yaratmaya kalktığım zaman yoktan var etme noktası vardır. Hani hep bize söylenen. Yoktan var etmek. Yok demek, yoktan var etmek demek, ben bunun potansiyellerim olduğunu bildiğim anda, o benim kendi özümden (yokluk sırrından) geliyordur, yani tanrısallığımda çoktan var olmuş demektir.

Bütün bu anlattıklarımı tanrısal olarak yapmaya kalkarsan, yokluk sırrında değilsindir. Yokluk sırrında olduğun anda yaratırsın. Hayat, ilim, irade, görme, konuşma, kudret, kelam, sana ait değilse, tanrısal özün devreye girdiyse sen gerçekten yokluktasındır. Diğer bir deyişle insan halinden çıkmışsındır. Tüm potansiyellerin devreye girmiştir.

İşte o sekizin sonsuzluğudur. Sonsuzluk hegemonyasına girmişsindir. Döner, döner, döner ve orada teklik sıfatı devreye girer. sekiz aylık olarak Muhammediyet devreye girer, yani ilahi olan ortaya çıkar. Tanrı'nın görüldüğü sadece tek bir yer vardır, Hz. Muhammed'dir ve Hz. Muhammed dediğimiz kavram bizim yüksek bilincimizdir.

Dolayısıyla biz bir şey yaratmak istediğimizde, yokluk sırrına erip, zaten tüm potansiyellerin var olduğunu bilip onları bütünleştirecek niyete girmeniz önemlidir. O zaman yaratmak başlar. Aksi takdirde düalitik yaratır. Ne yapar? Çabalar. Düşünür, bunun için hayal eder (tamam doğru, hayal etmek de güzel) ve hep ikilikle yaratır. Bunun ulaşılması gereken bir şey olduğunu düşünür. Ulaşmak için çok çaba sarf eder ve bunu korkuyla yaratır. Çünkü şüphe içindedir, zihni sürekli ona "olur mu, olmaz mı" ile baskı yapar. Çünkü o, bütünü görmemiştir. Bütünde değildir. Bütünde olmadığı için var olmuş bir şeyi göremez. Var etmeye çalışır.

Sen var olmuş bir şeyi nasıl var edeceksin ki? Sıfat, dişildir. Çokluğu temsil eder dişil. Çok olan bir şeyin, aslında ilk yaratıcı enerjinin tezahürüdür. Çoklukta gösterir kendini. En zor anlaşılan, bu yüzden burasıdır.

Çoklukta gördüğüm her şey aslında bir bütünlük içerisinde olandır. Tasavvuf düaliteyi kesret âlemi olarak anlatır. Yani bu düalite çok görünür, ama aslında bir noktadan ibarettir.

Bu bir nokta tanrısallıktan söz etmenin başka bir yoludur. O her yerde hazır olandır. O yaratılmış ve yaratılmamış olandır. O İhlas suresinin özüdür. Ne zaman bir şeye özlem duyarsanız o potansiyellik size doğru gelir ve sizinle temas eder. Düalite bunun içindir. O mahrem temastan bilincin farklı alanları bir araya gelir ve yaratmaya katılırlar. Yaratmak için birleşirler. İşte biz kendi düşüncelerimizi, vizyonlarımızı ve formlarımızı böyle yaratırız. Biz kendi realitemizi sadece egomuzun arzularından değil; fakat varlığımızın derin özleminden gelen yardımlarla yaratırız.

Biz kendimizi mutlu, aydınlanmış, bilinçli, genişleyen, sürekli yaratıcı bir insan varlık olarak yaratmaya karar verdiğimiz zaman, bizin kararımız ve potansiyelimiz işbirliğine geçerler. Aynı zamanda benzeri bir realiteyi yaratmak için insan bilincinin herhangi bir zamanda o potansiyeli iyi kullanmış bulunan bütün parçaları da, tıpkı bir mıknatısın bir diğer mıknatısı çekmesi gibi, bize doğru çekilirler. Yaratmayı istediğimiz "biz" hakkında açıklamamızı yaptığımız zaman, bizi destekleyecek olan evrensel bilinç gücünü otomatik şekilde kendimize çekeriz.

Aslında tanrısal huylarımız, tanrısal düşüncelerimiz devrede olmadığı zaman bizler insan zihnimizde, Hakkı tevhit edemiyoruz (birleştiremiyoruz). Biz günümüzü insanca yaşadığımız sürece, insanca düşündüğümüz ve her şeyi bekleyen, beklenti içinde çabayla halletmeye çalışan varlıklar olduğumuz için, kopya veçhelerin sonlanması kavramına yaklaşamıyoruz. Oysa Hakk'a ait bir huy, karakter var mı?

Allah insan üzerinden tezahür ediyor dediğimiz nokta daha anlamlı oluyor o zaman. Güzel. Peki, nasıl tezahür ettiğine ne şekilde karar veriyor? Nasıl tezahür edecek? 99 isim derseniz eğer, bir ismi de Esra olursa 100 eder. Ben de bu 100 (kendi yüzünü göstererek) ifade bulur mu?

"Ben Benim" farkındalığına geldiğimiz an 100'dür o. Allah insandan tezahür etmezse nereden eder?

Allah'a üç şekilde yaklaşabilirsiniz. 1- İlim olarak. 2- Aynılık olarak. 3- Hak vücut olarak.

İlmi yaklaşımını anlatmaya çalıştım. Onun ilmi biziz. Potansiyellerini bizim araçlığımızla deneyimliyor dedik.

Şimdi "aynel" olarak, aynılık olarak yaklaşıyoruz. Bir şirkette muhasebeci olduğunuzu düşünün. Halkla ilişkiler departmanından biriyle yıllık bilançoyu çıkaramazsın. Onun seninle aynı bilgilere sahip olması lazım. Ne yapacak? Senden öğrenecek ki; senin seviyende bir muhasebeci olarak birlikte yapacağınız bilanço çıksın.

İşte "rab" ismi tezahür ettiği anda, ilmi yakınlık başlar ve içsel olarak bir öğretici devreye girer. Bu da aynılık seviyesine çıkarır. Sen artık onunla aynısındır ve tüm huyları ondan alır, onunla görür, onunla konuşur, onunla duyarsın. Azaların onunla iş görür. Bununla ilgili Allah "Bana nafile ibadetlerle yaklaşan kulumun tutan eli, gören gözü, duyan kulağı olurum" derken burayı kast eder. Kişi özüyle bütünsellik halinde değilse karşısında bir muhatap yoktur, dolayısıyla kendi bildiği, zannettiği ve ona özünün hakikat bilgisi yerine kopyalanmış hayali bilgilerle yaşamını devam ettirir. Daha sonrasında hakkel yakınlık olarak, tam ve bütünleşik halde "ölmeden önce ölünüz" şiarı idrak edilmeye başlanır.

Önemli bir kıssayla konuyu pekiştirmek istiyorum. Allah, Adem'e "İsimlerimi say ya Adem!" der. Adem sayar 99. "Olmadı" der. Bir daha sayar 99. "Olmadı" der. "Bir daha say." Adem tekrar sayar 99. Bunun üzerine der ki: "Benim bir ismim de Adem değil mi?" Bu da 100 demektir. Yani hakkın kendini müşahede ettiği yer olarak insanı işaret ettiği, tezahür ettiği yer. Beş duyunun ötesine geçtiğin anda tanrısal sıfatlara girersin.

"Tanrı'nın bir karakteri var mıdır?"

Evet, vardır.

"Tanrı'nın bir huyu var mıdır?"

Evet, vardır. Ve senden tezahür eder. 100'de olduğun sürece, sen onun yüzüysen tam ve bütün olursun ve onun tüm filleri, isimleri, sıfatları ve özü sende tezahür etmeye başlar. Sen, "ben benim" dediğinde onun ifadesinden başka bir şey değilsin artık. Bunun için önce Adem olmak lazım ki; o gerçek yokluğu Adem ismiyle anlayabilelim. Ademiyet; yokluk sırrına eren, varlığını hak ile bilen demektir.

Buralara gelebilmek için DNA'nın hasarlarını şifalamamız gerekiyor. İçsel çocuğumuzu şifalamaktan bahsediyoruz ki mana çocuğumuz doğsun. İşte deneyimde olan saf bilince yeniden doğan bu çocuktur. Burası eril ve dişilin bütünleştiği, ayrılık duygusunun olmadığı alandır. Bu öyle bir çocuk ki; 18 bin âlem onun üzerine var olmuş.

Şimdi değerli Melami üstadım (ruhu şad olsun) Ahmet Taner Oğuz'un, *Muhammedi Melamet'te Tevhid Mertebeleri* eserinin "Tanrı'nın Sıfatları" bölümünden aktarmak istiyorum.

Tevhit öğretisi, sıfatları yedi Sıfat-ı Subutiye diye tarif eder. Ve bunun Hayat-İlim-İrade kısmını rahim olarak, diğer kısmını da İşitme-Duyma-Konuşma-Kudret kısmını da "Rahman" sıfatlarına koyacağız. Burada önemli olan tanımlı olmaları değil tanımsız şekilde değil, varoluş şablonu olarak bizde var olduklarının bilincine varmamızdır. Ezberlemeye değil, enerjilerini hissetmeye çalışın. Bir şey düşündüğünüz zaman başvurabilirsiniz. O yüzden tanımlamayın ve sıralamayın. Bir şey tanıma girer girmez mutlak surette zihin devreye girer ve analiz etmeye başlar. Bunun için Hz. Ali'ye, Kur'an'ın ne olduğu sorulunca verdiği cevabı aktararak daha anlaşılır olmasını umut ediyorum.

"Kur'an'ın özeti Bakara suresidir. Onun özeti Yasin'dir. Onun da özeti Fatiha'dır. Fatiha'nın da özeti Bismillahirrahmanirrahim'dir ve onun da özeti B'dir. B'nin de özeti noktadır. O nokta da benim..."

İşte Hz. Ali'nin ağzından "Yeni Enerji"nin müthiş açıklaması: "Ben Benim" bundan daha güzel nasıl açıklanır! Kelimeler ve lisanla, yani teferruatla uğraşmak yerine bunu deneyimlemenin gerçek hakikat olduğunu söylüyor. Bir tek şunu ilave edebilirim. İçsel olarak üç sıfat kullandık, dışsal olarak da dört sıfat. Toplamları yedinci çakralarla ilişkilendirdiğimizde daha net anlayacağız.

İlk üç çakra bildiğimiz üzere dişil enerjidir. Bununla ilgili, Zümer suresi 6. ayet bakın ne diyor:

"Sizi annelerinizin karınlarında, üç karanlık içinde, bir yaratılıştan sonra (bir başka) yaratılışa (dönüştürüp) yaratmaktadır. İşte Rabbiniz olan Allah budur, mülk O'nundur. O'ndan başka ilah yoktur. Buna rağmen nasıl çevriliyorsunuz?"

Ayet çok açık anlatıyor. Dişil; negatif anot-gece, karanlık- eksi kutup olarak biliyoruz. Kabe'nin de siyah olmasıyla çok alakalıdır. Siyah taş kutsaldır ve şifalayıcıdır. Üç gün karanlıktan kast edilen nokta; enerjinin ortaya çıkmasına izin verdiğimizde başka bir yaratılışa, yani eril enerjinin dengelenerek bütünleşmesini anlatıyor. O zaman Allah olan ve mülk dediğimiz erilin-dişilin bir araya gelmesi ile yaşamın başladığı mülke adım atarız. İlah olanı artık dışarıda aramak yerine, kendi ilahi olan tarafımıza yöneliriz.

Çakra Farkındalığıyla
Kopya Kişiliğin Sonlanması

Burada aşağı yukarı hepimizin bildiği çakralara biraz farklı bir açıdan değinmek istiyorum. Onların neden kapalı olduğunu ve DNA'nın asıl hasarlarının da bu kapalılıkla ilişkili olduğunu fark etmemizi istiyorum.

Bilindiği üzere bedenimizde yedi tane çakra var. Çakra Sanskritçe "tekerlek" demektir. Bedenimizde yedi tane enerji sistemi mevcuttur ve biz onlarla pek de iyi geçinemeyiz. Neden? Çünkü onları yedi tane kök korku ile kapatmış bulunmaktayız. Şimdi tek tek bakalım.

DNA Hasarı Nedir?
Neden Hasarlanıyor? Nasıl Şifalanır?

Bilim DNA'nın çeşitli sebeplerle hasara uğrayabildiğini ve bunun sonucunda DNA dizisinin değişebilir olduğunu söylüyor. Ruhsal DNA'ya baktığımızda da durum aynen böyledir. DNA'mızın çeşitli sebeplerle hasarlanması ve özüne uygun gelmeyen şekilde değişime uğramasının tek nedeni kendimizi tam ve bütün hissetmediğimiz içindir. Varlığımızı bölünmüş olarak deneyimlediğimiz için işler yolunda gitmiyor. Bu anlamda DNA hasarının oluşmaması için yapmamız gereken en önemli şey sabah yataktan kalkar kalkmaz "kendime tam ve bütün olma izni veriyorum" demektir. Niyet realitemizi belirleyen en önemli unsurdur. Bizim boşa kaybedecek vakitlerimiz yok. Dünya'nın aynı şekilde olduğunu baz alırsak dünya oyununda gerçek oyuncular olmak zorundayız. Nasıl ki dünya kendi evriminden taviz vermiyorsa biz de kendi evrimimizden taviz veremeyiz. Eğer dünyanın daha güzel bir yer olmasını istiyorsak öncelikle bunu kendimiz için hissetmeliyiz. DNA hasarlandığı zaman bu bizim çakralarımızı da olumsuz yönde etkilemektedir ve beden titreşimimizi düşürdüğü için farkındalık alanımızda daralarak mühürlere sebep olmaktadır.

Altıncı Bölüm

BEDENİN İÇ ÇAKRALARI TİTREŞİM DÜZEYLERİ

Birinci Çakra-Bakara Suresi Ayrılık Yanılsamasıyla Yaşamak ve Farkındasızlık

İllüzyon İçinde Olmak- 32 Hz Beta

Kendimizi özümüzden ayrı hissetmemizle yarattığımız illüzyon bizi çok düşük bir frekansta tutarak köklenmemize ve gerçekten kim olduğumuz bilincine uyanmamamıza sebep oluyor. Kim olduğumuzun bilincinde olmamız için öncelikle ayrılık yanılsamasını salıvermemiz gerekiyor. Bunu yapabilmenin en basit yolu özümüzle bir olduğumuz gerçeğinin derin kabulüdür. Bakara suresi 7. ayetinde şöyle yazar:

"Allah onların kalpleri, kulakları üzerine mühür basmıştır. Onların kafa gözleri üstünde (epifiz bezi) bir perde vardır. Onlar için korkunç bir azap öngörülmüştür."

İnsanlar olarak azap duyduğumuzda aslında bundan çok zevk alırız; zira azap bizim için çok güçlü bir oyuncaktır.

"Azp" Arapçadan Türkçeye "zevk" olarak geçmiştir. Çelişki de burada başlıyor. Neden insan azap çektiği durumdan zevk alır? Cevap basit: Özümüze nasıl döneceğimizi anlayamadığımız için onu iyice örteriz ve dikkatimizi başka şeylere veririz. Özün nasıl açılacağını bilemediğimiz için, onu bizim yetersizliğimiz zannederiz ve yan yollara saparız.

"Hakkı batılla/saçmalık ve tutarsızlıkla kirletmeyin. Bilip durduğunuz halde gerçeği gizliyorsunuz."[79]

İşte bu zihnin en sevdiği, en zevk aldığı oyuncak olduğu için onun hükmüyle hareket ederiz. Zihin zevk aldıkça aslında biz acı çekeriz. Çünkü gerçeği sezgisel olarak biliyoruz, ancak kendimizi sürekli aldatıyoruz.

"Allah'ı ve inanmış olanları aldatma yoluna giderler. Gerçekte ise onlar öz benliklerinden başkasını aldatmıyorlar. Ne var ki, bunun farkında olamıyorlar."[80]

Çok açık bir ayet değil mi...

Bakara suresiyle DNA için şifa simyası:

İşte şimdi DNA'ma ayrılığın olmadığı bilince uyanma talimatı veriyorum. Aldatmaya ve gerçeği gizlemeye son veriyorum.

Derin bir nefes alıyoruz...

Kendimi DNA sarmalının içinde bu bilgiyi taşıyan yüksek bir varlık olarak görüyorum. Köklerimi dünyanın merkezine uzatıyorum. Ben varsam bu âlemin bir anlamı var. Ben yoksam hiçbir şey ifade etmez.

79　Bakara, 42.

80　Bakara, 9.

Titreşiminizi ölçün:

Şimdi bunları söyledikten sonra titreşiminizi ölçün. Bunu nasıl yapacaksınız? Elbette kendi ölçüm sisteminizden şüphe etmeyerek. Kim olduğunuz sorusunda hâlâ kendinizi ayrı hissediyorsanız frekans düşük demektir. Eğer güçlü bir his sizi sarmaya başladıysa frekansınız yükselmeye başlamıştır. Bu frekans yükselmesi, 12 sarmalın aktifleşmesi gerçekten çok önemlidir. Bakara suresi 60. ayet bakın ne diyor:

"Bir zamanlar Musa, toplumu için su istemişti de biz, 'değneğinle şu taşa vur' demiştik. Taştan hemen on iki göze fışkırmıştı. Her bölük insan kendilerine özgü su kaynağını bilmişti. 'Allah'ın rızkından yiyin, için; yeryüzünde bozgunculuk yaparak şuna buna saldırmayın' demiştik."

Hz. Musa (kelâmullah) olan bilincimiz DNA'ya ses frekansıyla talimat verdiğinde DNA buna hemen karşılık verir. Su, tasavvufta ilimdir. Bu ilim anında tecelli eder. Taştan, yani hiçbir hükmü olmayan zihinden çıktığımız an DNA'nın 12 sarmalı aktifleşmeye başlar. Her bölük, yani her çakra kendine özgü ilmiyle tam olarak açılır. O zaman kendi rızkımızdan yeriz ve yeryüzüyle (bedenimizle) uyum içinde oluruz.

İkinci Çakra -Yasin Suresi
Kendini Cinsiyet Zannetmek

Eril - Dişil Dengesizliği - 16 Hz Beta

Ruh için cinsiyet kavramı yoktur. O sadece bunları veçhe olarak görür. Kendimizi sadece beden olarak kabul etmemiz DNA için hasar meydana getirir. Özü meydana getiren eril ve dişil enerjidir. Asırlardır kendi kimliğimizden uzak yaşadığımız için dişili kadın, erili de erkek zannettik ve bu da çok derin sorunlar yarattı. Dişilin bilgeliğine izin veremediğimiz için erille genişleyemedik. Bu da kendimizi keşfetmemek anlamına geliyor. Derin bir bilişin meydana gelmesi için dünya düzleminde ne işimizin olduğunu fark etmek birincil derecede önem taşıyor. Aksi takdirde beden ölümlü, sınırlı ve yoksun varlıklar olarak kör bir şekilde hayatımızı sonlandırmaya devam edeceğiz.

"Biz yalnız biz, ölüleri diriltiriz ve onların önden gönderdiklerini de eserlerini de yazarız. Zaten biz her şeyi apaçık bir kütükte ayrıntılı olarak kaydetmişizdir."[81]

Ayetin açılımına baktığımızda ikinci çakranın bilgisini görebiliriz. Cinsiyetler olarak ölümlü olandan cinsiyetsiz olan özbenliğimizi fark ettiğimizde hak olarak diriliş, yani uyanış meydana gelir. Onun bir cinsiyeti ve formu yoktur. O zaman önden gelen ilahi planımız devreye girer. Kütüğümüz olan ve her şeyin ayrıntılı bir şekilde kayıtlandığı akaşik bilgimizde mevcut. Akaşik kayıt DNA'nın sekizinci katmanındadır. Burası otomatik olarak aktifleştiğinden, eril ve dişil olarak bütünleşmek için yaptığımız asırlık yolculuğun kalıntılarını görebiliriz. O zaman Yasin suresi yakınlarımızın ölümüne okuduğumuz en önemli sure anlamıyla tam yerini bulur. Erkek ve kadın olarak kapanan bilincimiz eril ve dişil olarak açılır ve eski veçhelerin ölümü gerçekleşir. Eril ve dişil çatışması dengeye gelir. Tam ve bütün olduklarında ise bunun en derin anlamı; benliğimizin formsuz güzelliğini ve muhteşemliğini görmeye başlarız.

---

81 Yasin, 12.

"Güneş'in (eril) Ay'a (dişil) ulaşıp çatması gerekmiyor. Gecenin de (vahdet-birlik) gündüzü (kesret-çokluk-düalite) geçmesi gerekemez. Her biri bir yörüngede yüzmektedir."[82]

Güneş ve ay nasıl ki birbirine çatmadan ahenk içinde yaşamın düzenini sağlıyorlarsa, gece ve gündüz nasıl uyum içindeyse bizim de yüksek bilincimiz olan güneşimiz (erilimiz) ve yaratıcı olan ayımız (dişilimiz) bir yörüngede olursa çatışmalar kendi içimizde otomatik olarak biter. Kendimize olan şüpheden çıkarız.

"O bir şeyi istediğinde, buyruğu sadece şunu söylemektir: 'OL!' Artık o, oluverir."[83]

Dişi enerji "ol" der ve eril onu yerine getirir. İşte şüphesiz olan dişil, eriline bunu yapma emrini verdiğinde bu çok güçlü bir yaratım meydana getirir.

"Her şeyin kaynağı/egemenliği elinde olan o yaratıcının şanı çok yücedir. Sonunda O'na döndürüleceksiniz."[84]

Yaratıcı olanla eril ve dişil bütünleştiği zaman birleşim meydana gelir. Bu bütünleşme aslına dönerek kim olduğumuzu gerçeğini apaçık görmeye başlarız. Ondan başka var mı ki, biz onun dışında bir şeye döndürülelim...

DNA için şifa simyası:

"Kendimi olduğum her halimle onurlandırıyorum. Buraya gelme yolculuğumu hatırlamaya izin veriyorum.

---

82   Yasin, 40.

83   Yasin, 82.

84   Yasin, 83.

Cinsiyetimin bağlayıcı unsurundan, erilin ve dişilin bedenimde aktifleşmesine izin veriyorum. Derin bir nefes alıyoruz. Ben Benim enerjisinin bedenimden akmasına izin veriyorum."

Titreşiminizi ölçün:

Sağınızda ve solunuzda sarmal şeklinde bir enerji dönüyor olması ya da dönmüyor olması önemli değildir. İlla bir görüntü ya da vizyon almanız da gerekmiyor. Sadece bunun DNA'ya gittiğinden şüphe etmeyin. DNA erili ve dişili sizden işittiği zaman zaten eski cinsiyet bilgisini salıvermeye başlayacak. Başladı bile...

Üçüncü Çakra – Fatiha Suresi Sakinlik, Sessizlik ve Ruhla Yeniden Bağlantıda Olmak

Kendi Potansiyellerini Keşfetmek - 8 Hz Alfa

Fatiha suresini ruh dili, bilişiyle anlayabilir, sezebilirsiniz. Anlatıma girdikçe onun anlam ve bütünlüğü bozulur. Sadece okumaya kalkarsanız da zihinsel olur ve gerçekten hiçbir şey anlamazsınız. Fatiha suresi "Hamd" ile başlar. Bu, potansiyellerinin sonsuzluğuna "Hamd etmek" demektir. Şükür ve Hamd arasında fark vardır. Şükür; daha fazlasına izin vermek ve istemek; Hamd "olduğu haliyle âlem tamdır ve eksiksizdir" demektir. O zaman olan bu bütünsellik yeterliliği de ortaya çıkarır. Her şey olması gerektiği gibidir. Şükür, hamdın deneyimlenmesidir. Âlemlerin rabbine hamd ettiğimizde; bu onun tam ve bütün halini onaylıyoruz anlamına gelir. O halde potansiyellerin deneyimlenmesi için ruhla tekrar bağlantıda olmak çok önemlidir. Ruh, er-rahman ve er-rahim bilinciyle hareket etmeye başladığında gerçek olan din gününün sahibiyle karşılaşır. Bu kendinin hak olduğunu fark eden bir bilinçtir. Ruh, erili ve dişiliyle bütünleşmiş olan gerçek bir sahiple muhatap olmaya başlar. DNA ruhla yeniden bağlantıya geçmem için bir asansördür. Bilgeliğin tüm potansiyelleri bu bağlantıya izin verdiğimizde tecelli etmeye başlar. DNA, Allah ve insanın birleştiği yerdir ve evrenin gerçeğinin özüyle titreşir. Tıpkı Fatiha suresinde de ilk üç ayetin Allah'a, son üç ayetin de kula mahsus olmasıyla birleştikleri gibi. Ortadaki din gününün sahibiyle Allah ve kul, ruh ile yeniden bağlantıyı buradan sağlarlar. Kişi önce ruhunu kendisi ile bir olmaya davet edecektir, zira onun çok azını fark etmiş durumdadır. Ancak kendisine yetecek kadarıyla yetinmiştir. Ruh şimdi artık daha fazla insanı kaplamak ve farkında olunmak ister. Bu bağlantı bizi ruhtan yardım isteme ve kul olarak kendi potansiyellerimizin deneyimine sokar. Ruh bizim partnerimizdir. Onunla bütünleştikçe hayatımız eskisi gibi olmaz. Daha yüksek biliş, hayattan haz duymak, tutkuyla yaşamak ortaya çıkar. Bu her bir kişinin doğru yolunun anahtarıdır. Ruhla birleşenler için nimet akmaya başlar. Gazap ve sapkınlık gibi düşük titreşim enerjilerine düşmezler. Yüksek titreşimle sevgiye açılırlar. Burası aynı zamanda üçüncü çakra olan güç merkezi ve ruhun alanıdır ki o gerçekten de çok güçlüdür ve çok önemli bir partner ve öze giden yolda muhteşem bir katalizördür.

DNA için şifa simyası:

Ruhumla yeniden bütünleşmeye izin veriyorum. Onun sıvı kadar olan hafifliğini ve de sanki mavi bir renkle tüm bedenime akmasına izin veriyorum. O geldikçe iyice yükseliyorum. Özümle temas ediyorum.

Kullanmadığımı fark etmediğim tüm potansiyellerim şimdi harekete geçiyor.

Titreşiminizi ölçün:

Daha fazla eş zamanlı olarak yaratımlarınızın artması söz konusu olabilir. Daha sağlıklı yaşadığınızı, anksiyete ya da depresyon gibi düşük titreşimlerden kolaylıkla çıktığınızı gözlemleyebilirsiniz. Daha sakin, daha sessiz bir yaşantıyı hayatınıza çekebilirsiniz.

Dördüncü Çakra-Besmele
Niyetin Gücüyle Bütünü Fark Etmek, Var Olanı Deneyimlemek ve Şifayı Aktifleştirmek

Derin Meditatif Mal - 6 Hz Teta

Buralara gelebilmek için DNA'nın hasarlarını şifalamamız gerekiyor. İçsel çocuğumuzu şifalamaktan bahsediyoruz ki mana çocuğumuz doğsun. Deneyimde olan, saf bilince yeniden doğan bu çocuktur. Burası eril ve dişilin bütünleştiği, ayrılık duygusun olmadığı alandır. Bu öyle bir çocuk ki; 18 bin âlem onun üzerine var olmuş.

Bismillahirrahmanirrahim: (Bitişik yazılırsa 18 harf) Rahman ve rahim olanı eril ve dişil bütünleştiği an tecelli eder. 18 bin âlemin tecellisi burası. Cennet buradadır. Hayat (hayy) olanın yani diri olanın yaşadığı yerdir. Allah'ın «Hayy» esmasının ebcetsel sayı değeri 18'dir. Bunun bir tesadüf olmadığı aşikârdır ki; bunun farkına varan da tanrısal sıfatlar kendinden kendine tecelli etmeye başlamıştır. Bütün bilgiler hayat sıfatını anlamakla bile aktive olur. DNA aktive hale gelir.

Bismillahirrahmanirrahim, bitişik yazılırsa 18 harf dedik, ancak ben bir de şu açıdan bakmak istiyorum.

"Bi-İsmi Allah," "Er-Rahman," "Er-Rahim" kelimelerinin Kur'an harfleriyle yazılışı da 22 harfine karşılıktır. Bu, Besmele'nin tafsilatıdır ve tanrısal sıfatlarımızın açılımıdır. Bu sıfatları kendi özümüzü hatırlayarak buna izin vermek çok genişletici olacaktır (Rahman ve Rahim olan Allah'ın bir ismi de elbette sizsiniz).

Şimdi bu 22 sıfata biraz daha yakın duralım. 22 sayısı aynı zamanda üstatlık sayısıdır. İki tane iki yan yana çok şahane duruyor. Toplamları, çarpımları dört; ama bölünce -birinci bölmeyi aslında bütünleşmek anlamında kullanıyorum burada -2'ler bütünleşince ortaya sadece bir çıkar. Üstatlık bunun bilincinde tüm âlemi bir olarak görendir.

Kendi ikiliği derken kastım da şudur: Karşısındaki ona ayna, o da karşısındakine aynadır. Dünyaya gelirken tüm ve bütün geliyoruz dedik. Sonra bunlar bizden alınıyormuş gibi dedik. Daha sonra farkındalık devreye girdiğinde varlığımızın sırren hak, beşeren Muhammedî olduğunu idrak etmeye başlarız. Bu iki aslında tek vücut hikmetidir. Elbette bu karşımızdakinin de sırren hak, beşeren Muhammedî olduğu gerçeğidir. Gerçek üstat bunları gönül gözü seyredendir. Nerede? Tabii ki fiilleri ve sıfatları aracılığıyla. O zaman detaylı olarak 22 sayısına bakalım.

Şimdi değerli Melami üstadım (ruhu şad olsun) Ahmet Taner Oğuz-Muhammedi Melamet'de Tevhid Mertebeleri-Tanrı'nın sıfatları bölümünden aktarmak istiyorum.

Bi-İsmi Allah, Er-Rahman, Er-Rahim'in açılımını yedi tane sıfatı da içine alacak şekilde aktaracağız. Hayat-İlim-İrade kısmını rahim sıfatlarına, diğer kısmını da İşitme-Duyma-Konuşma-Kudret rahman sıfatlarına koyacağız.

İçsel Alan: Er-Rahim
(Allah / Dişil Enerji Özellikleri)

1- Teklik: O tektir ve hiçbir zaman iki olmamıştır. İkilik sadece deneyim içindir.

2-Yegane sığınak: Güvenli alanda kendi öz varlığından şüphe etmeme halidir. Güvenli alan *Ben Varım* bilincine girmektir. Korkunun ve manipülasyonun olmadığı yerdir. Kendinden kendine sığınmak, özgürleşmektir.

3-Var olma: Kendiliğinden var olanı ve yaratılmamış olanı fark etme bilinci. Her zaman var olmak, sonsuzluğu ve zamansızlığı idrak etmektir.

4-Öncelik: Her şeyin öncesinde daima o vardır. Öncelik olmasaydı bilgi akmazdı. Onun önceliği, arkasında herhangi bir varlığın olmadığı gerçekliğidir. Fakat yanlış anlaşılmasın, öncü olmaktan bahsetmiyorum. Sonsuzluğunun başlangıcının olmamasına dem vuruyorum. Öncü olmak bir şeye liderlik etmektir. Öncelik sıfatıyla o kendinin önceliğidir.

5-Sonralık: Her şeyden sonra da o olacak. Var olan her şey bir anda ortaya çıkmaz. Sonralık, sonradan ortaya çıkan bir durum değildir. Eğer öyle olsaydı bir sıralaması olurdu. İnsan sonradan olan bir varlık düşüncesindedir. "Allah vardı ve sonra insan meydana geldi" diye ayrılık bilinciyle söyleseydik önceliği Allah, sonralığı da insan alırdı. Ancak durum böyle değildir. Allah sonralığını, yani kendini insan ismiyle deneyimliyor. Sonralık bir zaman birimi değildir. Rahman suresi 2. ve 3. ayetlerine baktığımızda bu daha net anlaşılır. "Önce Kur'an'ı öğretti, sonra insanı yarattı." Bunun en derin anlamı; önceliğiyle Allah kendi ilmini öğrettiği Hz. Muhammed'e sonralığı vermiştir. Yani insan-ı kamil'i kast ediyor. Hz. Muhammed sırren Hak, beşeren insandır ve her ikisinin de bütün olduğunu ayırımsız fark edendir. Gerçek insan, öncesinin Kur'an, sonrasının da bunu deneyimleyen olduğunu bilendir. Kendinden kendine an neşesinde.

6-Birlik: Âlemin bir olduğu gerçeği. Tamlık ve bütünlük birliği oluşturur. Eksiklik, yetersizlik ve yoksunluk durumu yoktur. Web ağı gibi tüm varlıklar birbirine bu birlik ağıyla bağlıdır ve birdir. Birliğin kelime anlamı belki de yanlış anlaşılmaktadır. Birliğin zıt kutbu ikidir. Bu durum aslında her bir varlık için tekil düşünme eğilimi yüzünden kendisini "bir" algılamamasına sebep verir. Bir, biricik olduğunuzun fark edilmesiyle anlaşılır. Kendine has ruhsal parmak izini bilen ve buna kabul verenler, kendi biricikliğini deneyimleyerek tekâmül edebilirler. Allah birdir ve kendini biricik olanla deneyimler.

7-Kendi kendine var olma: Ondan başka yok ki başkası ile var olsun. Nefes aldığımızda ve verdiğimizde bunu nasıl kendiliğinden olduğunu sorgulamayız. O hali bize zaten olması gereken bir durum olarak görünür. Âlem de işte böyle tıpkı nefes gibi doğal akışında tecelli eder. Kendini nefes olarak alır ve verir. Bu nefes alıp vermede çok büyük bir lezzet vardır.

8- Benzemezlik, Tanımsızlık: Bir durumu, olayı, yaratımı, deneyimi tanıma getirdiğinizde aslından kopya edersiniz. Mevlâna'nın Mesnevi'sinde anlattığı bir fil tarifi hikâyesi vardır. Hint ülkesine, insanlara göstermek ve tanıtmak amacıyla bir fil getirilmiş. Daha sonra bu fil karanlık bir ahıra kapatılmış. İnsanlar fili merak ediyorlarmış. Karanlık ahırın önünde toplanmışlar. Ahır karanlık olduğu için de fili görmek mümkün olmuyormuş. Merak bu ya, herkes elini uzatarak file dokunuyor ve kendince bir fil tarifi yapıyormuş. Meraklılardan birinin eli filin kulağına değmiş. Bu kişi, filin bir yelpaze olduğunu düşünmüş ve böyle tarif etmiş. Bir başkası filin ayağına dokunmuş ve direk gibi bir şey olduğunu zannetmiş ve kendince bir tarifini yapmış. Eline filin hortumu geçen başka biri filin bir boruya benzediğini düşünmüş ve kendince o da böyle tarif etmiş. Bir başkası da filin sırtına koymuş elini ve fili kral tahtı olarak tarif etmiş. Sözün özü orada bulunan insanların hepsi filin bir tarafına dokunmuşlar; dokundukları yeri, hayallerinde kurdukları, olduğunu sandıkları bir şeye benzeterek fil olarak tarif etmişler.

İşte tehlikeli olan durum tam olarak burada başlar. Herkesin kendine göre fil görme şekli farklıdır ve onu bir şeye benzetmekle sabit kılar. Gözler açılmadığı için de onun öyle olduğuna dair inancı asırlarca sürebilir. Eğer zannettiklerimizle gördüklerimiz bir değilse Allah'ı da göremediğimiz için zannettiğimiz kadarını algılarız. Allah *"Ben kulumun zannına göreyim"* derken aslında çok önemli bir noktaya dikkat çekmiştir. Bu çok yanlış anlaşılır ve aslında hiç de öyle değildir. Allah kul ile kendini deneyimlediğinde, çokluk âleminde kendini milyarlarca şekilde tanımlayabilir ancak sabitlemez. Her bir deneyim tariften çıkmalıdır ki; yeni bir kendini bilme başlasın. Zan olmasaydı gerçeği bilemezdik. Ancak zan da ısrarcı olursak genişleyemeyiz. Şimdi ne biliyorsak unutmak ve salıvermek zamanıdır. Allah ile bildiğiniz ve zannettiğiniz ne varsa gözleriniz açılana kadar tarif etmeyi bırakın. Ya da tarif ettiğiniz her ne ise ısrarcı olmaktan çıkın. Gözünüzü açın ve fili net görmeye başladığınızda bile onun sadece varoluşun tecelli ettiği bir parçasını fark ettiğinizi unutmayın ki; yeni deneyimlere kapı açılsın. Bu sefer bunun bir fil olmadığından da emin olarak yapın ki; benzemezliği deneyimleyin.

9- Hayat, Dirilik: Deneyim ancak onundur. Hayat onun ilahi planıdır. "Hayat"ın içinde aslında "Hay" kelimesi gizlidir. Bu da diri demektir. Hiç ölmeyen, her daim diri olan. Sonsuz olanın hayatını kim deneyimleyebilir? Elbette ki kendisi. Ölümlü ve sınırlı olan bir varlıkla, ölümsüz ve sınırsız olan bir araya gelebilir mi? Tabii ki gelemez. O halde Allah kendini seyrettiği hayat sıfatıyla aslında kendisinin hayatını yazan ve çizen olarak kader sırrını da açıklamış oluyor. İlahi planımızı buraya yaparak geldiğimizi söylersek, bunun en derin anlamı aslında Allah'ın hayatını deneyimlediği yerin dünya olduğunun da deliline ulaşmış oluruz. Aksi durumda her şeyi kadere bağladığımız, kazalardan elem duyduğumuz bir zihniyetle yaşarız. Oysa sadece deneyim vardır. Kader mahkumu ve kaza kurbanı değil, kaderinin efendisi olanlarız. O halde hayatın tesadüfler eseri olmadığını ve kader senaryosunun her an yazılır ve değiştirilebilir olduğunu da fark edebiliriz. Bunu bir örnekle açıklayalım. Eğer siz arabanıza binmeden önce lastiğinizin patlayacağını düşünürseniz, bu senaryoya göre kaderinizin bir parçasını görmüş ve ona kabul vermiş olursunuz. Bu kaza kaçınılmazdır. Hem kelime anlamıyla kaza hem de ruhsal olarak kaza sırrını yaşarsınız. Ancak bu farkındalığa genişlediyseniz, aklınıza lastik patlaması geldiğinde siz bunu seçmiyorsanız; bu kaderiniz olmaz ve kaza meydana gelmez. Hayat kendini ilimle belli eder. Aslında içinde her şeyi toplamıştır. Hayat zihne ait değilse; ilim, irade, işitmek, görmek, güç, konuşmak dediğimiz yedi sıfatın tümü yüksek bilince diğer bir deyimle, hakka aittir.

10- İlim, Bilgelik: İlim de ona aittir. Allah'ın ilmi nedir? İlm-i Ledün'dür. Kalp gözüyle Allah'ın özünü görmektir. Bir tanıma göre ilm-i ledün şudur:

"İlm-i ledün, Allah'ın kalbinde hayır görerek seçtiği ve bu ilmi öğrenmek isteyenlere öğrettiği özel bir ilimdir. Bu ilim, sadece Hızır (as)'dan öğrenilir.

İlm-i ledün gizli, saklı ilim mânâsına gelmektedir. Allah'ın bilinen ve görünen fizikî dünya ilmi dışında Allah'ın batın ilmini de kapsayan çok özel bir ilimdir. Bu ilmin sahibi olan kişiler, zaman kavramının dışında hareket edebilme yeteneğine sahiptirler. Bu sebeple aynı anda birçok yerde bulunabilir ve kâinatın farklı yerlerinde gelişen olaylardan haberdar olabilirler. Aynı zamanda Allah'ın gök katlarında gezebilme yetkisine sahiptirler. Bu sayede Levh-i Mahfuz'da bulunan kader hücrelerini ve sicciyn'de bulunan kader hücrelerini görebilirler. Her insanın doğduğu günden öldüğü güne kadarki zaman birimi içerisinde yaşadıklarını kapsayan hayat filmleri, kader hücreleri içerisinde bulunur. Kader hücrelerini görebilen ilm-i ledün sahipleri, diledikleri kişinin geçmişini ve geleceğini, başına gelebilecek olayları, yaşadıklarını ve yaşayacaklarını bilebilirler. Bu ilim Allah'tan istenir ve geceleri kılınan uzun teheccüd namazlarında Hızır (as) tarafından öğretilir."[85]

---

85 www.gizliilimler.com.tr

Hızır demek, hazır olan demektir. Eğer biz bilgiyi almaya hazır hale gelirsek bu derhal zaten mevcut enerjiyle devinim başlar. Bilgeliğimiz kapalıdır, çünkü onu dışarıdan kopyalayarak elde etmeye çalışıyoruz. İçerideki bilgeliğin, yani dişilin bunu zaten hizmet etmek için orada hazırlanmış bir şekilde bulundurduğunu fark edemiyoruz. Hızır daima zor zamanda bize yetişen bir vasıta değildir. İlmin zaten bizde mevcut olduğunun ve bunu basitlikle gelebileceğinin kabulünde olmak bu işin sırrıdır. Allah'ın bu ilmi, hakikat ilmi olarak tecelli eder. Şeriat, tarikat ve marifet ilmini dışarıdan öğrenebilirsiniz, ancak öze ait olan ilmi sadece kendi bilgeliğinizin açılmasıyla fark edebilirsiniz. Farkındaysanız aslında öğrenmekten öteye geçiyoruz. Bu bir hatırlamaktır. Zaten sizde olan bir şeyi öğrenmeye kalkmak; okuma yazma bilmenize rağmen tekrar öğrenmek için çabalamaya benzer. İlim birdir ve onun sadece hatırlanmasına ihtiyaç vardır. Levh-i Mahfuz bizim hücrelerimizdedir. DNA'nın sekizinci katmanında akaşik kayıtlar olarak vardır ve her türlü bilgi mevcuttur. İstediğimiz zaman buraya başvurarak oradan tüm bilgi ve ilme ulaşabiliriz.

11-İrade, Niyet: İrade de ona aittir. O ne dilerse o olur, çünkü bu ruhun arzusudur. Niyet aslında ruhtur. Bir şeye niyet ettiğimiz zaman bu ruhun dile gelmesidir. Niyet kalp ile yapılır zihin ile değil. Niyete girdiğimizde büyük bir irade meydana gelir. Bu dişilin niyetinin ruhun iradesiyle bütünleştiği alandır. İçsel olanın dışsal olana çıkmadan önceki durağı şüphesizliktir. Ruh her talimata cevap verir. Onun arzusu genişlemek ve keşif olduğu için bunu kutuplulukla değerlendirmez. İyi, kötü, doğru, yanlış bilmez. Zihinden gelen kutupluluğu da aynı şekilde değerlendirir. Yaratımın iradesi korkusuzdur. Deneyim ruh için her şey demektir. İrade sıfatı tecelli gücüdür. Dişilin ışığını hissetmek iradeyle eş değerdir.

Dışsal Alan: Er-Rahman (Muhammed)
(Eril Enerji)

1-İşitme, Duyma: Kendini kendi işitir. Duyan ve işiten bilincin açılması. Bildiğimiz kulak duymasından bahsetmiyoruz. İçsel sesin belirmesini kastediyoruz. Zihnin olmadığı ve özün tamamen devrede olduğu bir bilinç hali.

2-Görme ve İdrak: Kendini kendi görür. Burada kalp gözünün açılmasıyla görmekten bahsediyoruz. Gördüğümüzü ancak idrak edebiliriz. Kapalı olan bir göz hiçbir şey idrak edemez. Sadece tarif edilen kadarını algılar. Oysa tarifin ötesi sezgisel bilinçtir.

3-Güç, Kuvvet: Kendi gücü ve kuvvetinden başka bir güç yoktur. Bir melek, şeytan, insan, doğa gücü yoktur. Tüm bunların oluşumu onun gücünün yansımasıdır. Şeytan dahi onun bilinmemesiyle oluşmuş ve sonra ona güç illüzyonu verilmiştir. Oysa o basitçe ışığın kapalı olması durumudur.

4-Konuşma, Anlatma, Açıklama: Ağızlardan dile gelen yine kendisidir. Kelam, hitabet sadece onun dile gelmesiyle mümkündür. Konuşan ağız, tutan el, yürüyen ayak hepsi onun azalarıdır. Allah zihin olmadığı zaman dile gelir ki; bu sadece bedensel ağzımız değildir. Onun dile gelmesi tezahür gücünün ortaya çıkmasıyla alakalıdır. "Ol der ve olur..." Olmuş, bitmiş olana elbette...

5-Tekvin (yaratma demektir ancak hakikatte yaratma olmadığı için bu görüşülmez demiştik): Yaratmak için, yaratılmış olanı bulmamız gerekir. O zaman onun da bir yaratanı vardır. O yaratanın da bir yaratanı vardır diyerek karmaşa meydana gelir. Oysa sadece var olanın görünüşü vardır. Sonsuz potansiyellerin kendinden kendine tezahürü vardır.

6-Benzersiz Ortaya Çıkma, Görünme: Hiçbir şey ona benzemez, o da hiçbir şeye benzemez. Göründüğü zaman dahi yine benzersiz olarak bunu yapar. Kendini taklit, kopya ve tekrar etmez.

7-Benzersiz Hayat Verme: Tüm deneyimler birbirinde benzersizdir ki tekâmül olsun. Her bir kar tanesi dahi birbirine benzemez. Bir tane bir tanenin kopyası değildir.

8-Benzersiz Yapma: Tecelli eden tüm âlem birbirinin aynı değildir. Sonsuz potansiyellerin hepsi de benzersizdir.

9-Yok Etme: Tekrar görünmesi ve de benzersiz olduğu için her bir görünüş aslına dönerek yok olur. Bu aslında tezahür etmesi için gereken bir yok etmedir. Yoksa her şey haktır ve onun görüntüsündedir. Ancak bir şeyi tanımlamak onu sadece bundan ibaret kılar. Allah, Allah'lığını kimseye vermez. Diğer bir deyimle; Allah kendini hiçbir şeyle sabitlemez ve tanımlamaz.

10-Var Etme: Varlığını görmek, deneyimlemek ve kendini bilmek için sonsuzluğunda kendinden kendini var eder. Eşyanın tümü bu var etme ile görünür. Her şey zaten çoktan vardır ve eyleme geçildiğinde yaratım meydana gelir.

11-Bolluk (Rızıklandırma): Bolluk yine kendisidir. Parasal olan bir bolluktan bahsetmiyoruz. Para bolluğun fiziksel âleme tecelli ettiği bir kısmıdır. Gerçek bolluk sevgidir. Rızık Allah'tan gelir ve sevgiyle çoğalır.

Bir gerçeğin altını çizmek istiyorum. Denildiği gibi Besmele'nin tafsilatını açıkladık ve tanımladık. Yukarıda da bolca da örnekler verdik. Burada önemli olan tanımlı olmaları değil tanımsız olarak varoluş şablonu olarak biz de var olduklarının bilincine varmamızdır. Ezberlemeye değil enerjilerini hissetmeye çalışın. El kitabı gibi arada bakabilirsiniz. Bir şey düşündüğünüz zaman başvurabilirsiniz. O yüzden tanımlamayın ve sıralamayın. Bir şey tanıma girer girmez mutlak surette zihin devreye girer ve analiz etmeye başlar.

DNA için şifa simyası:

Rahman ve rahim olanın tüm tezahürüne kabul veriyorum. Kalbim şimdi derin bir kabul içinde. Enerjim dengeleniyor. Yaratımın kalbindeyim. DNA'mın yarısı dişilden yarısı erilden meydana geliyor. Kalbim Besmelenin anahtarını fark ediyor. Her işe onunla koyuluyorum.

Titreşiminizi ölçün:

Kalp daha fazla atmaya başlayacak. Sevgiyi daha fazla duyumsayacaksınız. Tam ve bütün olmayı deneyimlemeye başlayacaksınız.

Beşinci Çakra-B'nin Sırrı
Tam ve Bütün Olmayı Deneyimlemek, Dişil Enerjiyle Yaratıma İzin Vermek

İmgeleme Gücü - 4 Hz Teta

B sırrı aslında Besmele'nin tüm teferruatının kişide tezahür etmesidir. Hz. Muhammed, "Ben ilmin şehriyim, Ali benim kapımdır" diyerek "fenafillah" sırrına işaret etmektedir. Nedir gerçekte bunun açılımı? Şehir kesret âlemi dediğimiz çokluğu, Ali olarak da vahdet âlemi kast edilmektedir. Kesreti ve vahdeti bir bilmek bizi B'nin sırrına götürür. Diğer bir deyişle; fenafillah farkındalığına geliriz. Bu şehre girmek için öncelikle özü fark etmek ve "Bi ismi Allah" olan varlığın bizzat tüm sıfatlarının tezahürünün insan-ı kamilde tecelli edeceğinin bilinmesidir. Ali, Allah'ın Zat'ını yani özünü temsil ederken, Hz. Muhammed onun ilahi elbise giymiş halidir. Beşinci çakra boğaz çakrasıdır. Bu temelde ifade gücü ve yaratıcılık anlamına gelir. İfade gücü diğer bir deyişle hitabet için B'yi iyi anlamak gerekir. Allah kul ismi ile kendini ifade eder. Ancak o kulun önce kendi hakikatinin hak olduğu gerçeğine uyanması ve kendine ait sandığı tüm vasıfları zihninden ayrıştırarak özüne teslim olması gerekir. Cami hocalarının hutbe verdiği yer yedi basamaklıdır. Hoca hutbeden önce yedinci merdivene çıkarlar ve sonra beşinci merdivene iner. Bunun sembolik anlamı; "Hak ile bir olduktan sonra ancak hitap edebilirim"dir. B'nin sırrı Allah'ın yukarıda değil tüm varlığı içine alacak şekilde "içinin de içinde olma" bilişidir. Besmele ile rahman ve rahimin derin anlamının her an senden tecelli ettiğini ve dile geldiğine uyanırsın. Allah'ın tüm özelliklerinin senden açığa çıktığını görmeye başlarsın. Yani tüm özelliklerin ben de belirmesini özümden biliyorum. Varlığım tektir ve özümden ayrı değildir ki benim ayrı bir vücudum olsun. "Ben varım" zihinden gelirse ayrılık bilinci ile şirke girerim. "Ben varım" yüksek bilincimden geliyorsa tam ve bütün kabulünde şirkten çıkarım. Varlığımda kendini gösteren Allah'tır. O zaman bunun en derin anlamı fenafillahtır.

DNA için şifa simyası:

Varlığımda ilahi olan tüm özellikler şimdi tezahür ediyor. Özüm benden dile geliyor. Hak ile hak olmaya izin veriyorum. B'nin sırrına açılmaya kabul veriyorum. Ben sevgiyim, özüm, biriciğim.

Titreşiminizi ölçün:

Kendinizde açığa çıkan tüm dişil ve eril enerjinin deneyiminde olan varlığınızda saf bir bilinç hali oluşur. Mutluluk hali için bir şeye ihtiyacınız yok. Sadece neşe ve huzur içinde şarkı söylersiniz. Sesinizdeki huzur insanları da rahatlatır.

Altıncı Çakra-Nokta/ Çok Boyutluluğu Fark Etmek, Derin Boşluk

Üstatlığa Geçiş - 2 Hz Delta

Kainat bir noktadan ibarettir. Ancak kalem bu noktayı harflere, o harflerden de kelimelere dökülmüştür. Bu kelimeler çoğaldıkça da tıpkı âlemin çoğalması gibi bilgi ve deneyimler ortaya çıkmıştır. Her şeyi anlatsaydık, ama onu yine tek bir noktada toplasaydık ne kadar güzel olurdu. Tüm tafsilat ve teferruat bir anda biterdi ve sadece öz ortada kalırdı.

Noktayı Kübra (Büyük Nokta): Nasıl nokta harflerle bölünmüştür, çoğalmıştır, evrende aynı şekilde bölünmüş ve çoğalmıştır. Eğer noktanın sırrına erişebilmek istiyorsak, noktaya giydirdiğimiz harf kıyafetinden onu soymamız gerekir. Harf elbisesi özümüze aittir. Her şey odur ve bunun derin kabulünde olursak ve de biz de oysak; o zaman bu elbiselerden soyunmuş oluruz. O zaman geride sadece bir nokta kalır ve biz de bir nokta olarak elbiselere takılmadan, özümüzle deneyim yaşarız. Noktada elbise, harf, şekil ve tanım yoktur. İnsan zanlarından sıyrıldığında, büyük bir nokta olur.

"Her şeyin bir başlangıcı, bir de sonu vardır. Eğer bu başlangıç ve son aynı noktada birleşiyorsa o birleşme noktası esas, gerisi teferruattır. Kâinat da bu kuralın dışında değildir. Onun da bir başlangıcı vardır. İşte "Noktayı Kübra" diye kabul edilen o başlangıç noktasına "Allah" denir.

Allah'ın varlığının en kesin delili, kâinatın mevcudiyetidir. Nasıl bir resim ressam olmadan meydana gelemezse, kâinat da bir Yaratan olmasaydı meydana gelemezdi. Burada ressam asıl, resim feridir (gölge, yansıma). Allah, zatı itibariyle; kendinden başka bir şey olmayan, kendisinde dolduracak boşluk bulunmayan, her ne düşünürse kendinde mevcut ve müstehlik olan, kendinden kendine: "O gün mülkün sahibi kimdir?" diye sorulduğunda, kendinden başkası bulunmadığından yine kendi "Her şey Allah'ın hükmü altında kahrolmuştur" nidasıyla varlığını kendinde toplayan mertebedir. Bu mertebede Allah'ı Allah'tan başka bilen yoktur."[86]

B'nin sırrının nokta ile başlaması tıpkı bu yazıya bir nokta ile başlamak gibidir. Nokta ile başlamazsak hiçbir durumda ve şartta başlangıç yapamayız. O halde aslında nokta bir şeyin başlangıcını temsil ederken aynı zamanda da nokta ile de sonlanma, yani orada toplanma, birlenme söz konusudur. Bu durumda başlangıç ve bitiş gerçekte neyi ifade etmektedir? Ya da şöyle soralım: Gerçekten başlangıcı ve sonu olan bir Allah var mıdır? Elbette yoktur. Bunu anlamak için üstatlığın devreye girmesi gerekir. Bir üstat noktayı temsil eder. Başlangıcının ve sonunun Allah olduğunun bilinci bize nere-

86 Lütfi Filiz, *Noktanın Sonsuzluğu 1*, Eylül 2006.

ye dönersek dönelim ondan başkası olmadığı bilincini açar. Başı ve sonu aslında aynı olduğu hakikatine getirir. Başlangıç da nokta iledir, sonda aynı nokta iledir. Allah'ın ne başlangıcı vardır, ne de sonu... Çünkü evveli de O'dur, sonrası da... Allah'ı böyle bilmek gerekir. O evveldir, ahirdir, zahirdir, bâtındır ve O her şeyi tüm olarak bilendir.

Üçüncü gözümüz altı havasız, üstü havasız olan epifiz bezimizdir. Burası "gizli bir hazineydim bilinmek murad ettim. Kendimden kendime tecelli ettim" (Bir hadis-Küntü Kenz) diyen Allah'ın âmasıdır. Yolculuk burada başlar ve tekrar başlaması için sonlanır. Bu, noktanın sonsuzluğudur ve sırrıdır. Aslında burada gerçekten gizli bir hazine vardır. Bu hazineyi ortaya çıkaracak olan da epifiz bezimiz tarafından üretilen DMT hormonudur (Dimetiltriptamin). Bu hormonu tüm hayatımız boyunca sadece iki kere çok yoğun salgılarız. Biri doğarken anne ve çocuk olarak, diğeri de ölüm halindeyken gerçekleşiyor.

DNA ve epifiz arasında çok yakın bir benzerlik vardır. İkisi de düşük düşünce titreşimlerle hasarlanır. Eğer bir varlık hâlâ kurban sendromu yaşıyorsa ve deneyimlerinin ne anlamına geldiğinin farkındalığında değilse; buna bağlı olarak değersizlik, yetersizlik, layık olamama, gelecek korkusu, güvenli alanına -işler yolunda gitmemesine rağmen- yapışmak gibi duygular geliştirir. DMT hormonunu şu anda çok az sayıda insan normal düzeylerde salgılamaktadır. Altı ve üstü havasız olan iki tane nokta vardır.

Bu iki nokta "Hayat" ile âmadan çıkarak belirmeye başladığında, tıpkı doğduğumuz anda olduğumuz gibi saf bir şekilde uyanmaya başlayacağız. DMT hormonu bana göre üstatlık hormonu salgılamaktır. Nokta olarak gördüğüm epifiz bezimiz üstatlığa geçiş için yani ruhun bedene tam olarak akması için DMT hormonunu salgılıyor. Burasının altıncı çakra olduğunun altını bir kere daha çizmekte fayda var. Üstatlık devreye girdiği zaman altı ve üstü havasız olan hayat bulmaya başlıyor; ancak bunun için bir forma ihtiyacı var. Hayat kendini burada üstadın formuyla deneyimleyebilmektedir. üçüncü göz ya da altıncı çakra form almak için bir noktaya ihtiyaç duyar. İşte burası Hz. Muhammed'in 63 yaşında ölümünün sembolik sırrıdır. Altı sayısı tam ve bütün olma halini şifreliyorsa varlık bunu fark ettiğinde de bu hâlâ yeterli değildir. Yanına bir de üç koymak gerekir. Bu üç, noktanın sırrıdır.

Üstatlık bilinci açıldığında tekrar sonsuz başlangıca geri dönmek ve bunu tebliğ etmek, yaymak, genişletmek gerekir. Altı ile üstatlığa geçen varlık, üç ile bunu deneyimleyecek olana, diğer bir varlığa rehberlik yapar ki bu gerçek ölümdür. Ölmeden önce ölüm! (Hz. Muhammed bu anlamıyla ölümsüz bir Muhammedî bilinçtir) O zaman DMT hormonu bu ölüm ile çok yoğun bir şekilde aktifleşir. Bu, aslında bir kişinin diğer kişide de ölmesi demektir. Mürşitlik kavramını sadece kendi ölümüyle değerlendirenlerin neden bunu yüzüne gözüne bulaştırdıklarını da bu vesileyle anlatmış olduk!

Altı sayısını sembolize edenlerden biri de Süleyman'ın mührüdür. İç içe geçmiş iki eşkenar üçgenden oluşan bu şekil altı köşelidir. Yukarı bakan üçgenin tekâmül ederek öze ulaşan ruhu, aşağıya bakan üçgenin ise toprağa dönüşü temsil ettiği düşünülmektedir.

"Gökleri, yeri ve bunlar arasındakileri altı günde yaratıp sonra arş üzerinde egemenlik kuran O'dur."[87]

---

87 Furkan, 59.

Tanrının dünyayı altı günde yaratmış olması ancak üç ile (fiili, sıfatı ve zatı) kendini deneyimleyeceğinin muhteşem anlatımıdır.

Bunu mısralara döken Hacı Bayram Veli bakın ne güzel anlatmış:

Çalabım (Allah) bir şar (şehir)yaratmış

İki cihan arasında (iki kaşın ortasında bulunan epifiz bezi)

Bakıcak didar görünür

Ol şarın kenaresinde

Nagihan bir şara vardım

Anı ben yapılır gördüm

Ben dahi bile yapıldım

Taş ve toprak arasında

Şakirtleri taş yonarlar

Yonup üstada sunarlar

Mevlanın adın anarlar

Taşın her paresinde

Ol şardan oklar atılır

Gelür sineme batılır

Aşıklar canı satılır

Ol şarın bazaresinde

Şar dedikleri gönüldür

Ne alimdür ne cahildür

Aşıklar kanı sebildür

Ol şarın kenaresinde

Bu sözümü arif anlar

Cahiller bilmeyüp tanlar

Hacı Bayram kendi banlar

Ol şarın minaresinde

Allah iki cihan arasında bir şehir yaratmıştır. Bu şehir insan gönlüdür, insanın kalbidir. Bu şehrin bir yönü maddi âleme, diğer yönü ahrete bakar. Allah akılla idrak edilemez. Allah ancak kalp ile sevilir. Yani insan Allah'ı kalbiyle anlar.

Diğer bir anlatımla şöyle dersek; Üstat olan kendini deneyimlemek için "hayat" sıfatıyla tecelli etmeye başlarsa, üçte kendini seyreder. Nedir bu üç? Allah'ın filleri, sıfatları ve zatıdır. Orada hak ile seyir başlar. Bu seyir kendinden kendinedir. Üstatlıktan önce sahip olduğun her şey geçici ve ölümlüyken, üstat olduktan sonra ebedi olanla "bir" olur ve hazine açılır ki, orası her şeyin sahibi olanın kim olduğu sorusunu bitirir. Mülk Allah'ındır? Kimdedir bu mülkün anahtarı? Elbette sende! O zaman gerçek tamamlanma söz konusudur. Yeni bir başlangıç (nokta) ve yine onun üstat olması ile ilgili bir sonlanma (nokta) ve yine bu sonlanmanın başa dönmesidir. İki nokta birleşince bir doğru olur. Bu da dokuz sayısının açılımıdır. Önce altı olur, sonra üçü fark edecek olan saf bilince iner (nüzul) eder, tohumlar ve her ikisinin de toplamı 9'dur. Bunun iki kere yapılmasının sebebi derindir. Aydınlanma dediğimiz "fenafillah" gerçekleştiğinde o halde kalamazsınız, bunu mutlaka deneyimle de tasdik etmelisiniz ve ruhun dilini diğerlerine aktarmalısınız. Bunu iki kere yapan bir varlıkta önce Besmele'nin (bitişik yazıldığında 2 x 9=18) sırrı rahman ve rahim olan Allah'ın ismi açığa çıkar. B'nin hakikatiyle hayat bulur ve sonra tekrar nokta olarak âlemi seyreder. Sonra tekrar çıkar, sonra tekrar iner, çıkar, iner, çıkar. Nokta...

DNA için şifa simyası:

Varlığımı kapatan elbiseyi ve kendimi tanımladığım öze ait bilmediğim ne varsa çıkarıyorum. Deneyime inmeye gönüllüyüm. Tüm bilişimle deneyime açılıyorum. Nokta şimdi bu deneyimle harflenmeye başladı. Deneyim bittikten sonra tekrar harfleri bırakacağım. Ben noktanın üstat farkındalığıyla dile gelmiş haliyim...

Titreşiminizi ölçün:

Daha fazla idrak genişliği yaşarsınız. Üstatlık devreye girdiğinde saf bir oluş hali meydana gelir. Eşzamanlı olaylar yaşamaya başlarsınız. Ölüm duygusundan çıkarak sonsuzluğu idrak etmeye başlarsınız.

Yedinci Çakra –
Ben Benim, Bir'in Tezahürü

Sevgiliyle Aynı Odada Olmak - 0 Hz Delta

Farz edelim ki bir sevgilimiz var ve onunla aynı odadayız. Fakat buna rağmen kendisine ifade edemediklerimizi bir mektup yazarak, onu ne kadar özlediğimizi, kırıldığımızı, sıkıntılarımızı ya da sevdiğimizi anlatıyoruz. Böyle bir davranış elbette ki, sevgilimizle yaşanılan iletişim bozukluğunun ve zihin merkezli olduğumuzun göstergesidir. Diğer bir deyişle; aynı-'bir' kaynaktan buluşamadığımız için bütünleşme yolculuğumuzun da bittiğinin kanıtıdır. Peki mektuplarımıza cevap alabiliyor muyuz?

Özümüzle aynı odada (kalben bütünlük içindeyken) 'An' kavramında genişleyen, kendini sürekli yenileyen bir enerjiye sahibiz, ama mektup yazarken, zaman kavramında hapsolmuş ve bloke olmuş bir enerjiye sahibiz. Hayatımızı en başta zihnimiz, korkularımız ve buna bağlı olarak gelişen kıyaslamalar ele geçirmiştir. Bunlar, kendimizi yaşamın içinde kabullenmeme noktasına getirir ki, bu da mektuplarımıza cevap verilmediğini gösterir.

Bir süreliğine de olsa bunu bedenimizde, ruhumuzda anlamaya çalışalım. Dışsal alanımı, yani bedenimi ve içsel alanımı yani ruhumu evlendirirsem birlikte aynı odada (kalpte) yaşamaya başlamış olmaz mıyım? Birlikte atan kalp haline gelmez miyim? Artık mektup yazmaya gerek kalır mı? Hayır! Hasret bitmiştir. Kendimle, özümle bütünleşme başlamıştır. Ama neden kendi özümüzle bu kadar kolay iletişime geçemeyiz? Neden "O Ben Olanım" sırrına genişleyemeyiz?

Bence bunun en önemli nedenlerinden biri tevazudur ve gerçekte bizler bunun ne anlama geldiğini bilmiyoruz. Hallac-ı Mansur'un "Enel Hak/Ben Benim, Ben Hakkım" demesi evliliğin aynı odada gerçekleştiğinin kanıtıdır. Mektupsuz ve aracısız kavuşma gerçekleşmiştir. Hallac, tevazu sahibi olarak, kendinde ve âlemde Allah'tan başka hiçbir şey bulamadığı için, zaten "Ben Hakkım-Ben Benim" demekten de başka bir şey söyleyemezdi.

Kaynağın aktığı sonuç odaklı merkezimizdeyken, gerçekten bunu anlamak kolaydır; çünkü insani koşullanmalarımızdan sıyrılarak, tanrısal bilişimizi, iletişim yoluyla özgürleştirmişizdir. Gerçek bilişe izin veren tevazu; aslında saf kalbin açılmasını sağlayan anahtardır. Ama düalite dediğimiz mektuplar işin içine girince kafamız karışıyor, kalplerimiz mühürleniyor ve gözlerimiz bulanık görmeye başlıyor. Bunun sonucunda kalben özgürleşemeyince, kendi özümüzü kendimizden uzaklaştırarak, zihin merkezinde, yani ego merkezinde yaşamlarımızı sınırlı bir şekilde devam ettiriyoruz. Bu merkezlenme ya da bu uzaklaştırma bize evliliğimizin farkına varamamamız için oyunlar oynuyor. Mektup adresine ulaşıyor, ancak illüzyon devrede olduğu için çeşitli dramlar ve korkularla; "Ben Hakkım, çünkü O'ndan başka yok ki ben var olayım" noktasını kavrayamadığımız için, tanrısallığımızdan uzak yaşamaya devam ediyoruz. Sonuç olarak mektup olarak tarif ettiğim illüzyon, Allah'la kalben olan iletişimimizi de sabote etmiştir!

İletişim güçlüğü yaşamamızın diğer nedenlerinden biri de illüzyona takılmamızdır. Bu sefer sevgilimle (bedenimle) aynı odadayken (zihindeyken) kendime (ruhuma) mektup yazmaya çalışıyorum. Özümle olan evliliğimin, yani tanrısal gücümün farkında değilim. Bu iletişim gerçekleşemez; çünkü mektup yazarken en büyük tuzağa düşerek zaman diliminde ruhumu beslemeye çalışıyorum. Diğer bir deyişle; geçen, eskiyen, yaşlanan, yaşamı şartlara bağlı ve bundan dolayı asla tatmin olmayan ruhların olduğu bir dünyanın illüzyonuna odaklıyım. Zaman kelimesi hem "zaman"ı hem de "an"ı kapsar. Zaman illüzyonu, zihnin en sevdiği oyuncağıdır.

Zamandan bağımsız olmayı uyuduğumuz zaman ile açıklayalım: Uykuya daldığımız zaman, *rüyalarımı* sıraya koymalıy*ım* diye bir düşüncede olamayız. Dolayısıyla rüyalarımız zamandan bağımsız bir şekilde gelişir. Önce babamın gençliğini ya da yaşlılığını, *sonra kendimin işe ilk başladığım zamanı ve sonra çocukluğumu göreyim* diyemeyiz. Rüya kendiliğinden spontane bir şekilde gelişir. Dolayısıyla rüyanın hangi zamanı içereceğini tasarlamayız. Zamandan bağımsız ve sürprizlerle dolu geçen uyku evremizden uyandığımızda, 15-20 saniye gördüğümüz rüyayı saatlerce görmüş gibi anlatırız. İşin en güzel tarafı gördüğümüz rüyadan dolayı kendimizi ve olayları yargılamak aklımıza bile gelmez. Ancak güne rüya zihnimizden farklı olarak hayatı yorumlayarak başlarız. Gün ise çoğunlukla zihnimizin benliğini sürdürebilmesi için, yargıya ihtiyaç duyan sentezleri ile son bulur.

Oysa yargılama; kıyaslamadır. Bu da zihnin kendisini besleme tarzıdır. Rüya görmek an'ın, diğer bir deyişle 'zamansızlığın teslimiyetçiliği ve akışkanlığı' ise, rüyadan uyanmak ise zihnin tekrar yargılama sürecine zamana bağımlı olarak girmesidir. Dolayısıyla, biz daha farkında bile olmadan, zihnimiz tarafından 'kader hipnozuna' gireriz. Bunun en derin anlamı; beklentiye giren ('ben kendi yaratım potansiyellerimi hayata geçirecek ve olayların akışını değiştirecek bir güce sahip değilim, bu ancak göklere hapsettiğim Allah'ın, izin vermesi ile olur' zihniyeti) varlığımızın, sanal âlemde bizi kurtaracağını zannettiğimiz ve dibine kadar düaliteye saplanmış olan, toplu bilincin dayatma Tanrı'sına boyun eğiyor olmamızdır. Oysa en büyük yaratıcılar olmamıza rağmen, özgürlüğü elinden alınmış ve güç dilenen varlıklara dönüşmüş olmamız korkunç bir çelişki değil midir? Böyle bir Allah ile ilişki içinde olmak, hiç gerçekleşmeyecek beklentilerimizin, yaratımlarımızın toplumsal trajedisi değil midir?

Artık rüya içinde rüya görmeyi bırakmanın zamanı gelmiştir. Ben Benim (Allah'ın kendini ifade etmesi) devrede değilse hiçbir şey gerçek değildir. *Yalan Dünya* kavramı böyle oluşmuştur. Eğer Allah kendini ifade etmiyorsa o zaman yoktur. Eğer ediyorsa vardır. Kime göre? İfade edilen yerin kendim olduğum bilincine kabul verene.

Kapalı bilinçte yaşayan bizleri aslında yaşanacak olan kaderin, büyük bir gücün elinde olduğu inancını aşıladılar ve bu da sanal dünya dediğimiz "beklenti çemberini" yarattı. Bu bir döngüdür. Bu bir ruhun sınırlı alana hapsolması neticesiyle, zihin karmaşasının içine düştüğü en büyük yanılsamadır. Büyük güç bizden ayrı bir yerde olan, varlığını dağın arkasında ya da göklerde hapsetmiş bir güç değildir. Tam tersine Allah'ın tüm yaratım potansiyellerini insana "Ben Benim" aracılığıyla aktardığı özgür bir güçtür.

İçsel olarak özgürleşmeye çalışan bilincimiz, diğer bir deyişle, kendini bilen yanımız bize, teslimiyet anlayışını sadece kendimizi duymamızı fısıldar. Ancak farkındalık tam gelişemediği ve düalitenin çok fazla etkisinde olduğumuz için fısıltı giderek tıpkı kulaktan kulağa oyunu gibi, gürültüden duyulmayacak bir hale gelir ve bunun neticesinde teslimiyet 'bilinmeyene duyulan teslimiyete' dönüşerek şekil değiştirir. O artık kendisini, kendisinden başka her şeye teslim eden, kendisine ve topluma şüphe ve yargıyla bakan, düalitik bir zihin haline gelir. Hayal kurmayı da unuttuğu için konuları çok ağırlaştırır ve akışı bitirir.

Hayal gücü kuşkusuz hayatın akışını sağlayan en büyük güçtür. Ve sizinle sizin aranızda oluşan çok çekici bir süreçtir. Gerçekleşmiş bir hayalinizi düşünmek bile inanılmaz derecede kendinizi iyi hissetmenizi sağlar. Ama ya bunun dışında kalanlar? Ya dramı baş aktör haline getirenler? İşte burada çıkar ilişkileri ön plana çıkmaya başlar, ama bu öyle kolay sıyrılabilecek bir konu değildir. Zira çıkar ilişkisinde en korkulanı; kişinin kendisiyle olan kısmıdır. Ben buna kısaca 'dram pokeri' demek istiyorum.

Hepimizin hayatında dramları ve bitmeyen senaryoları var. Aslında senaryolarımız, ilk başlarda kendini gizli şirk misali ekonomik çıkar ve toplumsal menfaat ilişkisinde gizleyen, sonrasında sürekli durumuyla ilgili blöf yapan, çok tehlikeli boyutlarda korkuya bağlı yalan söyleyen, bağımlılık yaratan, yıpratıcı alışkanlıkları olan ve kökü atalarımızın dramına kadar uzanan, talihsiz öykülerimizdir. Dramlarımız çoğunlukla kayıplar üzerinedir. Kaybeden elimizdeki kötü kartlar (sorumluluğumuzu alamadığımız hayat senaryolarımız) ise kazanan kare-royal-flush (toplu bilincin, geçici hipnoz senaryosu), neden kalıcı olmaz ve bir gün yine kaybeden oluruz? Suçluk duygusunun eklenmesi ise bu dramın mutlaka tekrarlanacağı anlamını taşır. Çünkü kişi kendini yanlış yapmadığına inandırmak, etrafına da bunu ispat etmek için aynı deneyimi yine yaşamak ister.

Hayatımda dramı olmayan hiç kimseyi görmedim. Ya da buna sarılarak, diğerlerini de bu drama ortak etmeyenini de görmedim. Dram, korkunun panzehiridir. Korkuyu kamufle etmenin en güzel yolu dramla beslenmektir. Çevremizden "Benim hayatım korkunç durumda..." diye başlayan ve en kötüsünü sanki kendisi yaşamış gibi anlatan kişilerin sadece kendi çıkarını gözeterek, kendi haklılığını ortaya koyduğu ve onlar için vazgeçilmez olan dram hikâyelerini çok duymuşsunuzdur. Kendimizce onların hikâyelerine ortak olup, onları teselli etmiş ya da "Bu da ne ki, esas benim hayatım dram, şunun anlattığı şeye bak!" diyerek karşımızdaki kişinin dramını küçümsemişizdir. Şimdi beslenme için kısa bir ara veriyoruz. Beslenme saati geldiğinde çantamızın içinde en başta güvenli alanımızı korumak için çıkarlarımız, gelecek korkumuz, sevgisizlik, geçirilen hastalıklar, ölümler, tacizler, elimizden alınan haklarımız ve bize hak etmediğimiz davranışlar yüzünden toplumun ağır yargısı, vs. vardır. Tüm bunlarla beslenmek geçici olarak karnımızı doyuracak, zihnimizi oyalayacaktır; ama özümüz ağır darbe alacaktır. Zira özümüz dramlarla değil, ruhun deneyimleriyle illüzyonun iştahına darbe vuracaktır.

Benim dramım seninkini döver! Ama ister dinleyen olsun ister anlatan, her ikisi de yaptıkları bir şeyler yüzünden cezalandırıldıklarını düşünerek olaya yaklaşırlar ve bunu Allah'ın sopası olarak düşünürler. Oysa bu, düpedüz korku sopasıdır. Ve kendi kendimizi dövdüğümüzün farkında bile olamadığımız kör noktamızdır.

Bir gün yanıma yaklaşan bir dilenciye "neden dileniyorsun?" diye sordum. "Ben dilenmiyorum, ihtiyaçlarım için para bulmaya çalışıyorum," dedi. Bu da farklı bir bakış açısıydı.

Hayatı barınma korkusuyla geçen ve bu yüzden biten ilişkilere yapışıp kalan birisinin, kendisine bulutlardan yapılma evlerde yaşamaya gönüllü bir hava vermesi gibiydi. "Ben barınmaktan korkmuyorum, değişik alternatifler yaratmaya çalışıyorum." Tabii, unutulmaması gereken en önemli şey; onun, bulutlardan evler almaya gönüllü olan dramı, ona ancak sislerden yapılma emlakçı (toplu bilinç) aracılığıyla sisli odalar (gücünün farkında olmayan, bölünmüş bilinç) gösterecektir. Bu sisli odalardan aşağıya düştüğündeyse (beden hapishanesi) sorumluluğu emlakçıya yükleyecektir.

Aslında işin sır tarafı; bulutlardan evlerimizin sihirli alanlarımızdan biri olmasıdır. Biz sadece onlara bulut mantığıyla baktığımızda, onları sadece gökyüzünün pamuk yatakları olarak görürüz. Oysa sislerin ötesini görmemiz için bu gizeme bürünür, bir kaybolup bir geri gelirler. Yağmur yağdığında kapkara olurlar, güneş açtığında da ortadan kaybolmayı bilirler. Gökyüzünün haberci dostlarıdır onlar.

En güzel hayalleri onların üstüne çıkarak yaparız, ama sonra bunu unuturuz. Bugüne kadar bulutların hayallerimizi gerçekleştirmemiz için verdikleri ilhamları kaçımız kabul ettik ve bunu gerçek olduğunu düşündük? Kaçımızın bulutlardan evleri ve sarayları var? Kaçımız dramlarımızdan usanıp, bulutların tıpkı kendileri gibi olmamız için bizi yüreklendirmesine izin verdik? Bunlar sadece çocukların hayalleri mi? Bir tek çocuklar mı bulutların içinden aşağıya düşmezler ve gerçekten üstünde uyuyabileceklerini düşünürler?

Ben Benim yedi yaşına kadar çocuklar üzerinde çok aktiftir, ancak daha sonra yavaş yavaş kesilmeye başlar. Çocukların bıngıldakları doğdukları zaman yumuşacıktır, ancak daha sonra katılaşmaya başlar. Aslında o yumuşaklık özüyle henüz kopmadığının en önemli göstergesidir. Yetiştirilme tarzımız yüzünden de bir daha o yumuşaklığa geri dönemeyiz.

Çocuklar yaratıcılık çıktısı almış gerçek mezunlardır. Onların hayal dünyalarında yetersizlik yoktur. Yokluk diye bir kavramı biz onlara söyleyinceye kadar bilmezler. Dünyaya bile kendi yiyecekleriyle gelirler. İhtiyaçları onlar daha hissetmeden onlar için hemen oracıkta hazırlanmıştır. Buna güven duymayı bile düşünmezler, sadece bilme halindedirler. Başkalarının hayallerini bilmek yerine, kendi hayallerine dalarlar. O yüzden her çocuk bu anlamda yeterlilik kavramına sahiptir. Kendi kararlıklarını bu bilişe sahip olarak vermek isterler, ama engelleri çok büyüktür. Hayal kesici üstat anne-babalar bu duruma asla müsaade etmezler. Sonuç mu? Yaratıcılığın daha başlamadan sonu gelmiştir.

Bizim *Ben Benim* olmaya izin vermemiz gerekiyor. DNA ancak bu yedi sır fark edilirse aktifleşir. *Ben Benim* halinde etrafta olanın bitenin sorgulaması biter. Ayrılık bilinci sonlanır. Sevgilimizle aynı odada olma bilinci genişler.

Tasavvuf hocam bir gün bana "Söyle bakalım bugüne kadar *Ben Benim* sohbetlerimizden ne anladın?" diye sormuştu. Ben de hiç tereddüt etmeden "Ben de Hakk'ım" yanıtını vermiştim. O da muzip bir şekilde gülerek "Evet öylesin, ama dikkat et bunu egon söylemesin" diyerek bana tasavvuf mutasavvıflarından olan Beyazıt-ı Bestami'yi örnek göstermişti:

"Beyazıt-t Bestami bir gün ezan okuyan birini görünce 'Yalancı' diye bağırır. Etraftakiler ona neden böyle bağırdığını diye sorunca o da, 'Ezan sırasında Allah büyüktür' dediği zaman altındaki örs erimeliydi, oysa sapasağlam duruyor. Bunun üzerine kendi ezan okumaya başlar ve altındaki örs erir. Bu sefer de kendine 'Yalancı' der. Neden kendine yalancı dedin diye soranlara 'Benim de erimem lazımdı' diye cevap verir."

Ardından "Senin erimen nasıl olur? Sen nasıl bütünleşirsin özünle?" diye sordu bana. Klasik cevaplardan hoşlanmayan bir yapım olduğu için hemen cevap vermek istememiştim. Daha sonra özüme bu soruyu, bizzat kendim sorduğum zaman; içimin derinliklerinden bana çok önemli bir sır fısıldanmıştı: "Ten ilmini (zihninle algılamaya çalıştığın ve sana öğretilmiş, dikte ettirilmiş, zorunlu, korku dolu ilim) bırakıp çıplak kalırsan, boşluğun ilmine gireceksin. Bu sırrı keşfettiğin zaman üç dinin hakikatte aynı olduğunu görerek *tevhid* edeceksin ve kendi sarayında (bilincinde) en büyük *vahdet* (birlik) neşesi ile hakikatin uyanmasına izin vereceksin. 'Allah büyüktür' diye bağıran bütünün neşesidir. O tüm insanlığın özüdür. Bizler o özden başkası olamayacak kadar eşsiz varlıklarız."

DNA şifa simyası:

Ben Benim'in devreye girmesine izin veriyorum. Bir'in tezahüründe ilahi elbisenin Ben Benim olduğunun bilincindeyim. Kaynakla arasız ve aracısız olma halindeyim. Ben O Ben Olanım. Bunu içsel olarak kendime her an hatırlatıyorum.

Titreşiminizi ölçün:

Zihin artık gevezelik etmeyi bırakacaktır. Kendinden şüphe duymak sonlanacaktır. Korku illüzyonu sonlanarak artık özgürlük hissi meydana gelecektir.

Birinci Çakra, Kök Çakra: Kuyruk Sokumu

Kök çakra, yaşamı sürdürmeyle ilgilidir. Bu çakra korku kapalı ise şöyle düşünürüz:

"Dünya bensiz daha güzel olur."

"Ölsem de kurtulsam..."

"Alıp başımı gitmek, kaçmak ve kimsenin beni bulamayacağı bir yerde hayatımı geçirmek istiyorum..."

Bunlar Birinci Çakra Kök korkularının bir belirtisidir. Birinci Çakra, kırmızı renktedir ki o yaşama doğum verir. Kırmızı renk yeni yollar yaratılmasını veya yeni teknolojilerin ortaya çıkarılmasını sağlar. Korku hakimse kişi yaşamdan, ilişkilerden, hayattan korkan, içine kapalı biri haline gelir. Yaşam onun için depresif bir hal alır. Birinci çakrada tüm bu korkuların salınması kişinin yaşamından zevk alabilmesidir. Bu gerçekten çok önemlidir, zira andan zevk almaya başladıktan itibaren yepyeni yaratımlar hayatımıza akmaya başlar. Yükseliş onlar için tüm hazırlıklarını tamamlar.

İkinci Çakra: Karın

İkinci çakrada korku hakimse duygular ve cinsellik çevresindedir. Bu korku kişinin ya aşırı duygusal veya aşırı libido artışı ya da azalması, kendini karşı cinse karşı kapatan duyguları bastırma şeklinde kendini gösterir.

İkinci çakra rengi turuncudur ve yaşama şekil verir. İkinci çakradan korkular özgürleşmişe "cinsel kanal" haline gelmektir. Bu ne demektir? Hem erkek hem de kadın olsun, liderlik, iktidar ve yaratım amaçları için çok yüksek titreşimli enerjilere kanal olma kapasitesine sahiptir. İnsanoğlunun düşüşünden önce doğum, fiziksel olarak rahim yoluyla gerçekleşmezdi. Ortaya çıkarma veya yaratma da ikinci çakra kök korkusunun ardındaki hediyedir.

Üçüncü Çakra: Mide

Üçüncü çakrada korku hakimse, bu korku ilahi olan gücü kapatır. Kişinin aşırı kontrolcü ve bir anda da kontrolü bırakması arasında kişiliğin ortaya çıkmasıyla kendini gösterir. İnsanları kullanmaya yönelik veya tahakküm edici davranışlarda bulunanlarda bu kök korku çok güçlüdür. "Yakınlarım benim istediğim şeyleri yaparsa o zaman mutlu olurdum." düşüncesi bu korkunun bir belirtisidir.

Üçüncü çakra sarı renktedir, ki o hayatın bilgeliğini yansıtır. Üçüncü çakra insanları politikacılar, bürokratlar veya başkanlardır. Üçüncü çakra kök korkunun dengelenmesiyle ortaya gücün doğru şekilde kullanılması sonucu "koşulsuz sevgi" çıkar. Gücü doğru şekilde kullanmaya başladığımız zaman artık hep birlikte egosuz liderlikle, koşulsuz sevgi ve işbirliği vasıtasıyla yöneticiler olacağız.

Dördüncü Çakra: Kalp

Dördüncü çakrada korku hakimse, sevgiyi ve ilişkileri kapsar. Bu korku genelde romantizm, karşılıksız sevgiler ve asıl sevginin kişinin dışında olduğu inancıyla kendini gösterir. "Bu çocuğu bir ayarlayabilseydim o zaman mutlu olurdum." inancı bu korkunun bir belirtisidir.

Dördüncü çakra yeşil renktedir ki, o yaşamla uyum rengidir. Dördüncü çakra insanları şifacılar, doktorlar ve tıpla uğraşan kişilerdir. Dördüncü çakranın korkulardan dengelenmesiyle elde edilen hediye "sevgi"dir. Dördüncü çakra kök korkusunu halletmiş olan kişiler, yepyeni ilişkilerin doğmasına öncülük edecek, evlilik, aile ve kutsal birlik konularında yönlendirici olacaklardır.

Beşinci Çakra: Boğaz

Beşinci çakrada korku hakimse, korku, yaratıcılığı ve kendini ifade yeteneğini kapsar. Bu çakrası aktif olan kişiler genelde yaratıcı, kendini ifade yeteneğine sahip bireylerdir, ki onlar genelde sanatçı olurlar. Zıt durumdaysa kişi birçok yaratıcı düşünceye sahip olur; ancak bunları bir türlü ifade edemez.

Beşinci çakra indigo mavisidir ki o yaşama özgürlük ve yaratıcılık verir. Beşinci çakrası dengelenmiş kişiler, ressamlar, müzisyenler, dansçılar, yazarlar, aktör ve aktrislerdir ve onlar, sonsuz yaratıcılık ve iletişim kurabilme potansiyeline sahiptir. Beşinci çakra aynı zamanda kanallık yapabilme enerjisinin anahtarını da taşır. Yüksek derecedeki kaynaklara kanallık edebilme yeteneği, ileriki zamanlarda ruhsal öğretmenlik, yaratıcılık, eğitim ve tüm seviyelerde liderlik yapabilme yetenekleri çok fazla artacaktır.

Altıncı Çakra: Alın

Altıncı çakrada korku hakimse, korku vizyon yeteneklerini kapsar. Bu korku kişinin yeteneklerinden ürkmesi, vizyonunda gördükleriyle iletişime girmekten çekinmesi veya birçok şeyi gördüğünden ötürü cezalandırılabileceği endişesiyle bu vizyon yeteneğini kapaması şeklinde kendini gösterir.

Bu çakra laciverttir ve o yaşama vizyon verir. Altıncı çakra insanları medyumlar, duru görücü-duru işitici ve şifacılardır. Altıncı çakranın dengelenmesi her şeyi görebilme yeteneğidir, ki yaratımımızda kaybolmuş bulunan geleceği görebilme yeteneği de buna dahildir. İlahi plana ulaşabilmemiz için vizyoner ve medyum yeteneklerimiz ortaya çıkarmamız önemlidir.

Yedinci Çakra: Tepe

Yedinci çakrada korku varsa, bilgiyi kapsar. Bu çakranın korkuyla kapatılması kişinin her şeyi bildiği inancıyla -ki bu onun egosunun tavan yapmasına sebep olur- veya tam tersine yeterince bilmediğini düşünüp bilgiyi devamlı dışarıda aramasına yol açar.

Bu çakra menekşe renklidir ki, o yaşama bilgi verir. Yedinci çakra insanları ruhsal öğretmenler ve ruhsal liderlerdir. Yedinci çakranın dengelenmesi sonucu, eğitim, teknolojik gelişim ve ruhsal liderlik için sınırsız bilgiyi elde edebilir konuma geleceğiz. Korkuların aşılması insan yaşamında dokunduğu her şeyi ve herkesi değiştirmesi şeklinde kendini belli eder. Hepimiz tam potansiyelimize sahip olduğumuzda, insanlığın açılımına ve gelişimine en mükemmel şekilde katkıda bulunabiliriz. Hepimiz biriciğiz ve gizemin parçasına sahibiz. İşbirliği halinde olursak birçok insanı etkileyebilir, farkındalığı olmayan bilinçleri uyandırabiliriz. Bu, tek başına gerçekleştirilemez. Her birimizin bütüne katkıda bulunması birlik bilincini de genişletecektir.

Şimdi tanrısal sıfatlarla devam edelim. Mümkün olduğu kadar bol örnek vereceğim ki; konunun özü iyice anlaşılsın. Yedi sıfat özelliğini çakralarla birleştiriyoruz şimdi.

Sıfatların Çakralarla Birleşmesi

1-Hayat (kök çakrası)

2-İlim (karın çakrası)

3-İrade (mide çakrası)

Burada biraz daha iradeden bahsedelim. İrade ile kişinin kendi iradesinden mesela Esra'nın iradesinden bahsetmiyoruz. Tanrısal olan iradeden bahsediyoruz. Esra'nın iradesi insan veçhesidir. Ve orada, acı da var, hüsran da var, ayrılık da var. Problem kısacası zihne ait olan her şey var ve kendini yargılıyor. Biz diyoruz ki, orası sadece deneyim alanı. Kendini yargılamadan özüne dönebilirsen eğer, o güçlü ve ilahi olan irade orada var. İnsan haliyle her şey var, ama özüme dönersem bunun bir oyun alanı olduğunu ve deneyim alanı olduğunu fark edebilirim. Dünya benim oyun alanım. Burada "Ben Benim" devreye giriyor. Bu noktada ilahi olandan başka varlık alanı yok. Ondan başka kimse irade göstermiyor. "Ben Hakk'ın ezeli ve ebedi olanıyım" idrakine genişlediğim zaman âlem sadece "Ben" kavramına bürünür. Allah ile olan ayrılık illüzyonunun bitmesi ve kendinden kendini deneyimlemesi için ihtiyaç duyduğu iki olma hali yine kendini birlemesiyle irade gösterir ve deneyim sonlanır. Gerçek irade deneyim için ikiye bürünmesi ve tekrar bütünleşerek yeni bir deneyim için ruhun gerçek iradesini ortaya koymasıdır. Bu idrake geldiğimizde yüksek iradem dışında birilerinin benim için oturup kağıdı kalemi alarak, şu yaşanmalı, bu deneyimlenmeli, çocuğu olmasın ya da olmasın gibi kararları veren bir mekanizma yok. Seçimleri Benim'in iradesi yapıyor.

4-Görmek (kalp çakrası) Kalp -eril ve dişil merkezdir. Yukarısı ve aşağısına merkezdir. Hermetik bilgi şöyle der: Yukarısı nasılsa, aşağısı da aynıdır. Bunu sadece kalp gözüyle görebiliriz.

Meryem suresi 65. ayette ise şöyledir: *"Allah, göklerin, yerin ve her ikisi arasındakilerin Rabbidir; şu halde O'na ibadet et ve O'na ibadette kararlı ol. Hiç O'nun adaşı olan birini biliyor musun?"*

5-Konuşma (boğaz çakrası)

6-İşitme (alın çakrası)

7-Kudret (tepe çakrası)

İnsan suresi ikinci ayette de bu sıfatları şöyle anlatılır:

"Şüphesiz Biz insanı, karmaşık olan bir damla sudan yarattık. Onu deniyoruz. Bundan dolayı onu işiten ve gören yaptık."

Haşr Suresi, 24. ayetle konuyu genişleteyim:

"O Allah ki, yaratandır, (en güzel bir biçimde) kusursuzca var edendir, şekil ve suret verendir. En güzel isimler O'nundur. Göklerde ve yerde olanların tümü O'nu teşbih etmektedir. O, Aziz, Hakim'dir."

Yaratandır (kök çakrası) HAYAT

2 - Var edendir (karın çakrası) İLİM

3 - Şekil ve suret veriyor (mide çakrası) İRADE

4 - İsimler onun (kalp çakrası) GÖRMEK

5 - Gökte ve yerde olan O'nu tesbih ediyor (boğaz çakrası) KONUŞMAK

6- Azizdir (alın çakrası) İŞİTMEK. Burada okumak, aslında işitmek anlamındadır. Bilgeliğin devreye girmesidir. Kendi ilahi özünden gelir bilgi ve sen işiterek okumaya başlarsın. Alak suresinin 1. ve 3. ayetlerinde şöyle yazmaktadır: *"Yaratan Rabbin adıyla oku. O, insanı bir 'alak'tan (embriyo) yarattı. Oku, Rabbin en büyük kerem sahibidir."* Yani tohumumuzda tanrısal bilgimizle geliyoruz. İçimizde eşsiz bir kütüphane gizli. DNA'mızda bu tohumun tüm bilgisi mevcut.

7-Hakimdir (Tepe çakrası) KUDRET

Mülk suresi, 1. ve 4. ayetine bakalım kudret sıfatıyla ilgili ne diyor bize?

"Mülk elinde bulunan (Allah) ne yücedir. O, her şeye güç yetirendir... O, biri diğeriyle 'tam bir uyum' içinde yedi gök yaratmış olandır. Rahman'ın yaratmasında hiçbir 'çelişki ve uygunsuzluk' göremezsin. İşte gözünü çevirip, gezdir; herhangi bir çatlaklık (bozukluk ve çarpıklık) görüyor musun? Sonra gözünü iki kere daha çevirip gezdir; o göz umudunu kesmiş bir halde bitkin olarak sana dönecektir."

1-Mülk elinde bulunan (Allah) ne yücedir.

O, her şeye güç yetirendir. Yedi çakra senin mülkündür ve hepsi tam bir uyum içindedir.

2-O, her şeye güç yetirendir.

O zaman ilahi nizama göre akışta ve biliştesin. Gücün gerçektir.

3-O, biri diğeriyle 'tam bir uyum' içinde yedi gök yaratmış olandır.

Bir çakra diğer çakrayla bağlantılıdır. Herhangi bir çakra çalışması yaptığınızda onlar birbirini direkt olarak etkilerler ve birlikte uyumlanırlar ve yedi çakra açılmaya başlar.

4-İşte gözünü çevirip, gezdir; herhangi bir çatlaklık (bozukluk ve çarpıklık) görüyor musun?

Buraya dikkat edin lütfen. Kopya kişiliğimizle, kopya görüş bitmeye başlıyor. O halde çatlaklık yoktur. Berraktır her şey. Gözüne görünen her şey haktır. Eksik, yanlış, eğri büğrü bir şey yoktur. Her şey olması gerektiği gibidir.

5-Sonra gözünü iki kere daha çevirip gezdir; o göz umudunu kesmiş bir halde bitkin olarak sana dönecektir. Gözünü iki kere çevirden kasıt; vahdeti (birlik) ve kesreti (çokluk) bir bil. Birincisi yokluğun, ikincisi yüksek bilincin farkındalığınla bakmaya başla. Böylelikle ikilikten çıkacaksın. Sen kopyadan çıktığın an o veçhe (bitkin olan-zihinden çıkış) sana dönerek özgürleşmeye başlayacaksın.

Gördüğünüz gibi sana şah damarından daha yakınım diyerek meğer nereleri kast ediyormuş. Bilgilerin iyice oturması için devam edelim... Al-i İmran Suresi, 190. ve 191. ayetleri inceleyelim.

"Şüphesiz göklerin ve yerin yaratılışında, gece ile gündüzün art arda gelişinde temiz akıl sahipleri için gerçekten deliller vardır. Onlar, ayakta iken, otururken, yan yatarken Allah'ı anarlar ve göklerin ve yerin yaratılışı konusunda düşünürler. (Ve derler ki:) "Rabbimiz, Sen bunu boşuna yaratmadın. Sen pek yücesin, bizi ateşin azabından koru."

1- Göklerin ve yerin yaratılışı - (kök çakrası) HAYAT

2- Gece (DİŞİL) ve gündüzün (ERİL) gelişi - (karın çakrası) İLİM

3- Onlar ayakta iken, yan yatarken Allah'ı anarlar - (mide çakrası) İRADE

4- Göklerin ve yerin yaratılışını düşünürler (kabul verirler) - (kalp çakrası-denge) GÖRME

5- Ve derler ki; Rabbimiz sen bunu boşuna yaratmadın - (boğaz çakrası) KONUŞMA

6- Sen pek yücesin - (alın çakrası) İŞİTME

7- Bizi ateşin azabından koru - (tepe çakrası) KUDRET

Naziat suresi, 27-28'de ne diyor?

"Siz mi yaratılışça daha çetinsiniz yoksa gökyüzü mü?" Onu O Allah bina etti."

Elbette her tasarım, bilinçli bir tasarlayıcının varlığını ispatlar. Tüm evreni yoktan var edip, sonra da onu dilediği biçimde tasarlayıp düzenleyen yegane kudret ise, elbette ki Kur'an'daki ifadeyle "tüm âlemlerin Rabbi" olan Allah'tır. Kur'an'da belirtildiği gibi, Allah, göğü bina etmiş, sonra ona belli bir düzen vermiştir.

Bu bahsi son bir ayeti örnek vererek kapatıyorum.

Kaf suresi 38. ayet:

"Ve andolsun ki, gökleri ve yeri ve ikisinin arasındakileri altı günde yarattık. Ve Bize hiçbir yorgunluk dokunmadı."

Tevrat bunun "yedinci gün dinlendi" olarak devamını getirir. Yaratımın sonu varmış gibi algılanır. Ancak Kur'an bunu böyle açıklamaz. Altıncı çakraya açılmışsa gökleri ve yeri ve ikisinin arasındakileri (kalp çakrasını kast ediyor) yaratım meydana gelir. Sonsuzluğu anlamak için *yorgunluk dokunmadı* diyor. Deneyimde olduğumuz anda yorgunluk ya da kurban sendromu yoktur. Kopya yerine öz devrededir.

Olmuş ve olacak şeyler Allah'ın bilgisine bağlı olduğundan DNA'nın Levh-i Mahfuz (akaşik kayıtlar) kayıtlarında tüm bilgi mevcut. Ayet bununla ilgili şöyle der:

"Gökte ve yerde gizli olan hiçbir şey yoktur ki, apaçık olan bir kitapta olmasın."[88]

---

88   Neml, 75.

Burada yazılanlar, herhangi bir müdahaleyle değiştirilmekten, bozulmaktan uzaktır ve korunmuştur. Aksi hepimizin özgür iradesiz varlıklar olmamız anlamına gelirdi. Peki kimden korunuyoruz? "Allah'tan başkası yoksa kimden korunuyoruz?" diyebilirsiniz. Korunma kelimesi burada aslının asla değişmeyeceği anlamındadır. Kötülükten korunmak zihne ait bir kavramdır. O korunmak ve güvenli alanda olmak ister. Deneyime girmek ve genişlemek istemez. İyi-kötü, güzel-çirkin yargısı sınırlıdır. Allah kendi aslını, ezeli ve ebedi bilgisini insana aynen aktarmıştır. Bu değiştirilemez ve başkalaştırılamaz. DNA'nın aslını değiştiremezsiniz. Sadece aktifleşmediği için çalışmaz; fakat insan bu bilinçte olmadığı için Allah'ı kendi zanlarıyla bilir. Zannettiği şey bir şeyin aslını değiştiremez ve başkalaştıramaz. Uyanışa geçtiği ve DNA'sı aktifleştiği an hakikatin orada hiç değişmeden durduğunu fark eder. DNA bizim bilincimizdeki değişimleri dinler. Bu dinleme Allah'ın bizi dinlediği gerçeğiyle aynıdır.

Bu noktada, *"Biz insanı en güzel şekilde yarattık (ahseni takvim) ve sonra onu aşağıların en aşağısına (esfalisafilin) attık"* ayeti örnek verilerek şu soru gelebilir akla. "Bizi neden aşağılara attılar diye söyleniyor? Aşağıya atılırken bize sormamış gibi değil mi? O zaman yukarıya çıkarken büyük güç isterse mi çıkacağız? Bizim gücümüz burada nerede?"

Tin suresi 4. ve 5. ayette "biz" kelimesi kullanılıyor. "Biz" ne demekti? İlim ve sıfatlarıyla konuşuyor demekti. Ben ise birin kelamıdır. En güzel yaratım ilim ve sıfatların insana verildiğini müjdeliyor. İnsan bu topraklarda meydana geliyor. Yukarılardan bir yerlerden gönderilmiyor, bir kere bunun altını çizelim. Hayat sıfatı dirilik, diri olan, ölmemiş, ölmeyecek, doğmamış, doğrulmayacak olanı vurguluyor. Bizler ölümsüz olduğumuzu idrak ettiğimizde tanrısal yaşama adım atarız ki orası en güzel yaratımdır. Ancak ölümlü ve sınırlı olduğumuzu düşündüğümüz zaman aşağıların en aşağısı, yani düşük bilinçte yaşarız. Burası işte DNA'yı hasarlıyor. Depresyona giren tüm varlıkların bu düşük bilinçle yarattığı deneyimler vardır. Frekans düşük olduğu zaman en düşük potansiyeller deneyimlenir ki bu da uygundur. Bizler bu düşük frekans halindeyken (ayrılık duygusuyla yarattığımız en düşük insan bilinci) daha da aşağılara doğru inmeye başlarız. Bunlar birinci ve ikinci boyutlardır. Bunlar yine bizim enerjilerimizdir; fakat çok düşük enerjilerdir. Kendi yarattığımız enerjilerle adeta kendimize saldırırız. Onlar karanlıkta kaldıkları için sürekli yer edinmeye çalışırlar. Hatta bazen dokunma hissi bile verirler.

Bütün kadim bilgiler akışa başlamışsa, DNA'nın Allah'ın zatıyla ile insanın birleştiği yer olduğunu fark etmeye başlarsın. Bu birleşim nasıl olacak? Biz Allah'ın dışında başka varlıklarmışız gibi davranırsak, o zaman Allah da bizim dışımızda olur. Seçim bize ait. Bu DNA'mızın aktifleşmesi anlamına gelir. Tam ve bütün olduğumuz anlamına gelir. Var oluşla bağlantıya geçmek sadece niyet ile mümkündür.

Aktifleştirmek, bir şeyi tepkisel bir forma dönüştürmektir. Kopya kişiliğin sonlanması içimizdeki üstatlıkla ilgilidir. Çift sarmal üstatlık enerjisiyle aktif olmaya başladığında yaşam sınavlarımızdan, travmalarımızdan da özgürleşmiş oluruz.

DNA'nın düzeltilmeye, geliştirilmeye ihtiyacı yoktur. DNA sadece bizler tarafından yönlendirilmeye hazır olarak durur. Eğer biz travmalarımızdan özgürleşmek istiyorsak bedenin bunu zaten bildiğini ve sezdiğini de unutmayalım. Dinleyen anten DNA sayesinde ne kadar derinlerde yaralandık, ne kadar korkuyoruz ve ne kadar hayal kırıklığımız var onu yakalayabilir ve üstesinden gelebiliriz. O aynı zamanda mutluluğumuzun, tutkularımızın, kısacası tüm deneyimlerimizin farkındadır ve bize tanrısallığa giden yolda her zaman liderlik yapar.

Çocuk olarak dünyaya geldiğimizde en büyük özelliğimiz doğal kahkahalar atmamızdı. Doğaldık kısacası. Ancak sonra ya yüksek farkındalığı seçiyoruz ya da kurban sendromunu. Üstatlar bu yüzden çocuk gibidir. İçsel çocuk şifalanmadığı sürece bizler doğal halimize geri dönmekte çok zorlanıyoruz, hatta yükselişimiz gerçekten mümkün olamıyor.

Üstat Kryon der ki:

"DNA çok akıllıdır. DNA'ya ne söyleyeceğinizi bilin. O çok akıllı bir mekanizmadır. Çok boyutlu olduğu için o bizim için neyin hayrı olduğunu bilerek hareket ediyor; ama onunla konuşmak, talimatlar vermek çok muhteşem bir şeydir."

Yine Kryon şöyle der:

"Eğer gerçekten bir aktifleşme söz konusu ise, yükselmek için kendi içsel çocuğunuzla tekrar bütünleşmeniz ve onu şifalamanız önemlidir."

İçsel çocuk yaşam deneyimlerinden zaten yeterince etkileniyor. Burada kendi özünü kapattığı için içsel çocuk şifası çok önemlidir. İçsel çocukluğumuz çok yaralı; çünkü onunla bağlantıyı kopardık. Onun başına çocukluğunda bir şeyler geldi. Ve bu yüzden Allah'la bağını kesti. Ve Allah'ın onu niye cezalandırdığını, onu niye bıraktığını merak edip durdu ve küstü.

Açıkça bir hissedişle olacakları söylediğimiz şok edici konuşmalarımız olduğunda "Açma şom ağzını!" diye kapatıldık. Kodlandık. Bunu deneyimlemiş insanlardan da o kadar çok duydum ki.

Tam da bu noktada, Kryon'dan tasavvufa uyarlayarak hazırladığım "İçsel Çocuk Meditasyonu"nu vermek istiyorum. Bu sizi biraz zorlayabilir, çünkü sıfatların yerlerini değiştireceğim. Hayat sıfatı ile başlayacağız ama bu sefer tepe çakrasından aşağıya doğru ineceğiz. Bu hem tanımlı tutmamamızı ve kayıt altına almamamızı sağlasın, hem de lineer yani doğrusal bir zamana sokmayalım. Bu meditasyonun amacı; çok boyutlu olarak görmeye başlamamız.

İçsel Çocuk Meditasyonu

Derin derin nefes alıp spiral bir merdivenin başına gelelim. O spiral merdivende kendinizin, gidebildiğiniz kadar, hatırlayabildiğiniz en küçük yaşınıza gitmenizi istiyorum. Hatırlayabildiğiniz en küçük yaşınız.

Sessizlik...

Derinleşelim, derin derin nefes alalım. Gözlerimizi kapatıp karnımıza doğru derin derin nefes alalım.

"Ben Allah'a çok kızgınım, onu asla affetmeyeceğim" diyen bir bebek parçamız var, bağlantıyı koparmış. "Allah olsaydı bunlar başıma gelmezdi" diyen de bir parçamız var bizim. Merdivenin en altında sizi bekliyor. Yavaş yavaş inin merdivenlerden. Merdivenlerden aşağı indiğinizde, derin derin nefes alarak, çok yumuşak ve çok nazik yavaş yavaş nefes alıp vererek derinlere inin. Hatırladığınız çocuk yaşına inin. Orada kendinizin çocuk veçhesini bulun. Çocukluğunuzda ne olmuşsa, bu çocuk kırılmış ve incinmiş. Şimdi onu tekrar bütünün bir parçası olmayı seçmesi için yuvaya getiriyorsunuz. Merdivenlerden daha da aşağıya inmeye izin verin. Devam edin inmeye. İsterseniz, bu merdivenlerden inerken sevdiğiniz bir varlığı çağırabilirsiniz yanınıza. İzin verin, bu ilahi enerji sizinle, bu çocukla olsun. Sizin hücrelerinizle DNA'nıza aksın. Sizi ilahi sevgiyle doldursun.

Sessizlik...

Şimdi yedi çakradan başlayacağız, çocukluğunuzla ilgili çocuğu buldunuzsa bu çocuk hayat sıfatından, taç çarka sorumluluğundayız. Hayatımızın tüm sorumluluğunu alıyoruz, o çocuk dahil. Şimdi ilahi olana teşekkür ediyoruz. Çünkü o bize sorumluluk enerjisini getiriyor. Yaşam derslerimizi anlamaya, çok boyutlu bir varlık olarak, şimdi, şu anda buluştuğumuz çocuğumuzla birlikteyiz. Hayat taç çakranın ve ilahi olana ait. Çocuk ilahi olandan şimdi beslenmeye başlayacağız.

Sessizlik...

Şimdi altıncı çakraya iniyoruz. Burası üçüncü gözümüz ve ilm-el yakın olduğumuz, ilmî olan bilgeliğimiz. Çocuk duyulduğunu bilmek ister. Ve özür dilemek, şimdi çocuğu alıcı yapacaktır. Şimdi içsel çocuğunuzdan onun bilgeliğini kapatmayla alakalı olarak özür enerjisinin üçüncü gözünün içinden ona aktığını hissedin. Bilirsiniz, bir çocuk incindiğinde sizi iter. Uzaklaştırmak ister. Ona dokunmanızı istemez. Özür enerjisinin çocuğa akmasına izin verin. Bu artık sizi asla itmeyecek anlamına gelir. Bu içsel çocuk veçheniz, sizi iterken aynı zamanda tanrısallığını da itmekteydi. İlahi olanın sevgisinin akmasına izin vermiyordu. İçsel çocuğunuza nasıl cevap vereceğinizi bilmiyordunuz. Ve bu size, çocuğu cevaplamak için gerekli bilgeliği veriyor. üçüncü gözden çocuğa ilim sıfatını buradan aktarın. Onun bilgeliği daimdir. O hep vardı. Hiçbir yere kaybolmadı. Çocuk bilgedir.

Sessizlik...

Şimdi, beşinci çakraya iniyoruz. Burası boğaz çakrası ve bağışlama enerjisi. İçsel çocuğumuzu bağışlayacağız. Özür dileyince, çocuk bağışlar.. Şimdi bu enerji çocuğa akıyor. Onun bağışladığını hissedin. O kendinin affedildiğini hissettiğinde tüm iradesini kullanmaya başlayacak. Tanrısal olduğunu tekrar hatırlamaya başlayacak. İrade gücü gelmeye başlayacak. Hissedin.Sessizlik...

Şimdi dördüncü çakraya kalbe iniyoruz. Kalp gözüyle, görmeye iniyoruz.. Bu kalp çakrası enerjisi, sevgidir. Ve biz bu ilahi olana, sevgi mucizesi için teşekkür ederek ulaşabiliriz. Sevgi enerjisinin çocuğa akmasına, kendinize, kalpten kalbe, ona şifa akıtmaya izin verin. İçinizdeki tanrısallığı bu çocuğu şifalandıracak ve sıfatlandıracak kadar büyütün. Bu, artık işlemeyen sevgisizlik kalıbını durduracaktır. Kalp gözü açılmaya başlayacaktır.

Sessizlik...

Şimdi üçüncü çakraya iniyoruz. Burası duyma sıfatı; yani solar plexus güç merkezi. Enerji teslimiyetidir. Çocuk gücünü kaybetmişti. Artık işlemeyen tüm davranışları ona bıraktıracağız. Burası teslimiyet enerjisinin aktığı bir yer. Şimdi çocuk ona ne öğretildiyse, gücünü nasıl kaybettiyse, artık onları bize teslim edecek. Teslim etmek, kazanmak demektir. Ne kadar teslim olursanız o kadar güçlü olursunuz. Kendinizi işitmeye şimdi başlayabilirsiniz. İçsel çocuğunuzu işitmeye çalışın. İçsel çocuk, ne söyler? Gücünü kime vermiş? Ne olmuş? Ne kadar incinmiş? Teslimiyet enerjisine girin. Teslim etsin size, avucunuzu açın. Ne ise avucunuza koysun, teslim etsin size. Alın onları.

Sessizlik...

Şimdi ikinci çakraya iniyoruz. Burası konuşma sıfatı ve yaratım çakrası. İçsel çocuğun benliği çok güzeldir. "Ben'im" enerjileri devrededir çocuk dünyaya geldiğinde. Eril ve dişil enerjilerinin bütünleştiği yerdir ikinci çakra, yaratım enerjisidir. Enerji, şükran enerjisi. Bu asla önemsiz görülmemelidir. Şükran inayettir. Lütuftur ve yaratımla ilgilidir. Biz ne kadar ilahi olanı yaratırsak, o kadar neşe, mutluluk, coşkunluk, esneklik olacaktır yaşamımızda. Konuşun çocukla. Tam ve bütün olduğunu tekrar hatırlatın ona. O buraya tam ve bütün olarak geldi.

Sessizlik...

Ve şimdi birinci çakraya iniyoruz. Burası kudret sıfatı. O, birinci çakra, kök çakra. Salıverme enerjisi. Şimdi bu salıverme enerjisi çocuğu dünyaya getiren, kökünden annesine bağlı olan çocukla alakalı. Buna sizin kalbiniz aracılığıyla annenize akmasına izin verin. İzin verin. Bu salıvermenin sevgiyle dolmasına izin verin. Yaşamın sırrı salıvermektir. Artık size hizmet etmeyen her şeyi salmaya izin verin. Gidenin yerine çok daha iyisi gelecek. Rüyanız, hayaliniz neydi çocukken? İzin verin, gidenin yerine o çocuğun hayali gelsin. O çocuk gibi olun.

Saf olun ve hep öyle kalın. Saf bilinç olun. Bu hayal, hadi şimdi izin, verin bedeninize girsin. Merdivenlerin altında bulduğunuz bu çocuğa izin verin. yedi sihirli enerji bu çocuğun tüm acısını, ıstırabını şifalandırsın.

Sessizlik...

Ve şimdi tüm bu acılara teşekkür edin. Çünkü bu çocuk, siz o deneyimleri yapabilesiniz diye yaralandı. Belki bu çocuk Allah'a çok kızgın, belki size kızgın, belki de siz de bu çocuğa kızgınsınız. İzin verin yedi enerji her şeyi şifalasın. Hislere izin verin. Bu çocuk kızgınsa ve siz de ona kızgınsanız, yaşamdan istediklerinizi alamazsınız. İzin verin, bu enerjide şifa çok kolay olacaktır. Çocuğunuz güvende göründüğünde, sevilmiş hissettiğinde, onu lütfen kalbinize çağırın. Tüm hislere izin verin. Hisleriniz, sizin özgürlüğe çıkış kapınızdır. İzin verin, ne hissediyorsanız, sizden hizmet etmeyenler sonsuza kadar gitsin.

Sessizlik...

Hazır olduğunuzda, sevilmiş olduğunu hissettiğiniz ve kalbinize çağırdığınız çocuğunuzla birlikte buraya gelin. Yavaş ve çok nazikçe yapın bunu.

Bu meditasyondan sonra saf bilinci aldık yanımıza. Saf bilinç yanımızda, o kendi üstatlığını seçti bugün, şu an, tabii ki şifalanıyor. O şifalandıkça buradaki realite değişiyor, çünkü o çok kızgın, üzgün ve kırılmıştı. Her şekilde bu böyle. Özellikle ışık işçilerinde bu çok fazlasıyla vardır. Dolayısıyla o kırgın ve üzgün olan çocuğu biz şifaladığımız için, zamanda yolculuk gibi düşünün, geçmişi şifalayan bugünü şifalıyor aynı zamanda. Çünkü bütün kırgınlık enerjisini özgürleştiriyor. Şimdi saf bilinç yanında, çocuktaki temsili olanda buydu zaten.

DNA'nın kopya veçhelerin sonlanma katmanı, bu bizi yükselişe hazırlayan çok önemli bir şifa çalışmasıdır. Bunu normalde evde de çocukluğunuza inebildiğiniz kadar inip, görebildiğiniz kadar kendinizi görüp tıkanıklıklar varsa sizi neyin tıkadığını, blokajlar varsa neyin sizi bloke ettiğini görüp ona göre onu şifalayıp, kalpten kalbe ışık çalışması yaparak o çocuğu, o veçheyi, çocuk veçhesini yuvaya alabiliriz.

Yedinci Bölüm

DNA İPLİKÇİĞİ KODU
ve
KOPYA İNSANIN SONLANMASI

Kopya insan ifadesi aslında ne kadar ürkütücü duruyor, öyle değil mi... Bir anlığına düşünün. Kopyayız ve haberimiz yok. Fakat bu akla başka bir soru getirir? Bundan amaçlanan bir durum mu var?

"Allah ile kul arasında 70.000 perde var" der hadiste. 70.000'den kasıt 7'dir. Bunu yedi sıfat olarak açıkladım az önce. Aynı şekilde bunu yedi çakra olarak da düşünebilirsiniz. Allah'ın perdeleri işte bunlardır. Perde olmasının nedeni gizli olmasından değil, o perdenin bizim tanrısallığımızı keşfetme arzumuz yüzünden konulmasıdır. Bu perdelerin keşfi insanın gerçek kimliğini kopyadan ayırmak içindir.

Nitekim son ayette Hz. Muhammed, Cebrail'e, "Ya Cebrail, sen bu ayetleri nereden alıyorsun?" diye sorar.

Cebrail de "Bilmiyorum ya Muhammed, perdenin arkasından alıp sana getiriyorum." diye cevap verir.

Bunun üzerine Hz. Muhammed, "Ya Cebrail, bir daha ayetleri alırken bak bakalım perdenin arkasında kim varmış?"

Cebrail son ayeti getiriyor ve Hz. Muhammed soruyor, "Baktın mı ya Cebrail, kim varmış perdenin arkasında?"

"Baktım ya Muhammed, yine sen varmışsın, senden alıp yine sana getiriyormuşum" der.

Burası illüzyonun tamamen bittiği, perdenin arkasında sadece kendi varlığımızın olduğu bilincinin açıldığı yerdir. Varılacak nihai nokta sadece kendimiziz.

Bunları kendinde fark etmeyen kendine perdelidir. Yani kendimizi kendimiz kopyalıyoruz. Başka bir benliği yaratıyoruz. Allah ilahi yüzünü ilahi nurla gizlemiştir ki, bu nur aslında her şeyi kaplamıştır. Nur onun tüm filleri, sıfatları ve isimleridir. İşte kopya bu nuru burada fark edemediğimiz için oluşuyor. Bazı insana *nursuz*, bazılarına da *nur akıyor yüzünden* deriz. Bu kavramlar dilimize yerleşmiştir, ezbere biliriz hatta, ama derin anlamlarına bakmayız hiçbirimiz.

Nurani perde, cemal ve lütuf, karanlıkta kalan perde celal ve kahır perdeleridir. İsim ve sıfat perdeleri kalkınca Allah'ın zat'ı (özü) birliğin perdesiyle parlamaya başlar. Bu parlayış bütün eşyanın sarsılıp yokluğunu izah eder. Çünkü eşyanın varlıkları isimlerin ve sıfatların aracılığıyladır. Kutsal öz onların vasıtasıyla tecelli etmektedir. Allah zatını (özünü) sıfatıyla, sıfatı da fiiliyle perdelemiştir.[89]

Eğer hakikate bakacak olursak onun perdesi yine kendisidir. Görünüşünün şiddetiyle örtünmüş ve nuruna bürünmüştür.

---

[89] Ebu Talip Mekki'nin *Kûtü'l-Kulûb (Kalplerin Azığı)* eserinden. İran asıllı büyük mutasavvıf Ebu Talib Mekki'nin hayatına dair fazla bir bilgi yoktur. Hayatının ilerleyen dönemlerinde Mekke'de yaşamaya başladığı bilinmektedir. Hasan-ı Basri'den dini eğitim almıştır. M.S. 1006'da Bağdat'ta vefat etmiştir.

Gözümüz her şeyi görür, ancak kendisini göremez. Göz kendini göremediği halde bir perde ile gizlenmiş olanı nasıl görür? Görüyoruz ama ne gördüğümüzü bilmiyoruz. Kopya işte burada kendini gösteriyor. Zihnimiz kendisini fiziksel gözden ibaret zannediyor. Ona öğretilen şekilde bakıyor. Perdenin arkasındaki gözüyle değil. Günde 10 dakikanızı her gün gördüğünüz bir şeyi sanki ilk defa görüyormuşçasına meditasyona ayırın. Fiziksel gözle gördüğünüzün ötesine geçebilirseniz onun form değiştirdiğine şahit olursunuz. Perde o an kalkar. Keşif ehli olursunuz. Peygamber şöyle demiştir: "Müminin ferasetinden (bakış) sakının o Allah'ın nuruyla bakar." Gerçek özünle bir bakmaktır. Egonla değil.

Şeyh-i Ekber Muhyiddin Arabî 148. babında ve Hz. Peygamber'in; "Mü'minin ferasetinden sakının! Çünkü o, Allah'ın nûru ile bakar" hadisi hakkında diyor ki:

"Resûl-i Ekrem bu hadisinde ferâset nûrunu Cenâb-ı Hakk'ın isimleri içinden yalnız ALLAH ismine bağlamıştır. Çünkü Allah ismi bütün isimlerin hükmünü câmîdir. Bu itibarla övülen, yerilen şeyleri, saîdlik, şakilik hareketlerini keşfeder. Eğer Resûl-i Ekrem (a.s.) ferâset-nûrunu (Hamîd) ismine izafe etseydi, meselâ: 'Hamîd'in nuru ile bakar' deseydi, o zaman ferasetli mü'min ancak saîd, hayırlı ve makbul olanları görürdü.

Her kimin ki ferâseti Rabbânî alâmet ve nişanlar olursa, onun ferâseti hata etmez. Fakat fikrî ve felsefî esaslara dayanan kimselerin ferâseti böyle değildir. Meselâ: Onların; 'Bir kimsenin buğday benizli ve gözlerin fazlaca mavi olması hâyasızlığına, hıyanetine, aklının hafifliğine delildir,' demeleri gibi... Çünkü bu söz, umumî bir kaide değildir.

Şeyh-i Ekber bu konuda sözü uzatmış, hikmet-i ferâseti (morfoloji; insanın hâl ve evsafını vücut yapısından anlamak, kısacası sîreti sûrette seyrelemek) hakkında üç yaprak kadar tutan misaller vermiştir.[90]

Egosal bakışın altında daima yargı ve tanım vardır. Çokluk hissi vardır. Kalabalık vardır. Kavga, gürültü, mücadele, haksızlık, hayatta kalma dürtüsü, savaş, açlık, kıtlık, kıskançlık, rekabet, hırs, açgözlülük, zalimlik, katillik. Canınız ne isterse ekleyin artık bu listeye. Ancak içsel görüş böyle değildir. O bir buradadır bir perdenin öte tarafında. Artık perdenin keşif için olduğunu biliyoruz. Ölünce perdenin öbür tarafına meğer burada gidiyormuşuz. Ölmeden önce ölmek sırrı bize perdenin biz zar kadar ince olduğunu hatta fiziksel gözümüzün perdesi inceliğinde olduğunu gösteriyor. Bu yüzden Allah iki şeyde acizdir:

1- Açtığı gözü kapatamaz.

2- Kendini kendi mülkünden atamaz.

Bu maddeleri biraz açalım.

1- Açtığı gözü kapatamaz: Bizim yüzümüzün perdesi yine kendi yüzümüzdür. Gözümüzde perde var, ancak bu, etrafı görmemize engel teşkil etmiyor. Yeter ki perdenin arkasında yine kendimiz olduğunun gerçeğine uyanalım. Perde kendimizi keşfetmemize nasıl da aracılık aslında ediyor değil mi? Kopya perdenin arkasından yine kendisine baktığı an deneyimdedir. Nefes verirken çok kısa bir an ölüyüz. Tekrar nefes aldığımız an diriyiz. İşte ölüm böyle bir dirilişe aracılık eder. Hücrelerimiz

---

90　*Kibrît-i Ahmer,* Abdulvehhâb Eş- Şa'rani, İzmir İlâhiyat Vakfı Yayınları, s. 117.

de her an ölür ve sonra yerine yenileri gelir. 100 trilyon hücrenin bunu yaptığını ve aynı anda da birbirileriyle iletişimde olduklarını düşününce muhteşem bir durum ortaya çıkıyor.

Hz. Musa, Allah'ı görmek istediği zaman Allah, "Ya Musa sen göremezsin" derken onun hâlâ kopya sıfat halinde olduğuna işaret ediyordu. Benliğiyle görmeyi istiyordu, yani normal gözleriyle. Allah olmadan göremezdi, ancak bunu istemesi bile önemliydi. O yüzden Allah önce dağa tecelli etti. Musa gördüğü karşısında düştü bayıldı. Musa'nın benliği dağınadır bu tecelliyat. Benlik dağımız egomuzdur. Hz. Musa neden ölmedi de bayıldı!

Allah özünü filleri ve sıfatlarıyla gösteriyor. Özü daima perdenin öbür tarafındaymış gibi hissediyoruz. Musa ilk defa dağın arkasında kendisini gördü. Ölmedi çünkü hâlâ ikiliği vardı. Hâlâ uzaklarda arıyordu. Bu anlamıyla tenzihi (uzak) peygamberdir. O dahi aşamalardan geçiyor. Kendisinde bulduğu an işte o bayıldıktan sonraki ettiği kelamdan anlıyoruz. "Ben müminlerin (inananların) evveli oldum." Kendinde bulduğu an kendinden şüphe kalkmıştır ve özüyle bir olmuştur. Artık deneyim başlamıştır. Kendinden kendine. O yüzden artık evvel haliyle yaratılmamış, hep var olanla, sadece Musa görünüşüyle bilinmeyi murad eden tanrısallığınla buluşmuştur. Artık tek gerçeklik vardır: "Allah'ı ancak Allah görür."

2- Kendini kendi mülkünden atamaz! "Mülk Allah'ındır" der Kur'an. Peki gerçekte nedir mülk?

Kendinden başka varlık bilinci olmadığına göre her bir varlık da, O olduğuna göre mülk onun ilahi elbisesidir. Nasıl kendini buradan atabilir, kendinden vazgeçebilir, ayrım yapabilir, yargılayabilir? Burada tek bir gerçeklik vardır: O her şey ise ben de O isem; "ben" her şeyden kendine bakan ve mülkün gerçek sahibi Ben Benim diyendir.

Yaşam, yaşandığı zaman deneyimlerle genişler. Yaşamın olmadığı yer kopyanın nefes almadığı zamanki ölümü ve sonra nefes aldığı zaman deneyimde olan özüdür. Bu öz gerçek mülkün sahibidir ve deneyimde olan kopyasız bir Muhammedidir.

Bu hale girmek kainatın sahibinin "ben" olduğunun bilinciyle genişlemektir. Yaşam tutkusu, perdenin arkasında biz olduğumuz gerçeğinin bilincinde olduğumuzda devreye girer. "Kendini kendi mülkünden atamaz!" En büyük korku bu değil midir? Bu size tanıdık geliyor mu? Bir yerlerden atılmak duygusu cennetten atılmakla eşdeğer olabilir mi?

Bizler her an ona doğru genişliyoruz. Bize göre şekilleniyor. Her an cenneti keşfediyoruz. Burada aklınıza şöyle bir soru gelebilir: "Cenneti tarif ediyoruz. Buraya kadar tamam. Peki insanı hangi tarifle Allah'a benzetiyoruz?"

"Görmek istersen Mevla'yı yürü insana bak, Allah şeklini tıpkı insan eylemiş."[91]

Önce birinci tanıma bakalım. Niyazi Mısri'nin bu muhteşem şiiriyle yola çıkarsak sanırım daha anlaşılır olur. Bizler Allah'ın suretleriysek neden doğduğumuzda tam ve bütün gelmemize rağmen bu suret hakikatini görmezden geliyoruz? Bunun bir nedeni var mı?

---

91 Niyazi-i Mısri, 17. yüzyıl Halveti'ye tarikatının Niyaziyye veya Mısriyye kolunun kurucusu, büyük bir sufi ve tasavvuf edebiyatı ustası şair.

Tanrı kendini bilmeye aşk duymadan önceki halindeyken her şey hiçbir şeydi. Tıpkı bizim her şeye hiçbir anlam yüklemeden önceki halimiz gibi. Sonra bu bilme haliyle kendini görmek istedi. Tıpkı bizim onu görmek isteyen halimiz gibi. Sonra kendini duymak istedi. Tıpkı bizim onu duymak isteyişimiz gibi. Sonra dile gelmek istedi. Tıpkı bizim onunla konuşma halimiz gibi. Sonra nefes almak istedi. Tıpkı bizim nefes alarak yaşamda kalmamız gibi. Sonra kendinde dokunmak için deri olmak istedi. Tıpkı bizim derimiz aracılığıyla sıcağı soğuğu, sertliği acıyı deneyimlediğimiz gibi.

Tanrı beş duyudan ötedir diyoruz, işte burayı kast ediyoruz. Sezgisel duyularımızı kullanmaya başladığımızda, gerçekte kim olduğumuzu tam anlamıyla idrak etmek istediğimizde, biz kendimizin en büyük deliliyiz. Buradaki tuzak bu delillerden öteye gidemeyeceğimizi düşünmemiz. Yüzümüz onun gözü, kulağı, ağzı, burnu ve derisiyle kendisini apaçık ortaya koyar. Allah'ın delili yine kendisidir.

Ancak yine yineliyorum, duyuların ötesine geçtiğimizde, yani beş duyunun sadece kendini deneyimleme araçları olduğunu fark ettiğimizde onun görünüşünün bilmenin ilahi elbise tasarımı olduğunu fark ederiz. Bu sonsuzluğa getirir. Eğer altı havasız, üstü havasız yerdeysek diğer anlamı bu muhteşemdir ki; potansiyelleri harekete geçirmek için bizim de bu şekilde hissetmemiz önemlidir. Aksi takdirde tıpkı farkındasızlık halimizle, "Ben bu kadarım, elimden bu kadar geliyor" diyerek saplanır, kısıtlanır ve aslının küçücük kopyaları haline geliriz. İşte dünya insanının düştüğü durum budur. Sınırsız potansiyelleri deneyimleme arzusuyla buraya geliyoruz ve sonra kendimizi unutuyoruz ve sonra bunu aramaya başlıyoruz.

Peki insan da düşük seviyede gelişimine başlıyorsa; bunun en derin anlamı kainatın da bu şekilde oluşmaya başlamasına delil midir? Sonsuz olan ve olmayan nasıl bir delil teşkil edebilir ki?

Sonsuz olan ve sonsuz olmayan ayrımını kaldırdığımız zaman göklerin ve yerin yaratılışını insana bakarak zaten apaçık göremez miyiz? Diğer bir bakış açısıyla; insanın var oluş sebebi göğün ve yerin yaratılışının sırrını anlamak için delildir. O zaman görmek istersek Mevlayı, kendimize bakarak onun Allah'ın suretinden olduğuna gerçekten kabul verebilir miyiz? İşte zihin burada sıkışır ve cevap veremez.

2- "Tanrı, insanı kendi suretinde yarattı."

Herhangi bir işe koyulduğumuzda ilmimiz, bilgimiz ve yeteneklerimiz ölçüsünde başarırız. Deneyimlediğimiz her ne ise kapasitemiz ölçüsündedir. Bu aslında bizim kim olduğumuzun tüm halini gösterme şekli değil mi? Bir projeyi sunduğumuz zaman bunu "Ben yaptım" deriz ve ona göre değerlendirilir. Bizim ortaya koyduğumuz niteliklere göre, yani bizde var olmuş tüm yeteneklerimize göre bunu başardığımız bilinir. Bu proje ben değil miyim? Benden beni yansıtmadım mı? Benim suretim değil mi? Bir başkası benim adıma bunu yapabilir miydi? Hayır. Biz oyuz ve onun suretleriyiz.

Ancak ironi de burada başlıyor: "Tanrım beni baştan yarat." Sen kendin olmuş, yapılmış muhteşem halinle kendine mi tuzak kuruyorsun? Kendini mi sabote ediyorsun? Projeyi muhteşem yapmış olmana rağmen hâlâ kendini eksik ve yetersiz hissediyorsun. Sürekli kendini başkalarıyla kıyaslıyorsun. Oysa sen zaten yapman gerekeni yaptın. Bitti. Allah "bu olmamış bunu tekrar yapayım" der mi kendine? Olduğu haliyle, olması gerektiği gibi tecelli eder. Ne eksik ne de fazla. Düalite de dahil buna. Düşük enerjiler de, yüksek farkındalık da dahil buna. O zaman soruyu şimdi farklı sorayım mı? Gerçekten kendinizi baştan yaratmak ister miydiniz? Ya da yeniden doğmak...

Bunları yapmak için ne gerekiyor? Kişinin kendi yokluğuna izin vermesi gerekiyor. Tasavvuf pirleri şöyle der: *"Onun yüzünden başka her şey mahvoldu. Celalli ve keremli rabbinin yüzünden başka her şey yok oldu."* Dikkat ederseniz yüzünden başka her şey diyor. Adem yokluk sırrıydı ve tüm isimleri kendiyle birleştirince Allah cemaliyle onun yüzü oldu. Yani bu basamağımız Allah'ın kendini seyrettiği basamaktı.

Şimdi hepimiz anlıyoruz ki, hayat sıfatında sorumluluğu alarak yükselişi deneyimlemek için kendimizi yeni bir bilinçle doğuruyoruz, yani inşa ediyoruz. Bu, benzersiz bir yaratım olacak. Bedensel ölüme girmeden burada kendimizi yeni enerjide tekrar bedenleyeceğiz. Kendimize kanallık edeceğiz. Mürşit-i kâmil ne yapar? Sana Allah sorumluluğunda yaklaşır ve seni zanni benliğinden baştan aşağıya tıpkı soğan kabuğunu tek tek soyarak gibi çıplak bırakır. O yüzden bu soruya da bu sorumluluğu alarak düşünmenizi istiyorum. Kendinize kanal olabilir misiniz? Peygamberle ve evliyalar aslında kendilerine mi kanal olmuşlardır? Eğer öyleyse basamaklarımıza yakından bakalım.

Birinci Basamak: Vücut birliğini anlıyoruz artık bu basamakta. Kendimizi vücut birliğine davet ediyoruz. Gözümüze gözüken, gözükmeyen her şeyi ilim olarak öze ait olduğu farkındalığıyla genişliyoruz. Kopya insan kendi gerçek vücuduyla bütünleşmeye başlıyor. "Vücut tektir ve Allah'ındır" bilişi başlıyor. O halde burada Allah'ı aramak sonlanır, çünkü bu biliş âlemde Allah'ın vücudundan başka yoktur ilahi açılımıyla varlık genişlemeye başlar. Ermişlik burada başlar. Yunus Emre burada ne de güzel söylemiştir.

"Bana bende deme bende değilim

Bir ben vardır bende, benden içeri."

İkinci Basamak: Hepimizin artık ezbere bildiği üzere "Ölmeden önce ölünüz" sırrı tecelli etmeye başlıyor. Ayetlerle biraz irdeleyelim.

Kassas 88: *"Onun yüzünden başka her şey yok olucudur."*

Büyük kıyametin koptuğu yer burasıdır. Karşımıza yine yüz kelamı çıkıyor, buraya dikkat edin lütfen.

Rahman suresi 26-27: *"Yer üzerinde bulunan her şey fânidir. Yalnız celâl ve ikram sahibi Rabbinin yüzü (zatı) baki kalacaktır."*

Yine yüz kelamı burada da devam ediyor. Yüz artık kendini iyice ortaya koymaya başladı.

Ayetten de net bir şekilde gördüğümüz üzere dünya yüzünde görülen bütün vücutlar, dağlar, denizler, insanlar hepsi fanidir ve kendi vücutları yoktur. Kendileri zan, yani veçhe, yani kopyadır. Vücudun (yüzün) tek sahibi Allah'tır. Öyleyse görünen vücutlar aslında veçheden ibaret değil mi? Kendimizi bir ağacın gölgesine benzetirsek, güneş olduğu vakit ağacın gölgesi oluşur. Ağaç hareket ettikçe gölgenin sabit kalması gerekirdi oysa gölge güneşin açısıyla hareket eder. Gölgenin yani veçhenin kendi vücudu olmadığından, kopya olması sebebiyle güneş nasıl hareket ederse gölgesi de aynı şekilde hareket eder. İşte gözümüze gözüken her şey Allah'ın zatının (yüzümüz) yani vücudunun gölgesidir. Yalnız ağacın gölgesinin hem vücudu yok hem de gölge diye yok sayamayız.

O zaman bu âlemi de hem vücudu hem de gölgesi yok diye inkar etmiş oluruz. Diğer bir deyişle özün kendini deneyimlemesini inkar etmiş oluruz ki; şunu da unutmayalım öğlen tam on ikide güneşin gölgesi yoktur. Tam bütünlük haline en muhteşem örnektir ve DNA'yı aktifleştiren işte bu bütünleşik, gölgesiz olduğumuzu fark ettiğimiz andır.

Kur'an'da, Tur suresi 35. ayette; "Hâlikun (yaratıcı)" kelimesi geçer. Yaratıcılar, yaratanlar anlamına gelir. *"Yoksa kendileri, hiçbir şey olmadan (yani bir yaratıcı olmadan, yahut boşu boşuna) mı yaratıldılar? Yoksa yaratanlar kendileri midir?"*

Tüm yaratımlar özün kendi görünüşüyle deneyim yaratır, yani potansiyellerin hepsi yaratıcıdır. Hiçbir şey de bu anlamda boş ve gereksiz değildir. Potansiyeller kendi deneyimlerini yaratır.

Şimdi sonsuz yaratım deneyimlemek bir insanın ömrü hayatına sığar mı? Elbette sığmaz. O yüzden kesret dediğimiz çokluk âlemi var. Ancak kesreti anlayabilmek için vahdeti (özü-zatı) anlamak mühimdir. Gece (vahdet neşesi-birlik) ve gündüz (kesret âlemi-çokluk) birbirini tamamlar. Gece her şey karanlıktır ki; sonsuz potansiyellerin olduğu alandır. Gündüz aydınlıktır, ki burası da potansiyellerin deneyimlendiği yerdir. Ayette yaratılanların çoğul olarak kullanılması bu potansiyellere işarettir.

Diğer bir deyişle gece Allah'tır. Gündüz ise Muhammed'tir. Bu ikisinin bir olduğu yer "halikun" demektir. Gerçek yaratıcıyı, "bir yaratan var" muammasından anlamak değil, tevhit ederek ancak anlayabiliriz. Bir şeyi *tek, sadece o var, ondan başka yok* diyerek anlamaya çalışırsak bu kopya insan için eziyet olur. Kendi varlığının hiçbir işe yaramadığı tuzağıyla baş başa kalır. O varlığın hakikat deryasında önemi çok büyüktür, sadece bilgi eksikliği yüzünden kendisini yaratılmış olarak algılar ve kendinden ayrı olan yaratıcıyı arar durur. Kopya insanın DNA'sı bu yüzden iki sarmaldadır. Hasarlıdır.

"Suretle kopya arasında fark nedir?" diye soracak olursanız; fark kalmamasıdır. Kopya, ayrılık illüzyonuyla hayalet olarak var. Suret ise özünden ayrı değil. Kendi suretine hak sureti olarak kabul veriyor. Biraz önce anlattıklarıma ilave olarak sadece şunu ekleyebiliriz: Kopya da olsak, suret de olsak Kur'an şunu söyler: *"Hiçbir varlık yoktur ki; Allah tepesinden yakalamasın."*[92]

Şu halde vücut Allah ise ve biz zihinden-kopyadan Allah'ın bu vücuduna Miraç ediyorsak kıyamet kopmuş Allah ile konuşmaya başlamışızdır. Kopya konuşmaz, sadece taklit eder. Kopya görmez, sadece bakar. Kopya işitmez, sadece duyar. Kopya tecelli edemez, sadece kopyalanmaya devam eder. Suret ise vücut olarak tecellinin kendisi olduğunu bilir. Nasıl? Kendinden kendine.

Üçüncü Basamak: Kendinden kendine halinin artık vücutta iyice belirmeye başladığının delilidir. Artık burada veçheler kendi özünü anlamaya başlamıştır. Ahad (tek-bölünmeyen) olan, Samed (kendisi hiçbir şeye muhtaç olmayan, ama her şey ona muhtaç olan;

---

92 Hud, 56.

tüm canlıların ihtiyaçlarını gideren ve her türlü istekte doğrudan kendisine başvurulandır) yani İhlas suresinin hakikati belirmeye başlar.

"De ki: O Allah, birdir. Allah Samed'dir. O doğmamış ve doğrulmamıştır. Hiçbir şey ona eş veya denk değildir."

Ahad olan yüksek bilincimiz, Samed (vücut-aynı zamanda yegane sığınılacak olan yer) ile deneyimdedir. Her bir deneyim eşsizdir ve birbirine denk değildir. Yani kopya değildir. Eşi benzeri olmayan potansiyeller birbirini taklit etmez. Hiçbir kar tanesi birbirine benzemez. Ne müthiş değil mi?

Ahad'a tek dedik, Samed ise burada erilin ve dişilin birleşerek tek vücutta meydana gelmesini de anlatıyor. Onların bütünleşmesi Ahad'tır. Birdir. Eşsizdir. Tek bir suret olurlar. Bu, aşkın ortaya çıkmasıdır. Aşk hali yine kendinden kendinedir. Tasavvufun söylediği âşık ve maşukun eridiği yerdir. Çünkü hem eril hem dişil evvel (öz daima her şeyin evvelidir) olanı hatırlayarak hakikatle bir olmuşlardır. Bu evvel olma farkındalığı suretleri meydana getirecek ve tecelli şimdi meydana gelecektir. Bunu deneyimleyen varlık için artık *"Nereye döndürülürseniz, döndürülün hakkın yüzü oradadır."*[93] uyanışının başlaması anlamındadır.

Dördüncü Basamak: Cennet neşesinden bunu deneyimlemektir. Artık kopya insandan hakkın vücuduna dönüşüm başlamıştır. Kopya ilim, sıfat (kişilik) sonlanmıştır. Hem ilmi hem sıfatı hepsi Hakka aittir. Ancak sıfatları ile zatını örtemezsin. Onlar seni sadece bu idrake taşımak içindi. Sen artık an neşesindesin. Bir bakışta Allah'ın tezahür ettiğini görürsün.

---

93 Bakara, 115.

Şu ana kadar üç kopya sonlanmadan bahsettik. Bu üç kopyadan çıkmak Allah olmayı hatırlamaya ve Allah'ın makamlarına işaret etti. Demin V şeklinde anlattığımız burasıdır. Allah insana Miraç etmişti. Şimdi insan Allah'a miraç ediyor ve yuvaya geri dönüyor. Burası berat edilen yerdir. Kendini iki bildiğin kopyalanmış varlığından özgürleştiğin yerdir. Tasavvufun "fenafillah" dediği yerdir. Bunu anlatan ayetlerden bana göre en vurgulayıcı olan Kevser suresidir. "Kevser" çokluk anlamına gelen "Kesret"ten türemiştir; ancak kendi özümüzle buluşmak için "kesret"ten "vahdet"i idrak edebilmemiz Kevser şarabından içmeye niyet etmemizle ilgilidir.

Kevser suresi üç ayettir, bırakmak ve salıvermekle alakalıdır. Bu bağlamda üç kopyadan çıkma bilincini toparlamak adına sizlere Kevser suresinin hikmetiyle oluşturulmuş bir çalışma veriyorum.

Kevser Suresiyle Arınma Çalışması

1-"Biz sana Kevser'i verdik."

(Biz sana ilmi verdik)

Derin derin nefes al. Kevser'den içmeye niyet et.

Sessizlik...

Kevser Cennet'te bir ırmaktır. Hadi gir şimdi o ırmağa.

Sessizlik...

Yarat cennetini.

Sessizlik...

İlminden senin hakikat ırmağın, çek içine, solu.

Nefesini ver şimdi ve çıkar kendi kuyundan Kevser suyunu.

Sessizlik...

Sarhoş ol şimdi.

Sessizlik...

Yokluğunu ve varlığını bir bil.

Cennet'teki 12'li ırmağından cemalini seyretmeye başla şimdi.

Sessizlik...

2-"O halde namaz kıl ve kurban kes."

(Özünle bütünleş ve kopya kişiliği kes)

İnsan halinle birliğe şahitlik et, bu gerçek ibadettir.

1-Bedenini onurlandır.

Sessizlik...

2-Zihnin sessizleşsin.

Sessizlik...

3-Kalbin huzurunu hisset.

Sessizlik...

4-Ruhunla bir ol, noksansız birle tüm varlığı.

Sessizlik...

Şimdi layıkıyla namaz kıldın.

"Venhar" (kurban kes demek)

Kan akıtmaktan ibaret değil

İlime ve irfaniyete akıt nefesinle

Derin bir nefes al, yumuşacık olsun

Cehaletini

Gayriyetini

Akıt nefesinle dışarıya.

Kes benlik deveni şimdi.

Sessizlik...

İlahi olanla al nefesini

İlahi yüzü olarak ver nefesini.

Bekleme ortaya çıkmasını.

Derin bir nefes al...

Sessizlik...

Kes bağını aksın senin ilminle.

Ruhun şimdi senden soluyarak

Nefes veriyor

Bilgeliğine.

Hisset.

Sessizlik...

3- "Sana sonu kesik diyenler sonludur."

(Özün Hakkın sonsuzluğundan geliyor.)

Derin derin nefes al.

Yavaş olsun.

Çok sakin ve nazikçe olsun.

Nefesi ver şimdi...

İlim seni özünle bir etti.

Sessizlik...

Kendinde hak ve hakikati görmeye başla.

Sessizlik...

Sonlu değilsin.

Sessizlik...

Hak ve hakikati görmeyenler.

Kin tutanlar, muhalefet edenlerin sonu kesiktir, ebterdir.

Yani nesilleri kesilenlerdir.

Sen artık bakisin.

Daimsin.

Sessizlik...

Derin nefes al ve ver.

Derin nefes al ve ver.

Ebediyen zikirdesin.

Sessizlik...

Hadi gelin canlar içelim şimdi.

Kevser şarabından.

Sessizlik...

Şahitlik edelim hakka ve hakikate.

Kılalım gerçek namazı.

Sessizlik.

Birleşsin eril dişiliyle.

Sessizlik...

Zevk alalım yaşamdan.

Cennet neşesinden.

Cenneti solu. Sessizlik...

Allah yaşamından özünü solu.

Sessizlik...

Sonsuzluğundan ebedi yaşamı solu.

Sessizlik.

Amin.

SORULAR VE CEVAPLAR

Bu bölümü, seminerlerimde sizlerden gelen sorulara ve cevaplarıma ayırdım. Çeşitli konulardaki bu soruların kafanızda oluşan olası meselelere dair olacağını ve aydınlanmanıza katkıda bulunacağını ümit ediyorum.

1. Neden fenafillah olamıyoruz ve son yaşam nedir?

Çünkü buna izin vermiyoruz. Oysa burada kaynağa direkt olarak bağlanmış durumdayız, ama fark etmiyoruz. İnsani olarak düşünmeye çok alışkın olduğumuz için bunu bizim çok ötemizde bir şeymiş gibi algılıyoruz. Yeteneklerimiz olmasına rağmen, diyelim şifacılık yönümüz, duru görümüz var, sezgilerimiz de çok kuvvetli, ama düalitik etkiler o kadar güçlü ki; tekrar zihne girip "ben sadece insanım" demeye başlayarak kendi yüksek farkındalığımızı devreye sokmuyoruz. Buna programlandık. Fenafillah için çok çaba gerektireceği söylendi bize.

Bu işin en marjinal noktası; sadece insan gibi düşünmeyi bırakmamız gerekmesi. Zihin insanca düşünüyor ve manipüle ediyor; ama burada kendi tanrısallığına izin verip kabule girmiş, şüphesizce "Ben Benim" (Enel-Hak)diyen bir noktamız var.

Zihnen güçlü olmak kötü değildir sadece bir tek ondan ibaret olduğumuzu zannetmemiz ters. Sezgisel yanlarımızın farkında değiliz ve gerçek kimliğimizi unuttuk. Zihin eril enerjidir, kalp ise dişil enerjidir. Ruh ise hem eril hem dişil enerjidir. O yüzden cinsiyet kavramından uzaktır. Kadın ve erkek kimliğine girdiğimiz anda zihinle özdeşleşerek ruhtan kopmaya başlıyoruz. İşte kopya da buraya devreye giriyor. Evren boşluk sevmez, ruhun açığını zihin kapatıyor ve evrensel özgünlük ifade bulamadığı için sürekli kendini tekrar etmek durumunda kalıyor. Zihin anda kalamadığı için zamana bağlı olarak kendini tekrar eder ve deneyim yerine kopya meydana gelir, çünkü burada kendini tekrar eden bir enerji mevcuttur. Bunu şöyle anlatabiliriz, başımıza gelen tatsız olduğunu düşündüğümüz deneyimlerden anlamamız gereken sonuçlar yerine drama kaçma eğilimimizden özün kendini bilme deneyimini kaçırırız. Ruh ise kendini tamamlama arzusu olduğundan deneyime geçemez, deneyime geçemedikçe de ilerleyemez. İlerleyemediği noktada tekrar geri döner.

Eğer zihnin ötesinde var olduğumuz gerçekliğine doğru genişleyebilirsek kendimizi çok boyutlu alanlarımıza açabiliriz. Ölmek ve geri gelmek çok uzun ve yorucu bir süreç olduğundan bunun ötesine geçmek için çok boyutlu olmaya izin vermeliyiz.

"Son yaşam" dediğimiz kavram tüm yaşamlarımızı burada bütünleyebilmektir. Son yaşantıda olmak bir seçimdir. Burası yeni bilincin açıldığı noktadır.

Çok boyutlu alanda olduğumuzun farkında mıyız? Paralel evrenler dediğimiz boyutlar arası olan diğer tüm parçalarımızla bütünleşebiliyor muyuz? Buna izin verebiliyor muyuz? Ya da verebilir miyiz? Kendi yeteneklerimizin gerçekten farkında mıyız?

Genelde sürüden ayrılmaya korkarız. Buna rağmen kendini yeteneklerine ve özgünlüğüne açan insan az da olsa var. Elli beş yaşından sonra arkeolojiyi bitiren, resim yapmaya başlayan, tasarım yapanları tanıyorum. Artık yeter diyerek kendilerini hayallerine adıyorlar. Yıllarca hayata geçirmediği bir dolu yeteneği var. İçleri kaynıyor. Bir şey var atlatmak istiyorlar. Bir türlü ulaşamamışlar o noktalara, ama sonunda diyor ki "Benim yirmi yıl daha yaşayacağım bile belli değil, artık özgün olmak istiyorum." Aslında zihninde kaybedilmiş bir kırk yıl var. Onu telafi etme şansı yok, bu anlamda hüzünlü. Yaptığı şeyleri zevkle yapmıyor.

Oysa burada şimdi basitçe kendi yaratımına kendini açıp istediğin her şeyi yaratma şansını kendine sen veriyorsun, yukarıdaki bir Allah'tan beklemiyorsun. Kendini kendi bilincine, saf bilincine, sana özel olan, biriciklik alanından gelen özgünlüğe açman tüm potansiyellerini tetikleyecek. Burayı tekrar dünyaya gelmek için kullanabiliriz. Ölmeden önce ölmek sırrı ile hareket edebiliriz.

"Yöntemi nedir?" diye soracak olursanız, aslında sadece basitçe izin vermek, hiçbir yöntemi yok. Kendimizi ikinci kez doğurduğumuz anda bu asla insan zihnimizle olmaz. Zihin taktik peşindedir, yöntemler arar. İzin vermez hiçbir zaman.

Dediğim gibi basitçe kendini kendi bilincine, kendini bilmekle alakalı o samimi saf soruyu sorduğun an bir açılım olacaktır. Biz ıstırap çekmeye alıştığımızdan, ancak bizi zorlayacak bir yöntem olursa fenafillah olabilirim, yuvaya geri dönebilirim, elli saat meditasyon yapmalıyım, 35 saat *workshop*a gitmeliyim, İki yüz tane sertifikam olmalı, Hindistan'da yirmi bir gün arınmaya gitmem lazım, gibi düşünce biçimleriyle önümüzü kapatıyoruz. Olmuyor, tabii ki olmuyor. Kendimize şüphesizce yaklaşmadığımız sürece, kendimiz olma izni veremeyiz.

Yaptığım hiçbir şeyde kendimi yargılamaya geçemediğim sürece olamam. En uç noktadayken, hatta put ettiğin bir şeyi yapma halindeyken bile yargısızsan orada kendini gerçekten keşfetmeye başladın demektir. Kendini yargılamayacaksın. İşte o zaman, o şüphesizlik, o deneyim alanındaki saf bilinç ancak o zaman ortaya çıkacak. Hayatı ertelemekten de böylelikle çıkmış olacağız.

Bunu deneyimleyen biri olup olmadığını irdelemeksizin gerçekleştirmeliyiz. Belki dünyada bir tek siz yapacaksınız. Neden bunu bir başkası üzerinden öğrenelim. Bu zaten sizin özünüz. İnsan özünü yargılamadığı zaman neyle karşılaşır?Yine onunla. Bunu yaşantınıza uygulamak ve deneyimlemek ciddi farklılık yaratır.

Benim bir sıkıntım yok, neden bunu deneyimlemeye uğraşayım diye düşünüyorsanız, yapacak bir şey yok. Sizin durup dururken istemediğiniz bir şeyi yapmanız içsel değil zihinsel olur. İstemediğiniz bir şeyi neden deneyimleyesiniz ki?

Ben size sınırları kaldırın demiyorum, kendi sınırsızlığınızı fark edin diyorum. Sınırları nereye kadar kaldırabilirsiniz ki? Ancak kendi içinizdeki sınırları kaldırırsanız yeni enerjide yeni bilinç yaratırsınız zaten. Üstelik sihirlidir hatta çok sihirlidir. Hallaç pamuğu gibi atar adamı. Sizi sanki yukarıya doğru fırlar gibi yapar. Şu anda belli bir frekansın altında titreşiyoruz. Vücutsal olarak titreşimimiz artığı zaman, frekans yukarıya doğru çıkar ve bir anda eşzamanlı olaylar yaşamaya başlarız. Potansiyeller biz olmak için sıraya girer. Ruh da bunu "Ben'imin (özün) enerjisi olarak deneyimlemeye başlar. Bu, özgün yaratım demektir.

2. Astral seyahat yapmak istiyorum, ne yapmalıyım?

Zaten yapıyorsunuz astral seyahati. Biz rüyadayken çok boyutlu alanımıza giriyoruz. Bedenimizle gidemediğimiz yerlere astral bedenimizle gidiyoruz. Bizler o yüzden rüyadayız. Herkes astral seyahat yapıyor. Siz bunu yaptığınızı hatırlamayı seçin. Basitçe. Zihnin zincirini kırın. Zihin sihre inanmaz. Mucizeleri de asla kabul etmez. Çünkü onun işine gelmez. Bunu bir kimlik olarak düşünün. Zihin dediğim şey bir kimliktir. Toplu bilinç kimliğidir. Ve kuralları vardır. Yöneticiliği vardır, saf bilinci bilmez. Kendini açmaz korkar, elindekileri kaybetmekten korkar. En sevdiğiniz şeyden vazgeçebilir misiniz? Çok sevdiğiniz âşık olduğunuz birisi var ve evlenmek üzeresiniz. Âşıksınız. Aynı zamanda da sizi tükettiğini de çok iyi biliyorsunuz. Versenize o oyuncağınızı bana. Zihin mekanizması, "ben oyuncağımı vermem" şeklinde çalışır. Çünkü o onunla özdeşleşmiş, o olmazsa hayatta kalamayacağını düşünür. Zihin de bizsiz hayatta kalamayacağını düşündüğü için bizimle inanılmaz derece de oyun oynuyor. Ve biz kendimizi bu yüzden sihirli dünyaya kapattık.

Zihinsel her durum hapishane gibidir. Kendini bir başkası için tüketme eğilimi özün kapanması demektir. Oysa kendi biricik alanımızda her durumda, her şartta kendini değerli hissedersin. Sevgilin olsa da olmasa da özün muhteşemliğini daima bir partner gibi hissedersin. Karşısında sadece kendini görürsün. Bu da duyuların ötesine, zihnin ötesine geçmekle mümkündür. Ötede ne var peki? Ruh var.

Bütün hayatımızı ruhla bağlantıyı kopartmadan, o birlik ve bütünlük duygusuyla yaşamak nasıl muhteşem bir tutkudur biliyor musunuz... Bu tutkuyu içten içe hissediyoruz ancak bağlantı kopuk olduğu için bunu dışarıda arıyoruz. Hatta kendimizde olanı anlamak için falcılara gitmek istiyoruz. Bize bizi söylesinler. Muhiddin Arabi vefat ettiğinde "Sen kimsin? Rabbin kim? Dinin ne? Kitap ve peygamberin kim? Kıblen nerede?" dediklerinde şu eşsiz cevapları vermiştir.

"Biz bizimle bizdeydik.

Biz bizimle bize geldik.

Biz bizimle bizdeyken.

Bizi bizden mi soruyorlar?"

Bu kavram bize yabancıdır, çünkü tekil değildir. Bizim olduğumuzu düşündüğümüzün her şeyin zıt kavramıdır. Ruh alanında tekil olabilir miyiz? Kimliğe ihtiyaç duyabilir miyiz?

Tekil olmak düşünme biçimidir. Arayışta olan tekil yanımızdır. Ruhla bağlantıya geçtiğimiz an bir olduğumuzu ve deneyimde olduğumuzu fark ederiz. Yaşam tekil değildir, çokluğun içinde o biri fark etme halidir.

Biz neyi çözmek istersek ya da varoluşta neyi öğrenmek istersek, her türlü bilgiyi bulabileceğimiz çok büyük bir etkileşim alanı var. Bu alan DNA'mızdır. Bazı insanlar telepatik yeteneklerini geliştirerek bir çeşit enerji okuyucu görevini üstlenip sana duymak istediklerini söylerler. Tehlike de burada başlar. O an sadece senin tek bir potansiyelinle uğraşır ve seni kendine bağlar. Sen de onu, "bildi" olarak kabul edersin. Esasında herkes çok yeteneklidir. Herkes şifacıdır, herkes üstattır ve herkes telepatiktir. Zaten böyle olması gerekiyor, yani ekstradan o benden daha üstün olduğu için bu yeteneklere sahip değil, o sadece kendini bunlara açmış demektir. Aslında hepimiz açık doğuyoruz; ama sonra kapanıyor. Dünyaya açık bir şekilde geliyoruz ve sonra çevremizdekiler ve büyüklerimiz tarafından anormal olduğumuz düşünülüyor. Bu durumda da kendimizi kapatıyoruz. Bunu yaşayan çok sayıda insan var. Bazısı da bunun gerçekten bir hediye olduğunun farkında ve buna izin veriyor. Kendi gerçekliğini net bir şekilde görmeye başlıyor. Görünce ne oluyor? Kendi yeteneklerini kullanmaya başlıyorsun. Bu her insanda mevcuttur. Eğer açmak istiyorsan, DNA'nın akaşik kayıtlarında herkesin her türlü yeteneği ve potansiyeli mevcut bir şekilde duruyor. Bunları buraya gelirken getiriyoruz; yani doğaçlama olarak bu herkeste var. Bunun varlığına sadece basitçe inanmak yeterli. Hiçbir şekilde enerji bizi zorla tanrısal yapmaya çalışmaz, sadece bizim davetimiz üzerine hizmet eder. Biz "gel" komutundan seslenince gelen bir enerjidir. Ve bu noktada kendi yeteneklerini, potansiyellerini fark etmeye başlarsın.

"Geçenlerde bir şey düşündüm oldu" ya da "bir yere gitmek istiyordum ki; bana kendiliğinden bilet yollandı" dersin. Bunlar böyle ufak ufak tanrısal kıvılcımlardır; ama bir türlü üstümüze almayız. Üstümüze almadığımız içinde DNA'mız aktif olmuyor. Ama "bir dakika, burada bir şey var, ben biraz bunun üzerine gideceğim" lafını söylüyorsak, buraya özümüzü davet ediyoruz demektir. Davet, niyet etmek demektir. Allah davet etmez. Niyeti zaten kendini deneyimlemektir. Ruh aracılığıyla bunu yapar ve insan formu ile buna aracılık ederiz.

Tanrı zaten var. Kendini nereye davet etsin? Kim kimi nereye davet etsin? Daveti ancak insan parçandan kendi yüksek benliğine doğru çıkış yaparak sen edersin. Sende ancak böyle bir izin vermenle alakalı olarak tanrısallık oluşmaya başlar. Başka türlü bu tanrısallık gelmez. Çünkü mecbur değil, çünkü buraya iki şekilde geldik. İnsan parçası ve ilahi olan parça. Burada insan parçası sadece insan olmayı deneyimler; ama eğer kendi yükselişine, Miraç'ına izin verdiysen burada ilahi parçanla deneyim içinde tekilliğinden çıkarsın ve deneyime, yani tam ve bütün olma haline geçersin. Böylelikle, DNA'nın aktifleşmesi zaten otomatik olarak başlar. DNA çok akıllıdır ve tüm hayatımızı düzenleyen ve talimatlar dizilimiyle çalışan bir sistemdir. O, bizi oluşturan gizemdir.

DNA'yı aktifleştirdiğimizde hızlı bir akışın içine giriyoruz ve bunun özümüzden geldiğini en derinlerde biliyoruz. Bunun yaratım planı olduğunu biliyor olmak çok güzel bir şey. Kendimiz, kendimizle ilahi plan yapıyoruz. Deneyimler önümüze geldiğinde bunu "Ben'imin" (Tanrısalın kendini ifade etmesi) enerjisiyle planladığımız içindir, kendimizi deneyimlemek, genişlemek ve bilmek için vardır.

Yaşamı seçiyor muyuz? Yoksa yaşamın seçicileri tarafından bizim seçimlerimiz olmaksızın başkalarının seçimleriyle mi yaşıyoruz? Başkaları derken yargılamıyorum. Sadece diğerleri dediğimiz bizi yöneten karanlık enerjinin ya da eski enerji tarafından seçilmiş hayatları mı seçiyoruz? Eğer bu böyleyse eski enerjinin içindeyiz ve ilahi plan devrede değil demektir. Ruhsal liderlerin çoğunun bize yaratılış itibariyle Allah'tan daha değersiz olduğumuzu ve tüm iyi şeylerin "yukarıdan" geldiğini söylemeleri, bizim içimizdeki kutsal olanı örter. Bu, düşük titreşimde kalmamıza neden olur. Hal böyle olursa seçimlerimizi değil illüzyon seçimleri yaşamaya mahkum oluruz. Yaşamı değil seçmek, yaşamın bir an önce bitme arzusunu taşırız ki; burada da yakalanmışızdır. Ölümlü dünya boş ve fanidir. Ancak yeni enerjiyi seçenler için bu böyle değildir. Dünyada milyarlarca insan yaşıyor ve milyarlarca insanın da özgür iradesi var. Dolayısıyla onlar kendi illüzyonlarının dahi farkında değiller. Kendi karanlık taraflarıyla boğuşuyorlar. Onlar bunu yaparak eski enerjide kalmayı seçiyorlar. Onların kendi anne babalarını seçmelerini bırakın, onlar kendilerini seçmiyorlar. Biz kendimizi seçiyor muyuz? Kendimizi seçiyorsak ve bunları şu anda duyuyorsak olay bitmiştir. Sen seçimini baştan yaptıysan, "seçim" kelimesini kullandıysan, o zaman çelişkiye düşmüyorsun.

"Bunu ben seçtim, izin verdim ve oldu, buradan neyi öğrenmem gerekiyor?"Bakış açımızı bu soru genişletir ve dönüştürür.

"Ben buradan ne öğreneceğim?"

Burası yükseliş enerjisini tetikleyen diğer bir deyişe Miraç'a bizi taşıyacak olan alandır ve DNA'nın şifası için çok önemlidir.

3. Neden sıkışıklıktan kurtulamıyoruz?

Ruhsal çalışmalar yapıyorsak, *workshop*lara, çakra açma seminerlerine vs. gidiyorsak hepsi aslında DNA'nın travmalarla ilgili hasarını onarmak içindir. İnsan kimliğimiz travmalara tutunur ve sıkışık enerji yaratır. Duygu ve düşüncelerimizin içinde boğuluruz. Blokajlarımız çok yoğun olduğu ve diğer katmanları da tıkadığı için yetersizlik duygusuna gireriz.

"Annem beni sevmiyor! Bu doğru mu?" Düşündüğün zaman annenin sana olan davranışlarıyla bu soruya, "evet" cevabı verebilirsin. O seni yeterince anlamadı, hep yargıladı, sınırladı, kontrol etti vs... Oysa burada bu düşünceyi seçimlerimiz belirliyor. Ya annenin seni sevmediği fikrini alıp hayatını kurban sendromuyla yaşarsın ya da aslında seni çok sevdiği fikrini seçerek kendini çok iyi hissedersin.

O zaman niye böyle yapmayız? Ya da diğerini seçerek kendimizi mi kandırırız?

Yüzde yüz doğru olan tek düşünce, bu sevgisizlik oyununda oynadığımızda bizim onlara verdiğimiz tepkilerdir. Verdiğimiz tepkilerle ya genişleriz ya da kurban sendromuna gireriz.

Bu oyunda her şey seçimdir. Genişleyememek de öyle. Sorumluluk sana ait. İnsanların sevmediği tek alan, başkaları yüzünden başına gelenlerin aslında kendisiyle alakalı olduğunu kabullenmektir. Bu Allah inancıyla derinden ilgilidir. Başıma gelenler Allah yüzünden değil benim seçimlerimin sorumluluğunu almamam yüzündendir. Şimdi soruyorum. Neyi seçiyoruz? Kendimizi mi? İllüzyonu mu?

Niyetimiz kendimizin seçilmiş varlıklar olduğuna kabul verip nötr enerjide, yani yargılamadan kalmaktır. Dünya bizim oyun alanımız ve buraya kendimizi bilmeye geldik. Verdiğimiz tepkiler bu yüzden önemli. Her şeyi olduğu gibi kabul etmek ve "bunu ben seçtim" diyebilmek seni deneyime sokar.

Hepimiz ortak plandayız, potansiyeller sonsuz ve hepimiz bu potansiyellerin deneyim muhatabıyız. Ancak bunu seçimlerimizle biz biricikliğimize göre belirliyoruz. Herkes aynı deneyimden geçmiyor ve zorunda da değil.

Yüksek bilince geçme seçimine izin vererek değiştirmek istediklerimiz üzerinde irade sahibi olabiliriz. Üstat olduğumuzu fark edip, üstatlığımıza kabul verdiğimiz zaman bunu değiştirebilme kapasitemiz var demektir. Her şeyi değiştirebilirim, tüm yaşamımı. Eril-dişil dengesi tam da burada devreye girer. Eğer denge oluşmuşsa potansiyellerimiz buraya inmeye başlar. Ancak güvenli alandan çıkmamız ve statükoyu yıkmamız şart. Çünkü başka türlü kopya deneyimlerden çıkamayız. İnsan benliğimiz bir şeylere tutunmayı o kadar seviyor, o kadar istiyor ki, o yüzden hep aynı yerde kalmayı istiyor. Güvenli alandan çıkarsam parasız kalırım, arkadaşsız kalırım, ailesiz kalırım korkusuyla yaşamayı seçiyor.

Sadece denenmiş olan kopya oyun alanından; statükodan çıkmak için kaos gereklidir ki; dikkatimiz çekilsin. Onun arkasını okuyabilmek için gerçekten şifrelere iyi bakmak lazım. Bunu neden deneyimlemek istedim ve neden seçtim?

"Tutunduklarımız olmadan yaşayabilir miyiz?"

Özellikle bu soruyu sorduğumuzda statükomuza pratik yaptırıyoruz demektir. En bağımlı olduğunuz şeye bakın, onsuz da olabiliyor musunuz? Bu olabilme duygusunu hissetmemiz lazım. Onu bırakmak, onu terk etmek ya da onsuz olmak anlamında değil, bu duygunun bedenselleşmemesine izin vermemiz gerekiyor. Bedenselleştiriyoruz, işte o zaman işler karışıyor. Kopya başlıyor.

Ben Benim. Tam ve bütünüm. Tam ve bütünsen, sen zaten öylesin. Kopyadan çıkarsın. Burada sadece kendini deneyimliyorsun, üstat olduğunu biliyorsun ve bu, dilenci de olsan, kraliçe de olsan değişmez. Sen üstatsındır, bu konu burada kapanıyor senin için. Ve ondan sonra, yaşam derslerini öyle muhteşem algılamaya başlıyorsun ki, akış başlıyor.

Statükodan çıkmak demek, dişi enerjiyi devreye sokmak demektir. Öbür türlü sürekli analiz yapan, plan yapan eril enerjidesin, dengesiz bir erildesin. Ama sen kendini akışa bırakıp o yumuşak enerjiye teslim etti-

ğinde, hakikaten onun seni pamuklara saracak bir ener-
ji olduğunu fark ettiğinde, o enerjinin senin için yap-
mayacağı şey yok. Olağanüstü mucizeler işte o zaman
başlıyor. Yeter ki sen bir adım at. Diyor ya; "Bana bir
adım atana ben on adım gelirim", bunu söyleyen dişi
enerjidir. Eril söylemez bunu. Neden? Çünkü eril henüz
dengede değil. Ve o der ki; "Bana bir adım at, sana zih-
nim ne söylerse ona göre gelirim." Şartlı davranır ya da
şartlara göre davranır. Dişil devredeyse korku yok olur,
çünkü gerçekten çok güçlü bir enerjidir.

Biz bir şeyi tutkuyla istiyorsak, yüksek bilinç parça-
mız bunu yapmamızı istediği içindir. Diyelim ki, uzak
bir yere gitmek istiyoruz ve sonra bunu unutuyoruz ve
hayıflanmaya başlıyoruz. Zamanım yok, param yok, çok
çalışıyorum vs bahanelere sığınıyoruz. Oysa orada çok
küçük bir ayrıntı var, herkese seyahat duygusu gelmi-
yor, herkes başka şekillerde de yaşıyor yaşantısını. Eğer
sana seyahat fikri gelmeseydi zaten böyle bir şey isteme-
yecektin. Senin seyahat etme potansiyelin geliyor sana.
Eğer bu geldiyse, sen bunu sevgiyle kabul ettiğin ve
enerjiyi gördüğün an "Görüyorum işte, evet görüyorum,
hoş geldin, seni kabul ediyorum. Şimdi ne yapmam ge-
rektiğini söyle ben sana bu kanallığı açıyorum," diyerek
kendi kendinize kanallık yaparsınız. Ondan sonra her
şey ayağınızın altına seriliyor.

Eş zamanlı olaylar yaşıyoruz. Bazılarının hâlâ anla-
madıkları, mucizeler yaşıyoruz. Zaten olman gereken
bu, mucize sensin. Biz bu bilinçteysek zaten her şey bir
mucizedir. Senin yaratımın bir mucize olabilir mi? Za-
ten sen yaratıcısın. Sadece işbirliği yapıyoruz. Şu anda
işbirliğine geçiyorum. Kopya bilgi sonlanmaya başlıyor.
Potansiyellerimle işbirliğine giriyorum. Düşük bilinçten

yüksek bilince geçtiğin zaman ilahi bilincinle işbirliğini sen deneyimleyen olursun. Yeni enerjide bu "Ben Benim" dediğimiz bütünselliğin kendini ifade etmesi ve muhatap bulmasıdır. Bu noktada kopya ile değil gerçek sen ile muhataplık başlar. Sen deneyimdeysen, hayırlı, hayırsız diye bir şey olabilir mi? Zaten sen önüne çıkan her şeyin hayırlı olduğunun bilincindesin. Öyle bir genişlemişsindir ki...

Şimdi derin bir nefes alın lütfen. Ve lütfen söyleyin:

"Yaşam derslerimin sınırlı düalite karmaşasından, 'Ben Ben'im'in enerjisiyle yüksek bilince geçmeye izin veriyorum."

Burada şuna dikkat etmenizi istiyorum. Bir ben varım, bir yüksek benlik var. O muydu, bu muydu diye analiz etmeye başlar zihnimiz. Burası tehlikelidir. Sadece Ben'im. Şüphesiz bir Ben. Sadece O Ben.

Bu enerjiden bir sapma olduğunda hemen çok derin ve çok yavaş bir nefes alarak zihinden çıkmak berraklaşma için son derece faydalıdır. İkilem varsa zihindeyizdir, bunu unutmayın lütfen. Her sorunu çözmek zorunda değiliz, herhangi bir cevap vermek zorunda da değiliz. Yanıt kendiliğinden gelecek. Biraz beklemeliyiz. Bekleyişe kendimizi aktardığımız andan itibaren sistem çalışmaya başlıyor ve direkt olarak eşzamanlı cevaplar gelmeye başlıyor.

İkilemden çıktığımız anda gerçekten bütünleşmişiz demektir. Sen ilahi olan parçanla olarak şüphesiz bir halde durursan sana nerden neyin geldiğinin önemi artık kalmaz. Ne gelirse gelsin onu dönüştürecektir.

Ben'inle birleştiysen ve buna kabul verdiysen, nerden ne gelirse gelsin dönüştürecek. Bundan hiç endişe etmemeliyiz. Endişesizlik müthiş bir yerdir. Şüphesizliğe getirir. Manipülasyon biter, sabote biter. Kendine tam olarak güvenme halinde olursun.

Sizce burada ne tecelli eder? Yüksek bilinç. Burada her şeyin sorumluluğunu almış bir bilinç hali tecelli ediyorsa, kavram karmaşası bittiyse; onu niye böyle yaptım, bunu niye böyle yaptım yargısından çıktıysam, vıdı vıdı eden zihinden özgürleştiysem gelinen noktada hem iyi vardır hem kötü vardır, hem güzel vardır, hem çirkin vardır. Ama esasında burada sadece güzel vardır.

Allah güzeldir, güzelleri sever. Düalite yok. Herkes her haliyle muhteşem. Tecelli eden budur. Sorumluluğu aldığı için artık onun hayatının bir yöneticisi, bir kontrolcüsü, artık onun üzerinde baskı yapıcısı kalmamıştır. Artık tamamen kendisi vardır. Ve sonra en sevdiğimiz yerdeyiz. Cennet neşesi, yani tanrıça-dişil enerji artık açığa çıkmıştır. Burası cennettir. Buradasın. Buradan çıkmak istemezsin. Çünkü burada gözüne hiçbir şey kötü görünmez. Burada her şey olağanüstüdür. Her şey.

Benim hocam derdi ki: "Göğe bak bakalım çatlak var mı? Yok. Çatlağı koyan zihindir. Eğer sen illa ki bir çatlaklık arıyorsan, gökte de çatlaklık bulursun. Gökteki çatlağı oluşturan zihindir. Cennet neşesinde zihin kalmamıştır. Zihnin olmadığı yerde uçarsınız.

4. Tasavvufta ilahi aşka ulaşmanın yolu "Hiçlik Kapısı"ndan geçmek olarak anlatılır. Hiçlik Kapısı kavramı nedir?

Aslında şöyle: Tasavvuf iki yönlüdür. Birincisi Yokluk (Hiçlik), İkincisi de Çokluk (Varlık). Tasavvuf der ki: "yokluğu olmayanın çokluğu olmaz." Önce yok olalım ki çokluğa çıkalım.

Hiçlik Allah'ın kendini bilmesiyle gerçekleşir.

Varlık da Hz. Muhammed'in ilahi elbiseyi giyinmesiyle gerçekleşir.

Öncelik Allah'ın kendini senden de bilmesidir. Konu burası. Biz insan olmayı çoktan öğrendik, çoktan her şeyi biliyoruz. Bütün incelikler, sırlar, bizde var; ama Allah sırrının insanda olduğunu unuttuk. Şimdi biz onu hatırlıyoruz ve bu bağlamda biz ileriye giderek konuşuyoruz, ama Allah'ı biz zanlarımıza göre yaratıyoruz. Ve nasıl yaratacağınız sizin duygu ve düşüncelerinize bağlı olarak değişkenlik gösteriyor.

Bizler elektromanyetik varlıklarız. Eril ve dişil enerji böyle oluşur. Fakat bunların ne kadarının farkındayız? Manyetik alan; yine bizim oraya koyduğumuz birleşik enerjimizle alakalı. Burası zaten bizim enerjimiz. Her şey bizim enerjimizle oluşturduğumuz Benim enerjisidir. O halde ben her şey olan olabilir miyim? Buna şüphesizlikle yaklaşabilirsem çok boyutluluk alanıma genişleme iznini kendime veriyorum demektir. Çok boyutlu alanıma genişlemek iznini kendime verdiğimde; o zaman olaylar anlam kazanmaya başlıyor ve dediğim gibi elektromanyetik olduğum için bu enerjiler bana geliyor ve zaten açmam için göz kırpıyor. Anlamam için çok şey yapıyor aslına bakarsanız. Normalde bu bilgilere ulaşamayanlara da eşitlik ve ilahi adalet var. Varoluş en ücra bir yerde öyle bir şey yapar ki ve öyle bir aydınlanma yaşatır ki; adeta gözünün içine sokar. Yani ilahi plan devreye girer. Bu bir yaratımdır.

Bütün benliğimizle bütünleştik diyerek yaratımlarımızı sahiplendiğimizde bir tehlike belirir. Bu noktaya dikkat etmek gerekir. Yaratımları sahiplenmek, potansiyelleri kısıtlamak demektir. İnsanoğlunun içine düştüğü en büyük tuzaktır bu. Mesela çok güzel bir proje aldınız ve onu bitirdiniz ve siz bunu yarattınız. Eğer yaratımlarınızın sadece bundan ibaret olduğunuzu düşünürseniz, başka yaratımlar olmayacak, "Ben sadece bu kadarını yaptım" diyeceksiniz. Bu hepimizin yaratıcılığını örtmesi demektir. "Elinden bu kadar gelemez" derdi benim hocam. Böyle bir şeyi kabul etmezdi. Elinden gelenin ötesine geçmen gerekiyor. Aynı zamanda çok boyutlusun çünkü. Bunu da bilmen lazım. Buraya oturduğun zaman, senin sadece burada bir parçan oturuyor. Yaklaşık olarak senin yüzde üç parçan. Senin diğer parçaların da başka yerlerde. Yüzde doksan yedin görünmediği için, sen her yerde olabilen kuantum bir varlıksın. Yüzde üçte kalırsan kuantum değilsin. Ama yüzde doksan yedide kendini açarsan, sen her yerde zamansız ve mekansız olan kuantum olansındır.

Bunu gerçekleştirmek için hiçbir şey yapmayacaksın, sadece niyet edeceksin. Niyetin gücündesin. Orada duracaksın ve sana gelecek. Bir şeye ihtiyaç duymuyorsun.

Bir şeye ihtiyaç duymamak nasıl bir şeydir? Her şeyin önüne gelmesi nasıl bir histir? Çabalamadan gelince hiçbir şeyin anlamı kalmıyor düşüncesi eski bir enerjidir. Böyle bir şey bitti, söyleyeyim. Bu bizim için bitti. Yeni enerjiye geçenler, yeni bilinci seçenler, üstatlığına kabul verenler için artık hiçbir çaba yok. Çabasızlık var. Çabasızlığı anlamak için böyle olması gerekiyor zaten.

Kraliçe arı ne yapıyor, bütün erkek arılar kraliçe arıya hizmet ediyorlar. Kraliçe arı bütün onlardan geleni şöyle bir bütünleştiriyor ve her şeyi kraliçe arı yapmış gibi duruyor. Bizler kraliçe arı gibi olmalıyız. Erkek arılar sadece hizmet eder. Kadın-erkek ayrımını değil enerjiyi anlatıyorum. Erkek arı burada tezahür gücünü temsil ediyor. İzin ver eril enerji burada sadece kraliçe arıya hizmet etsin. Zor görünüyor değil mi... Bunlar bize böyle öğretildiği için "zor" diyoruz ve tabii haklısınız; çünkü böyle öğretildi. Bir şeyi hak etmen için, ciddi anlamda mesai sarf etmen gerekiyor. Konu bu, ama böyle bir şey yok. Her şey çabasızca akmaya başladığında hayatın bir anlamı var. Hayatın anlamını yeniden keşfetmek düalitik bir kavramdır, hayat zaten kendi içinde bir akıştadır. Dolayısıyla biz hayatın anlamını keşfetmek için değil, kendimizi bilmek ve kendimizi fark etmek için burada deneyim içindeyiz. Yoksa arar dururuz.

Saklambaç neden evrensel bir oyundur? Saklambaç oynarken önce saklanırız sonra bulunuruz ve sobeleniriz. Bu da aynı mantıktadır. Saklanan aslında çok boyutlu parçamızdır. Neden insanlar 35 ya da 40 yaşından sonra bir arayışa girerler? Neden her şeyin farklı bir anlamı olması gerektiğini düşünürler? Çünkü bu sezgisel olarak bildiğimiz bir şeydir. Olmayan bir şeyi düşünemez insanlar. Olmayan bir şeyi halk edemez, yaratamazsınız. Bütün evrende bu böyledir. Klimadan tutun, şu elimde tuttuğum kaleme kadar gerçekten insanoğlunda bu titreşim frekansı ya da bizim içsel bilgilerimiz olmasa, bizim bunları ortaya koyma şansımız hiç yok. Onun için biz dedik ki; ayrılalım ki sonra tekrar bütünleşebilelim. Deneyim yaşayabilmek için zaman verdik kendimize. Bu yüzden doğarken biz bu parçaya veda ederiz.

İnsan boyutunda yaşayacağımız deneyimler için öncelikle evrelerden geçmemiz gerekir. Daha sonra çok boyutlu parçamızla tekrar bütünleşiriz. DNA aktivasyonu bu yüzden önemlidir. Tüm parçaları bütünleştirmemiz için onunla çalışmamız paha biçilmezdir. Kopya insandan çıkmaya başladığımız an eri-dişil bütünleşmesi de tamamlanmıştır. Kopya bilginin ve kişiliğin içinde sıkışmak dişilin örtülmesine, kopya insanın içinde sıkışmak ise dengesiz erilin meydana gelmesine sebep olur. Her ikisi de dengeli hale gelince yüksek benlik devreye giriyor.

5. Erili ve dişili bir bütünlük olarak nasıl algılayabiliriz? Adem ve Havva neyin temsilcisidir?

Dişil enerji her türlü bilgiye vakıf olan, destekleyici ve şefkat enerjisidir. Dişil kendini çoklukla ifade ettiği için kendini bilmek adına bütün potansiyelleriyle deneyimlemeyi seviyor. Dolayısıyla, sevdiği bu noktayı eriliyle deneyimliyor. Aslında tüm evren dişil prensibiyle çalışır ve eril enerjiyle kendini ortaya çıkarır. Diğer bir deyişle; dişil kendini erille ifade eder. Dişilin kendini deneyimleyebilmesi için eriline ihtiyacı var, ama eril de dişilden çıkmadır. O zaman ilahi plan, dişil plandır.

Adem'i dişil prensip yaratmıştır. Havva'yı da Adem'den yaratıyor. Yani ilahi olandan insan olan yaratılıyor. Aslında hakikatte yaratım yoktur.

İlk yaratıcı dişi enerjinin titreşimiyle evreni var ettiğinde kendini erille deneyimledi. Her deneyim bir potansiyel demektir. Eril deneyim halinde kendi dişilini örtmezse bu Havva'nın ortaya çıkmasıdır ve onun yaratıcı olanla işbirliği içinde olduğunu gösterir. Bu bütünselliktir. O yüzden Adem'in kaburga kemiğinden Havva'nın yaratıldığı örneğiyle kendi bedeninin dışında ya da dışarıda bir enerjisel yaratımın olmadığının altı çiziliyor. Şimdi bu anlamda Adem mi Havva'yı yarattı, Havva mı Adem'i yarattı?

Havva, havastır, hevestir. Nefsi anlatmak içindir. Heves etti Adem yani nefis makamlarını geçiyor ve ondan

sonra da yasak elmayı yedi diye devam ediyor. Yasak el-
mayı yemek; cennet bilgisine sahip olmakla eşdeğerdir.
Tasavvuf hocam şöyle demişti: "Eğer o yasak elmayı yi-
yip kovulmasaydık, biz bugün bunları konuşamayacak-
tık. İyi ki kovulduk."

6. Dram nedir?

İnsan zihnimle kendime bir hikâye yazarım. Ve bu-
nun içinde korku, endişe, sıkıntı barındırırım ve sahte
bir kimlik oluştururum. Ve bunu öyle bir hale getiririm
ki özümü kapatırım. Kaynakla ilişkimi keserim. Çünkü
kaynak deneyim yaşamak ister. İnsan zihni bunu dram-
la örter. Çünkü bilinmeyendir orası. Çalıştığın yerde
terfi etmen gerekirken seni işten atıyorlar. Dram yazar
mısın burada yazmaz mısın? İşte burada dram oluşur.
Zihin bunu dram olarak alır ve sana ötesini göstermez.
Sadece, sana bunun ne kadar kötü bir şey olduğunu, ne
keder değersiz ve zavallı olduğunu gösterir. Çünkü se-
nin tanrısal alanına giremez zihnin. Tanrısal alanında
bunun aslında nasıl ilahi bir plan olduğu ve seni başka
bir şeye hazırlayacağı vardır. Bakabilme cesareti olanla-
ra arka planında da bir şeyler olabileceğini ve her şey-
den öte sorumluluğunu almayı öğretir. Eğer sen başına
gelen her şeyin gerçek anlamda sorumluluğunu alırsan,
"bunu buraya ben koydum" diyorsan, sorumluluk duy-
gusuyla bunu yapıyorsan, başkalarına hiçbir şey söyle-
meden, gerçekten kendine sevgi duyuyorsun demektir.
Sen sevgisin demektir. Bu sevgi frekansına sokunca
kendini beklenti de kalmaz, illüzyonda sona erer ve sen
gerçekten ilahi sevgiye açmış olursun kendini.

Yükselmiş üstatlardan biri şöyle der: "Belli maaşlarla
geçiminizi sağlıyorsunuz. Evinizde tek başınıza oturu-
yorsunuz. Musluğu kıs, elektriği kıs, televizyonu fazla

açma. Sürekli bir tasarruf halindeyiz. Kendimizi de tasarruflu kullandığımız için geliyor zaten her şey.

Korkusuzca evdeki muslukları açıp beş dakika durabilir misiniz? Belki de kıyamazsın... Ama o an kendini korkarak sınırlılığa nasıl düşürdüğünü hissetmen için iyi bir deneyim. Hemen paniğe kapılırsınız, kaynağın biteceğinden korkarsınız ve kendinizi kısıtlarsınız."

Bunlar bizim kıtlık bilincimiz. Doğru mu gerçekten? Kaynaklar biter mi? Hem yaratıcının sonsuz gücünden bahsedeceğiz hem de korkuyla kendimizi dünyanın bitmemesi için görevlendireceğiz. Bu haliyle zaten dünyayı kurtarma diye bir durumuz yok. Gerçek dünyanın da kurtarılmaya ihtiyacı yok, zira orası sadece bolluk bilincinin olduğu frekansa uyumlu. O yüzden dünyayı kurtarmak gibi bir görevimiz yok. Bizim bir şey olmamıza gerek yok. Biz buradayız. Dünyanın frekansını yeterince yükseltmek için biz zaten buradayız. Olma sebebimiz bu bizim. Herhangi bir şey yapmamıza gerek yok. Neysen ona kabul vermekle alakalı görevlerimiz var. Buna kabul verdiğimiz zaman misyon belirmeye başlar.

İlim seviyesinde Allah'ı bilmek ve öğrenmek aslında sadece kabulü gerektiriyor. Burada niyetin gücünü devreye sokmak istiyorum. Niyet ettiğimiz anda duran potansiyelleri harekete geçiririz. Ancak burada en önemli nokta; ettiğimiz niyetten şüphe etmemektir. Şimdi benimle birlikte şüphe etmeden niyet etmenizi rica ediyorum;

"Kendi bilgeliğimin, ilmimim açılmasına niyet ediyorum."

SONUÇ

Kopyadan çıkmayı iste
Kendini bileceksin
Zamanın olmadığı yerden değil
Kopyanın olmadığı yerden özgürleşince
Gerçek insan olmaya başlayacaksın.

Bizler insan formuyla bu evrendeysek o zaman neden insan formunun olmadığı nokta ile (altı havasız üstü havasız ama) anlamak ve kopyadan çıkmak bu kadar önemli? Cevap basit, ancak kolay anlaşılabilir değil. Yaklaşmak, bütünleşmek ve sonra tekrar formsuz olmak için. Kime yaklaşıyoruz? Kendimize. Kiminle bütünleşiyoruz? Özümüzle, ki formsuz ve suretsiz olanla, tekrar tekrar form alıp yükselmek ve bilmek için. Bu birliğin kendini bu sayede genişletmesinin zevkidir. Bu nasıl bir? Bilim dahi buraya aslında çok yaklaşmış durumdadır.

"Tüm insanların, DNA yapısının % 99.9'u aynıdır. Aralarında % 0.1'lik bir fark vardır. Bu fark sayesinde kimlik belirlenebilir."[94]

Kur'an'da Necm suresi yaklaşmayı ve bütünleşmeyi muhteşem bir şekilde açıklar.

Necm Suresi'nin sırrı

Bu Sure, Kur'an'ın iniş sırasına göre 23. suredir. Sonradan düzenlenen ve yaygın olarak kullanılan şekle göre ise 53. suredir.

"1- Andolsun yıldıza, inerken."

Burada geçen "Yıldız" sözü için Arapçada üç ayrı anlam vardır.

a) Yıldız anlamındadır.

b) Ot ve çimen gibi sapı olmayan bitkileri anlatır.

c) Aralıklı olarak, parça parça verilen bir şeyin parçalarına verilen isimdir.

Bu açıdan bakınca haftalık veya aylık dergilerin her bir fasikülüne de "Necm" demek mümkündür. Kur'an da parça parça indirildiği için her parçaya "Necm" denilir.

Necm sözünün "Yıldız" anlamında kullanılmıştır. Bunun kesin kanıtı da, surenin 49. ayetinde açıkça "Şi'ra Yıldızı" denmesidir ve bu yıldız Sirius'dur.

"49- Ve şüphe yok ki odur Şi'râ yıldızının Rabbi."

Birinci yani 49. ayetlerde söz edilen ve adına "and edilen yıldız" Sirius yıldızıdır. Sirius, galaksimizdeki, dünyamızdan en parlak görünen yıldızdır."[95]

Sirius, Miraç"a giden yol ve 12. ipliğin aktivasyonun sırrı olabilir mi? Bu elbette her şeyin kainatta bir cevabının olduğunun bilincine varabilirsek, o zaman muhakkak kendini zaten kendinden açıklayacaktır.

O zaman Necm suresine baktığımızda olağanüstü bir DNA bilgisiyle karşılaşıyoruz. Özellikle 12 sarmalı, su-

---

renin 12 ayetiyle bütünleştirdiğimizde gerçekten de büyüleyici bir durumla karşı karşıya kalıyorum.

Bismillahirrahmanirrrahim

1- İnmekte olan necme (yıldıza, Kur'an'ın inen miktarına) yemin ederim ki,

2- Arkadaşınız şaşırmadı, azıtmadı da!

3- Hevadan (arzusuna göre) söylemiyor.

4- O (Kur'an) sadece vahyolunan bir vahiydir.

5- Onu müthiş kuvvetleri olan biri öğretti.

6- (Ki O) akıl ve görüşünde kuvvetli (bir melek)tir. Hemen (gerçek meleklik şekli ile) doğruldu.

7- O en yüksek ufukta idi.

8- Sonra (Cebrail ona) yaklaştı ve (aşağıya doğru) sarktı.

9- Onunla arasındaki mesafe iki yay boyu kadar yahut daha az kaldı.

10- Kuluna verdiği vahyi verdi.

11- Onun gördüğünü kalb (i) yalanlamadı.

12- Onun gördükleri hakkında şimdi siz tartışacak mısınız?

İplik Aktivasyonuyla Necm Suresi

Birinci İplik: "İnmekte olan necme (yıldıza, Kur'an'ın inen miktarına) yemin ederim ki."

Allah neden yemin eder? Ya da kime yemin eder? Tabii ki kendine. İnsan sırrına inmeye yemin eder ve kendini ona entegre eder. Bu, tekâmülün başlaması içindir. Bizler bu yemini duyabilirsek o zaman ait duyduğumuz tüm korkulardan özgürleşmeye cesaret ederiz. Bu birinci ipliğin aktivasyonudur.

İkinci İplik: *"Arkadaşınız şaşırmadı, azıtmadı da!"*

Burada Hz. Muhammed işaret ediliyor. Kitabın başından beri Muhammedî olan bir bilinçten bahsediyorum, bir kişilikten değil. Bu bilinç açılması meydana geldiği an her şey doğrudur ve kendinden kendine tecelli eder. Yaşam deneyiminde yalnızca tanrısal bilinç vardır. Kendi ilahi olan bilincimize tam anlamıyla güven duyduğumuzda ve ondan şüphe etmediğimizde, bu ikinci ipliğin aktivasyonudur.

Üçüncü İplik: *"Hevadan (arzusuna göre) söylemiyor."*

Her zaman söylediğimiz gibi ego benliğimiz devrede değilse akış sadece ilahi olan kaynak iledir. Bunun için de eril ve dişil dengede olmak zorundadır. Nasıl ki karşı cinse olan tutkumuz belli bir yerden sonra yerini dengesiz bir ilişkiye bırakıyorsa, ilahi bilincimizle bağlantıda olmazsak bir müddet sonra da kronik mutsuzluk kaçınılmaz oluyor. O zaman bu bağlantı gerçek bir aşk ile mümkündür. Nasıl ki, erili ve dişili, kadın erkek bedenindeki illüzyon sevgiden öteye götürdüğümüzde o basit bir sevgi ve tutku olmayacaksa, ilahi bilinçle olan bağlantıda olduğumuz zaman da bu basit bir heves ve arzu olmayacaktır. Eril-dişil aşk ile bütünleştiğinde bu üçüncü bir varlığa yer açar. Bu da ilahi çocuktur. Bu da zaten bizden başka ne olabilir ki? Bu üçüncü ipliğin aktivasyonudur.

Dördüncü İplik: *"O (Kur'an) sadece vahyolunan bir vahiydir."*

Dikkat ederseniz "vahyolunan bir vahiy" diyerek sanki bir iki ayrı enerji hissettiriliyor. O zaman sözlük anlamına değil de içsel sözlüğümüze bakacak olursak; vahyolunan bir bilinç, vahyin kendisinden geliyor. Bir ayrılma ve bölünme varsa bunun mümkün olamayacağına işaret ediyor. Vahyolunan bizzat kendisi olacağından zaten dünyaya geldiği andan itibaren tüm bilgi onunladır ve varlık kendini bu sırra açabilirse, vahyinin zaten kendinde mevcut olduğunu ve gökten değil kendinden (sırrından) geleceğini bilmeye başlar. Burası fiziksel bedenin dahi bu vahyolunan enerjinin etkisiyle yolculuk ederek dönüşümünün başlayacağı yerdir. Enerji bedenimiz iyice ışık iplikçileriyle fiziksel bedenimizde dengelenmeye başlar. Burası dördüncü ipliğin aktivasyonudur.

Beşinci İplik: *"Onu müthiş kuvvetleri olan biri öğretti."*

Kur'an öğreticiliğini Cebrail vasıtası ile öğretti. Güçlü olanla Cebrail kast ediliyor. Burası gerçek olan gücün Muhammedî idrakle (Akl-ı Muhammedi olan Cebrail'di) mümkün olacağını gösteriyor. Böyle bir başmeleğin zaten sırrımızda mevut olduğunu ve onun (ilahi aklın açılmasının mümkün olduğu) bilgileri zaten çok güçlü bir şekilde aktaracağının (getireceğinin) derin kabulü kendimizle olan yaşamın dengeli hale gelmesidir. Bu hal ile hallenmek kendi özümüzle barış içinde yaşamak demektir. Bu beşinci ipliğin aktivasyonudur.

Altıncı İplik: *"(Ki o) akıl ve görüşünde kuvvetli (bir melek)dir. Hemen (gerçek meleklik şekli ile) doğruldu."*

Cebrail içimizdeki şüphesizlik alanımızdır. En doğrulayıcı yer neresidir? Elbette ki ilahi olanı fark eden kalbimiz. Burası akışın başladığı yerdir. Sebep ve sonuçlarla ilgilenmeyen, olmuş ve olacaklara meyletmeyen bilincimiz sadece gelen her şeyin haktan olduğunu bilir ve doğru olduğunu tasdik eder. Bu bilince gelen her varlık kendi gerçekliğinde kalır. O da haktan başka bir gerçekliğin olmamasıdır. Burası altıncı ipliğin aktivasyonudur.

Yedinci İplik: "O en yüksek ufukta idi."

İlim her zaman en yüksek bilişle ve oluşla yüksek bir ufuktan belirir. Ancak kişi bu durumdan kaçınır. Yükseklere olan çıkabilme istidadını kendine layık göremez. Bu da onun karanlıkta kalmasına neden olur. Oysa durum böyle değildir. Ufku her varlık öyle ya da böyle kabul etmiştir. Bu da aydınlık olan ve koruyan bir enerjidir ancak bizden uzaktır, ufuktadır. Böyle midir? Hayır değildir. O uzak değil hemen bir nefes kadar yakındır. O halde kendini bilmek için öncelikle uzaklıktan doğan ve kapanmış zannedilen ışığı açmak gereklidir. Bunun için ayrılıktan oluşmuş kendi karanlık veçhelerimize kabul vermek çok önemlidir. Işığa verdiğimiz kabulü karanlık tarafımıza da verebilmeliyiz. Gerçek yakınlık böylece başlayacaktır. Bu yedinci ipliğin aktivasyonudur.

Sekizinci İplik: "Sonra (Cebrail ona) yaklaştı ve (aşağıya doğru) sarktı."

Dokuzuncu İplik: "Onunla arasındaki mesafe iki yay boyu kadar yahut daha az kaldı."

Burada iki ayeti birlikte ele almak istiyorum ve Arapça yazılışlarına dikkat etmenizi rica ediyorum.

"Sümme dena fetedellafekanekab'e kavseyn ev edna."[96]

"Yaklaştı, sarktı, iki yay aralığı kadar ve daha da yakın oldu."

---

96 Necm, 8-9

Necm suresi Peygamberin Miraç mucizesini anlatır. Bu mucize hem bedenen hem de manen meydana gelmiştir. Çünkü insan-ı kâmil âlemin görünen ve görünmeyeniyle, bilinen ve bilinmeyeniyle beraber özeti, hatta bütünüdür. Kabe kavseyn de Hz. Muhammed Mustafa adını almıştır. Mustafa aşırı tasfiyeye uğramış, arındırılmış manasına gelir.[97]

Sekizinci ve dokuzuncu ayetlerde geçen "ev edna" kelimesi ne kadar tanıdık değil mi? Kelime "daha da yakın" anlamına geliyor. Bu yakınlık DNA sarmalı hakkında "yay" kelimesi kullanılarak ifade ediliyor. Şimdi bilimin buna nasıl bir açıyla yaklaştığına biz de biraz onların açısından yaklaşalım.

"DNA'nın yapısını tam olarak çözmek isteyen, İngiliz Rosalind Franklin ve M. Wilkins, DNA'nın x-ışınları ile elde edilmiş kristal yapı fotoğrafını 1951'de elde etti. Fotoğraf, DNA molekülünün ikili sarmal olabileceğini gösteriyordu. Molekül ipten yapılmış bir merdivenin bükülerek yay haline getirilmiş haline benziyor olabilirdi. Ancak Franklin bu olasılığa sıcak bakmadı. Aynı yıl Amerikalı J. Watson ile İngiliz F. Crick, Cambridge Üniversitesi'nde DNA'nın yapısını araştırmaya başladı. Diğer grubun elemanı olan Wilkins, elindeki, DNA'nın x- ışını fotoğrafını Crick ve Watson'un ekibine gösterdi. Daha sonra Watson, "Fotoğrafı görünce ağzım açık kaldı, DNA'nın ikili sarmal olduğu ortadaydı." dedi.[98]

---

97 A. Taner Oğuz

98 www.uralakbulut.com.tr

Şimdi bu duruma baktığımızda iki yay arası kadar yakınlaşmış olan nedir sevgili okuyucu? Tasavvufa göre iki yay mürit ve mürşidi simgeler. Onların birbirine olan yakınlığı ve birbirlerinde Allah'ı müşahede etmeleri ancak iki yay aralığı kadar hatta daha da yakın olacak şekildedir. O halde DNA'nın iki sarmalı bu bütünleşmenin anahtarıdır. Ancak geriye 10 sarmal daha kalmıştır. Bakın burada Fecr suresi 2. ve 3. ayet ne diyor?

"Ve leyalin aşrin" (On gece hakkı için)

"Ramazanın ilk on gününde kullarıma rahmetim ulaşır."[99]

"Hakk'ın rahmeti; umum ve rahmet ve has rahmet olmak üzere ikiye ayrılır."[100]

Ramazan "uruç" etmek ve yükselmek anlamındaydı ve Miraç ettiğimiz gerçekliğiydi. Kendi ilahi benliğiyle yolculuk eden varlık; kendini, hakkın ortaya çıkış ve form almış haliyle şüphesiz olarak bildiğinde Allah'ın (özünün) tüm ilmi onda iki şekilde açığa çıkmaya başlar (tecelli eder).

1- Umum rahmet.

2- Has rahmet.

Umum rahmete baktığımızda DNA'nın biyolojik katmanının tüm âlemi sardığını ve rahmet üzerine aynı şekilde tecelli ettiği görülür. Gözüne görünen tüm oluşumlar (fiiller) bu aynılığın kendini âlemde seyretme halidir. Dünya'nın da DNA'sını bizlere söylemektedir. O halde dünya tekâmül ettikçe onun da DNA'sı eş zamanlı aktive

---

99 Hadis-i şerif.

100 A. Taner Oğuz.

oluyordur. Dünya ve insan tek bir bütün hale geldiğinde o zaman has olan gerçek insan, yani insan-ı kâmil meydana gelir ve kopya bilinç sona erer ve 10 sarmalımız aktifleşmeye başlar.

Has rahmete baktığımızda ise artık iki yay yakınlığı Miraç başlatacağı için gerçek rahmet 12 sarmalın aktifleşmesi değildir de nedir? Ramazan zihnin kesilmesi ve varlığa ait olmayan tüm enerjinin Hak bilincine geçilmesiyle âlemdeki tüm varlığın O olduğu bilincine geçmesidir. On gece hakkı böylelikle tamamlanmış olur. 10 sayısı kendi içinde biri barındırır. Allah'ın ilminin çokluğunda kesret âleminde görünen her şeyin birden görünmesidir.

"Veşşef'ı velveti" (çift hakkı için, tek hakkı için)

Çift mürit ve mürşit ise, tek kimdir? Elbette ki kendi bütünlüğüne geçme izni veren varlıktır. Çift sarmaldan biri Allah, diğeri Muhammed'dir. İkisi bir bütün olduğunda ancak rahmet-i rahman açığa çıkabilir ve 10 sarmalı aktifleşir.

Çift olan sekiz sayısı, tek olan dokuz sayısı ile anlam kazanmaktadır. Hem çokluğa kabul vermek, hem de kendi farkındalığına geçebilmek ve kendi saf bilincine yaklaşmaktır. Diğer bir deyişe Enel Hak dediğimiz anda Ente Hak demek olduğunun bilincine geçebilmek ve iki yay aralığı kadar iç içe geçmiş âlemleri deneyimlemek anlamına gelir. Bu sekizinci ve dokuzuncu ipliğin aktivasyonudur.

10. İplik: *"Kuluna verdiği vahyi verdi."*

Burada ifade çok nettir. Aracısız bir şekilde bilgiler direkt olarak yüksek benlikten (kendi özümüzden) geldiğinin idrak edilmesidir. Cebrail artık burada görevini bitirmiştir. Burası 10. ipliğin aktivasyonudur.

11. İplik: *"Onun gördüğünü kalb(i) yalanlamadı."*

Burada artık kalbin hiç yanılmadığı alana gidiyoruz. İçsel vizyonlar almaya ve görmeye başlanır, ancak bundan yine şüphe etmemek gerekir. Görülen her şey açığa çıkmak ve belirmek içindir. Akmak isteyen kaynak muhatap bulmasıyla kendini kendinden görmeye başlar. Bu tekâmülün gerekliliğidir. Burası 11. ipliğin aktivasyonudur.

12. İplik: *"Onun gördükleri hakkında şimdi siz tartışacak mısınız?"*

Burada tartışma bitmiş ve tanrısallığın en derin kabulü gerçekleşmiştir. Dille gönül aynı şeyi söylemektedir. Enel Hak! Bu yüceliği onurlandırmaktan başka ne yapılabilir ki? Burası 12. ipliğin aktivasyonudur.

Hz. Ali şöyle demiştir:

"Derman sende fakat haberin yok. Derdin sende fakat görmüyorsun. Kendini küçücük bir beden (cisim) sanıyorsun. Oysaki koskoca âlem dürülmüş (DNA) içinde senin. Öylesine apaçık, apaydın bir kitapsın ki, gizli şeyler onun harfleriyle meydana çıkmakta. Dışarıya ihtiyacın yok senin. Gönlünde yazılmış yazılar her şeyden haber verir sana."

Ve yine Hz. Ali şöyle demiştir:

"Dıştan bir kanıt ve haber aramaya lüzum veya ihtiyacın yoktur. Sende var olan kalbin gizli olan her şeyden haber verir."

Yaklaştığımız DNA aracılığıyla özümüz değil de nedir? Bu yakınlaşmayı çok da fazla yorumlayamayız; zira bunu yaptıkça özümüzü uzaktaymış gibi algılarız. Hakikati açtığınız an kapanmaya meyillidir; zira bir an için ikide gözükür ve hemen bire döner. Bir olan gönül için tarif yoktur. Bu sebeple *"Arife tarif gerekmez"* demiştir atalarımız. Tarif isteyen aslında zihnimizdir. O kavramak, anlamak istemez ve bütünleşemez. Anılardan ibaret çok yoğun bir illüzyonun içinde olduğu içinde boş kap olamaz, kendi doluluğundan dolayı da yeniye açılamaz.

Birçok insan için zihin şu şekilde çalışır. Diyelim ki elinizden hiç bırakmadığınız, çok sevdiğiniz ve değeri sizin için paha biçilemez ve anılarla dolu kristal bir cam eşyanız var. Onunla o kadar mutluydunuz ki; ancak bir anlık dikkatsizlik yüzünden onu yere düşürdünüz ve o kırıldı. Oysa bir saniye önce elinizdeydi. Ya da kristalinize o kadar yapışık yaşıyordunuz ki onun bir gün kırılabileceğini aklınıza bile getiremiyordunuz. Ah! Zamanı geri almanın bir yolu yok mudur acaba?

Zamansızlığa sınırlı insan bilinciyle baktığımız zaman, herhangi bir anda yaşanılan koşulların üzüntü ya da mutluluk verici olması sebebiyle zamanı geri alabilseydim de bu da başıma gelmeseydi demeye başlarız. Ya da eski mutlu olduğum zamanlara tekrar geri gelseydim ne kadar iyi olurdu düşüncesiyle hissedilen "keşke" dolu yalvarışlarımız ne kadar yorucudur. Bunlar kopyada kalmış halimizle, pişmanlık ve acizlik sonucu oluşmuş dramlarla hayatlarımıza yapışan anılardır. Bu yüzden kişi, yüz yaşına da gelse tüm deneyimlerini, anı seviyesinde bırakarak, sadece *ne kazandım* ve *ne kaybettim* diye düşünür. Başına gelen her türlü kötü ve iyiyi "keşke" seviyesine getirmesi yüzünden zamanı geri almak ister. Ona göre kristalin kırılması çok kötü bir tecrübedir ve o an bunun "keşke olmasaydı" noktasıyla o kadar ilgilidir ki esas kırılanın kendisi olduğunu fark edemez. Ya da kişi şimdiki zamanına geçmiş, anılarını sığdırmaya o kadar meyillidir ki kristali çoktan kırılmıştır; ama, o hâlâ elinde tuttuğunu zannederek, bir saniye ya da 15 yıl önceye duyulan "keşke paradoksu"nun içinde yaşar. Zihnin oluşturduğu ve tutunduğu iyi ya da kötü anılar her iki bağlamda da kaybetme korkusuyla alakalıdır. Kişinin maddi olarak kaybettiklerine sıkı sıkıya tutunması onu "gerçek tutanından" yani özünden ayırır. Ve bu yaşam değil "hayatsızlıktır."

Elbette o an her ne tezahür ederse etsin "anı" anının, anıya tutunmama halini, yani sıfırlanmış bilincin kabiliyetini devreye sokarak, deneyimlerimizi çok daha farklı bir bakış açısıyla algılamaya başlarız. Bu DNA'nın ruhunu harekete geçirir.

Konu sıfırlanmaya gelince Einstein'ın, İzafiyet Teorisi'nin, "Genel Görelelik Kuramına Göre Uzayın Yapısında" ek bilgi olarak bahsedilen iki hipotezine çok kısaca değinmek isterim. Ve tabii uzay denince, ben ancak teleskopla bakılan uzaydan değil, kendi içsel uzayımızın derinliklerinde keşfedilmeyi bekleyen çok boyutluluğumuza bakabilmeyi de umut ediyorum.

"Bütün uzayda her yerde aynı olan ve sıfırdan farklı olan ortalama bir kütle yoğunluğu vardır."

Bütün uzayda ve her yerde aynı olmasına rağmen sıfırdan farklı duran, ortalama kütle yoğunluğumuz, acaba bizlerin aynı tanrısal öze sahip olduğumuzla mı alakalıdır? Benzersiz olarak sıfırdan (anıların olmadığı

yerden) diğer bir deyişle; her birimizin eşsiz deneyim-
lerimizden elde ettiğimiz kütle yoğunluğu aslında 'ge-
nişleyen' ya da tasavvuf tabiriyle tekâmül eden yanımız
olabilir mi?

Bana göre olabilir. Çünkü yaşadığımız tüm hayatı,
toplu bilincin etkisinden, eşsiz bireysel deneyime çe-
kebilirsek zaten bu gerçek anlamda kendimizle olan
yolculuğumuzun harika bir serüveni olacaktır. Ve bu
yoğunluk kendini hafifleterek kristal özümüze geri dön-
memiz için aracılık edecektir.

"Uzayın büyüklüğü (yarıçapı) zamandan bağımsızdır."

Einstein, zamanı dördüncü boyut olarak kabul etmiş
ve onun uzaydan ayrılmayacağını da söylemiştir. Ona
göre, evrenin yasaları, her koşulda ve her yerde geçer-
lidir. Işık sabit hızda hareket eder ve hiçbir şey ışıktan
hızlı gidemez.

Bana göre, dünyayı üç boyutlu olarak algılayan insan,
dördüncü boyut olan zaman farkındalığına adım attı-
ğında yedi sayısının bilişine, yani $3+4=7$ olarak ortaya
çıkan yaratma farkındalığına ulaşır. O zaman hareket
eden bilinç seviyemiz, tezahürünü uzaydan ve zaman-
dan bağımsız olarak gerçekleştirerek, ışık hızı dediğimiz
gerçek kaynakla aynı hıza erişir. Ve bu yaratıcı olan tan-
rısal tarafımıza adım atmamıza yol açabilir. Einstein'ın
meşhur "ikiz paradoksuna" göre uzayda ışık hızına göre
hareket eden ikizlerden biri zamanı yavaşlatmış ve genç
kalmış, diğer ikizse dünyada kalıp hareket etmeyerek
yaşlanmış.

O halde genç kalmak için yaratıcı enerjiyi aktif hale
getirdiğimizde DNA üzerinden sihir başlamış olur. Artık
yaşlanmanın olmadığı, yani ağır enerjilerin (ben sadece

yaratılan varlığım ve acizim) gittiği ve hep genç olan (kaynağa bağlı olanım, tezahür ettirenim) yeni enerjilerle yaratım kendini gösterir (Paradoksa bakmak isterseniz çok keyif alacağınızdan eminim). Böylelikle DNA hasarlanmadan tam olarak aktifleşmeye başlar.

O zaman farkındalığın bu halinde, diğer bir deyişle yaratımın gerçekleşmesi nedeniyle uzaya - evrene genişleyen bilincimizin büyüklüğü zamandan bağımsız olacaktır. Evrene doğru genişleyen insan, bu sayede içsel teleskopu olan DNA'da yolculuk yapmayı öğrenir. Bu anlamda insan evrenin küçük bir modeli, evren de insanın özüdür denebilir; ama, ben arada fark göremediğim için bunu "aynılık" olarak söylemeyi daha çok seviyorum. Ayrıca, evren-insan bağlamında baktığım zaman bu "aynılık" nedeniyle gök mü yerdir ya da yer mi göktür, yoksa her ikisi de aynı şey midir diye bir kavrama giremediğim gibi aralarında mutlak anlamda yer değişiminin olabileceğini düşünüyorum.

Dışın (evrenin) içe (insana) hayalatı, için dışa zuhuratı

Birinden ol birine tuğfeler her bar olur peyda

Dışın (insanın) içe (evrenin) yansıması için dıştan görünmesi

Birinden ol birine daima armağandadır oluşum

diyen Niyazi Mısri'nin, bu anlamda farkındalığı öğretmen ve öğrenci arasındaki "farksızlığa" getirir ve "tek vücut" hikmetiyle yer değiştiren kabiliyetlerde olduklarının altını çizer.

Birlik halindeki bu yaratım sürecinden geçen öğretmen ve öğrenci zamandan bağımsızdır. Bu bakış açısıyla evren-insan da zamandan bağımsızdır, yani sıfırlanmış bir haldedir. Öğretiler daima genişleyerek sonsuz bilgi kaynağını içinde barındıran DNA'daki değişimiyle yükselişi tetikler ve armağanları daima büyüktür. Bu farkındalık hepimizin alabileceği şekilde kaderimizde yazılı olan mühür, algı kapımızdır. Mührü açmak için yapmamız gereken tek şey DNA'nın aktivasyonu için niyet etmek ve samimiyetle kendi yolculuğumuza başlamaktır. Zaten bir adım attığınızda, sizinle çalışmayı uzun zamandır bekleyen göksel dostlarımızın hemen yanınızda olacağını söyleyebilirim. O yüzden herhangi bir öğretici aramanıza gerek yoktur. Sadece kendimizi hatırlamaya ihtiyacımız vardır ki bu işin püf noktası budur. Öyle yıldırım hızıyla da hatırlama olmuyor. Bir süreç gerektiriyor. Ve ben bu sürecin zamandan muaf olduğuna inanıyorum.

Evrenin başlangıcından beri, sarı babamız güneş, beyaz annemiz ay misali yer değiştirdik. Gündüz, deneyimlerimiz güneşin çekim alanında yükselişe katkıda bulunurken, gece, ayın beyaz ışığında sıfırlandı.

Gündüz zamansız olan deneyimlerimiz ateşin sıcaklığında yanmalı, gece anıların ay ışığının altında sıfırlanmasıyla soğumalıdır. Her sabah yeni bir güneşe doğmalı ve her akşam yeni bir ayın ortaya çıkmasıyla yenilenmeliyiz. Deneyimlerimizi "keşke yapmasaydım" diyerek baltalamadan kabullenmeliyiz. Zihnimiz bize sürekli gevezelik eden bir mekanizmadır. Geçtiğimiz süreçleri anlamaya programlı da değildir. Bu yüzden asıl olan zihnimizi sıfırlamaktır.

Her yeni güne anısız başlayabiliriz. Bunun anlamı yaşadıklarımızı değersiz kılmak değildir, tam tersine, yeni deneyimlerin hayatımıza girmesine izin vereceğimiz harika bir sisteme genişlemektir. Bu, aynı zamanda

saf sevgidir. Yargısız olan koşulsuz sevginin anlaşılma-
sıdır.

Yaşam kendini yine kendi olan bizlerden deneyim-
leyeceği için sonsuz olasılıkların içinde en yüksek po-
tansiyellerimize de adım atarız. Her yeni güne biz san-
dığımız kimliğimizle (veçheler) değil gerçeğe uyanan
varlığın (kopyadan çıkmış) bilişine izin verecek şekilde
uyumlanırsak, o zaman en başta kendimiz zannettiği-
miz anılarımızı şefkatle gözden geçirmeye başlarız. Di-
ğer bir deyişle; X isimli biri olarak kendinizi bu X ismin
varlığından soyutlarsak, o zaman onun maskelerinin
de farkına varabiliriz. Gerçek ismimizi bulmamız, tüm
kimliklerimizden ve sınırlamalarımızdan vazgeçtiğimiz
zaman olacaktır. Amaç; her yeni güne isimsiz, cisimsiz
ve resimsiz başlamaktır. Ancak bu sayede yeniye yer
açabilir ve kendimizi illüzyondan sıfırlayarak gerçekli-
ğe doğru adım atabiliriz.

Çelişkileri zihnimizle değil kalbimizle okumalıyız.
Onları oraya birliği deneyimlemek için bizim koydu-
ğumuzun sorumluluğunu almalıyız. Bu, hayatımızda
oyuncak haline getirdiğimiz dramlarımızın da sonunu
getirir. Biz, hepimiz bir yerlerden geçiyoruz. tekâmül
için, yükselişimiz için hepimiz görevliyiz. Evren bizim
anlayamayacağımız lisanı konuşmaz, tam tersi anlama-
mız için çeşitli vesilelerle, eşzamanlılıklarla işaretler
gönderir. Bunun daha rahat anlaşılması için, yolumuza
kristalleri kendimizin koyduğunu hissetmek anlatılama-
yacak kadar mucizelerin hayatımıza akmasına yol açar.

Mecnun'un, "Leyla, Leyla" diye sayıklaması gibi ben
de "ben kimim" diye sayıklayarak çıktığım arayış tüne-
linde birçok defa ışığı gördüm. Ama her seferinde başka
bir tünele girdim. Ve bunun paha biçilemez bir armağan

olduğunu da biliyorum. Bu süreç her seferinde kahramanlarını değiştiriyor.

Işık varlıklar - nur olduğumuzu hatırlamamız için karanlıktan geçmemiz gerekiyor. Bu çok önemli. Bir yerlerde hayatınıza takılan ve çelişen olay yaşarsanız bilin ki bu gerçeğe uyanmanız için onlar bizzat sizin tarafınızdan oraya konulmuştur. O zaman elinizi cebinize atın ve kristalinize bakarak hemen orada, hazır bir şekilde cevapların olduğunu görün. Bu cevapları hazırladığınız için nasıl bir dahi olduğunuzu da hatırlayarak kendinizi onurlandırmayı unutmayın.

UYAN, AÇ KALBİNİ!

Bismillahirrahmanirrahim

"Rahman ve Rahim olan Allah'ın ismiyle başlarım. Her ne kadar ümmetlerin farklılıklarından dolayı din anlayışları ve mezhepler çeşitliyse de, hikmetleri, doğru olan yolun tekliğiyle akdem makamından kelimelerin kalpleri üzerine indiren Allah'a Hamd olsun."[101]

Son sözümüz elbette kendi nurunu fark etmek isteyen, hangi dine, mezhebe ait olursa olsun kendini özünle birleştirmek isteyenleredir. Bu konuda Nur suresinde bakın ne diyor:

35: "Allah, göklerin, yerin (her şeyin) nurunu (aydınlığını veren) dir. O'nun nurunun misali bir hücre içindeki (kuvvetli) bir lamba gibidir. O lamba bir cam içindedir. O cam sanki inciden bir yıldızdır ki güneşin doğduğu yere de, battığı yere de nispeti

---

101 Muhyiddin Arabi, *Fususu'l Hikem*'in Önsözü.

olmayan mübarek bir ağaçtan, zeytinden yakılır.
Onun (zeytinin parlak) yağı, kendisine bir ateş değ-
mese bile neredeyse ışık verir. (Bu da) nur üzerine
nurdur (ışığı pırıl pırıl aydınlıktır). Allah dilediği
(layık gördüğü) kimseyi nuruna kavuşturur. Allah
insanlar için misaller verir. Allah her şeyi bilendir. "

Hücre lamba gibi kuvvetli DNA'nın ışığıdır. Hücreler
nur ile DNA'da (camda) saklıdır. O cam (DNA) inciden
(sarmallar) bir yıldızdır ki (üstatlık), doğana (doğmamış-
tır) ve batana (yok olmamıştır) nispet etmeyen zeytin-
den (tek çekirdekli olması hali ile-Vahdet-birlik) yakılır.
Onun yağı (özü) daima ışıktır. Ona hiçbir şey değmesi-
ne (ikiye) gerek yoktur. Bu da nur (öz) üzerine nurdur
(insan-ı kâmil) Allah (özün) dilediği (sen niyet ettiğin
zaman) nuruna (özüne) kavuşturur (kavuşursun). Allah
(özün) insanlar için (aynaları için) misaller (deneyim-
ler) verir. Allah (özünle bir olunca) her şeyi (DNA'nın
sırrında olan kainatın sırlarını bileceksin) bilendir.

36. (O lamba) Allah'ın, yükseltilmesine ve içlerin-
de adının anılmasına izin verdiği evlerde (ve mes-
citlerde) dir ki onların içinde sabah akşam O'nu
tesbih eder.

O lamba (DNA ışığı) Allah'ın (özünün), yükseltilme-
sine (bir olmayı hatırlamasına) ve içlerinde (hücrelerin-
de) adının (potansiyellerinin) anılmasına izin verdiği
(izin verdiğin zaman) evlerde (kutsal olan bedeninde)
dir ki onların içinde (DNA'nda) sabah (ilim) akşam
(cem-bir olmuş) O'nu tesbih (anarsın) eder.

Burada dikkatinizi 35.ayette geçen zeytine çekmek
istiyorum. Zeytin Kur'an'da dört surede altı kez geçer

(Tin, Nur, En'am, Nahl) Kudüs'ün doğusunda kalan Zeytinlik Dağı'da üç semavi din Musevilik, Hıristiyanlık ve Müslümanlık için kutsal sayılır.

Zeytin, anneden aldığımız 23 ve babadan aldığımız 23 kromozomun toplamını tek bir çekirdekte saklamış sanki. DNA'nın sırrını bir zeytin tanesine benzeterek anlamaya çalışırsak o zaman O var olan, gerçek, ölümsüz hayata DNA aracılığıyla tek bir çekirdekle bağlanıyoruz. Tıpkı DNA iplikçiği gibi...

Tevrat

"Hz. Davut kendisini bir zeytin ağacına benzetir.
"Fakat ben Allah'ın evinde yeşil zeytin ağacı gibiyim; Daima ve ebediyen Allah'ın inayetine güvenirim" (Mezmurlar 52:8).

Musevilerin zeytin ağacını kutsal olarak benimsemesi zeytin ağacının Tevrat'ta çok kere iyi şekilde anılmasından ileri gelmektedir. Zekeriya Bap 4:11-14'te zeytin ağaçları tanrının yanında yer alan mesholunmuş ağaçlar olarak tanımlanır:

"Ve cevap verip ona dedim: şamdanın sağında ve solunda bu iki zeytin ağacı nedir? Ve yine ona cevap verip dedim: iki altın oluğun yanında olan ve kendiliklerinden altın gibi yağ akıtan bu iki zeytin dalı nedir? Ve bana söyleyip dedi: Bunlar nedir biliyor musun? Ve dedim: Hayır, efendim. Ve dedi: Bunlar mesh olunmuş o ikilerdir ki, bütün dünyanın Rabbi yanında durmaktadırlar."

İkili sarmalı bundan daha iyi anlatabilir miydik?[102]

---

102 www.apelasyon.com

İncil

Hıristiyanlık açısından zeytin dalı taşıyan güvercin, ölenlerin ruhlarını gagasıyla Allah'a taşıyan bir vasıta olarak yorumlanır. Pavlos'un Romalılara mektubunda İsa, Zeytin ağacını bir benzetme aracı olarak kullanmıştır.

"...Eğer kök kutsalsa dallar da kutsaldır. Ama iyi cins zeytin ağacının kimi dalları budandıysa ve sen yabani bir zeytinken onların arasına aşılanıp, onlarla birlikte ağacın yaşam sağlayan özüne ortak oldunsa sakın önceki dallara karşı böbürlenme! Sen yabanıl zeytin ağacından kesilip doğaya aykırı olarak iyi cins zeytin ağacına aşılandınsa, iyi cins ağaçtan budanan dallar ne denli kolaylıkla kendi ağaçlarına aşılanacaklardır! (Romalılara mektup 11:16-24)

Kudüs'te Zeytin Dağı'nın batı eteklerinde bulunan Cetsımani adında bir zeytinlik vardır. Burası Hz. İsa'nın sıkça uğradığı Kidron Vadisi'nin yakınlarındadır. Suyu gür akan çeşmeleri, geniş ve güzel yolları olan bu bahçede tarihi sekiz zeytin ağacı bulunmaktadır ve bölge halkı bu ağaçların Mesih döneminden kaldığına inanırlar. Zahitler bu ağaçlardan topladıkları zeytinlerin çekirdeklerini ipe dizerek tespih yaparlar. Bir inanışa göre Hz. İsa Romalı askerlere bu zeytinlikte yakalanmıştır. Pek çok insan sıkıntıya düştüğünde Cetsımani'ye sığınarak dua eder ve burada huzur bulacağına inanır.[103]

---

103 www.apelasyon.com

Nuh Tufanı

"...ve insanlık zeytinle yeniden doğar."

Eski Ahit'te yer alan efsanelerden biri, Hz. Nuh ve tufandan bahseder. Yarattığı âdemoğlunun yeryüzüne kötülük tohumları saçtığını gören Tanrı, onu bir tufanla cezalandırmaya karar verir. Ve Hz. Nuh'a bir gemi yapmasını, bu gemiye her temiz hayvandan erkek ve dişi, yedişer, her temiz olmayan hayvandan erkek ve dişi ikişer ve kuşlardan da erkek ve dişi yedişer tane almasını söyler. Ardından büyük tufan başlar, Hz. Nuh ve gemisindeki canlılar hariç, yeryüzü üzerinde yaşayan her şey silinir. Tufan durulduğu zaman Hz. Nuh, suların çekilip çekilmediğini anlamak için geminin penceresinden bir güvercini güneşin battığı yere doğru salar. Sular çekilmediği için güvercin gemiye döner. Hz. Nuh, yedi gün sonra güvercini tekrar salar. Güvercin bu sefer, ağzında yeni koparılmış zeytin yaprağıyla gelir. O zaman Nuh, suların yeryüzünden çekildiğini anlar. Ağzında zeytin yaprağı tutan güvercin, o günden bu güne, ümidin, bolluğun, esenliğin ve barışın simgesi olur. Tufanın yok edici gücüne karşı direnen zeytin ağacı ise ölümsüzlüğün.[104]

Uyan, Aç Kalbini!

Cennet özümüz ise bekleme beden ölümünle ona kavuş-
mayı can
Varılacak bir yer var mıdır ki; hazırlık yapar kabrine bir
insan?
Gel gir DNA'dan özünün içine ışıkla kaplan
Uyan, Aç Kalbini!

Ölümle ölmek bir illüzyon, seni sonsuz olandan ayıran
Ölmeden önce ölmeye bak, fanilik seni bulmadan
Cehennem bilgeliğin olmadan yarattığın ışıksız parçan
Uyan, Aç Kalbini!

Hâlâ ibadet edilecek bir karşı var sanırsan?
O vakit kendinden uzaklaşırsın, olmayan aynandan
Sevgiliye yakınlaş ki gelen her şey ondan
Uyan, Aç Kalbini!

12'ler meclisi sende var, bu DNA'nın sırrından
Fısıldar kulağına nice sırları o tek bir kaynaktan
Hadi daha fazla tutma nefesini artık soluklan
Uyan, Aç Kalbini!

Esra Ö. Erdoğan
Ocak 2016

YAZARA
İLHAM VEREN ÜSTATLAR

Sun'ullâh Gaybî

1610-1615 yıllarında Kütahya'da doğmuştur. Tasavvufi düşünceyi ve ledünni ilmin (Allah ile ilgili bilgi ve sırlara ait ilim) inceliklerini bugün bile kolaylıkla anlaşılabilecek duru bir Türkçe ile yazmıştır. 1655'de şeyhinin ölümünden sonra Kütahya'ya döndü ve burada bir zaviye yaparak halka nasihatler verdi ve 1665'te Kütahya'da öldü. Sun'ullâh Gaybî, eserleriyle Sofiye'nin Vahdet-i Vücud felsefesini ve kemali insaniyeti tamam ve çok açık olarak izah ve telkin etmiştir. Eserleri şunlardır: *Gaybî Divanı, Biatnâme, Sohbetnâme, Tarik-ül Hak Fi Teveccüh-ül Mutlak, Ruh-ulHakîka, Akaitnâme, Maksûd-i Ayniye Tercemesi.*

Muhyiddin İbn Arabi

Ünlü mutasavvıf, İslam düşünürü ve şairdir. Varlık birliği *(Vahdet-i Vücud)* öğretisinin baş sözcüsü olmakla birlikte kendisinden sonra Vahdet-i Vücud görüşünü benimseyen sufiler için Muhyiddin İbn Arabi'nin lakaplarından olan Şeyh-i Ekber'e atıfla *Ekberî* sıfatı kullanılmıştır. 1165'de Endülüs'de (bugünkü İspanya) doğdu. Çocukluğu Endülüs'te geçti fakat delikanlı olduğunda doğduğu şehri bırakıp seyahate çıktı. Şam, Bağdat ve Mekke'ye giderek orada bulunan tanınmış âlim ve şeyh-

lerle görüştü. 1182'de İbn-i Rüşd ile görüştü. Bu görüş-
meyi bir eserinde anlatır. O dönem İbni Rüşd'ün 'bil-
gi'nin akıl yoluyla elde edileceğini söylemesiyle meşhur
olduğu yıllardı. 17 yaşındaki genç Muhyiddin gerçek
bilginin sadece aklımızdan gelmediğine, böyle bir bilgi-
nin daha çok ilham ve keşf yoluyla elde edilebileceğine
inanmıştı.

Bu senelerde 'Şekkaz' isminde bir şeyhle tanıştı. Muh-
yiddin o ölene kadar onunla sohbete devam etti. 1182-
1183'de İşbiliyye'ye bağlı Haniyye'de 'Lahmî' isimli bir
şeyhten, bu zatın adını taşıyan bir mescidde Kur'an der-
si aldı. Arabi, İşbiliyye'deyken (1190) hastalanıp okuma
kabiliyetini kaybetti. 1196'da Fas'a gitti. Orada yaptığı
seyahatler sırasında büyük şöhret kazandı. 1198'de tek-
rar Endülüs'e geçti. Gırnata şehri dolaylarındaki Bağa
kasabasında Şekkaz isimli bir şeyhi ziyaret etti. Onun
tasavvuf yolunda karşılaştığı en yüce kimse olduğunu
söyler. 1199-1200'de ilk defa hac için Mekke'ye gitti.
Konya'da iken *Risaletü'l-Envar'*ı yazdı. Selçuk Meliki
tarafından hürmet ve ikram gördü. Sonra Mısır'a geçti.
Orada *Futuhat-ı Mekkiye'*deki sözlerinden ötürü Mısır
uleması tarafından hakkında verilen idam fetvasıyla
yüz yüze gelince gizlice oradan kaçtı. Şam'da kendisi-
nin *Fütuhat'*tan sonra en büyük eseri olarak kabul edi-
len *Füsus'*u kaleme aldı (627/1230). İbn Arabi bu eseri
rüyasında Peygamber'den ümmetine aktarmak üzere al-
dığını belirtir. (1239) 638'de 22 R.Evvelde Şam'da öldü.
Kabri Şam şehri dışında Kasiyun Dağı eteğindedir.

Eserleri: *Fütûhat-ı Mekkiyye fi Esrâri'l-Mahkiyye-
ve'l Mülkiye, Fusûsu'l-Hikem, Kitabu'l-İsra ilâ Makâ-
mi'l-Esrâ, Muhadaratü'l-Ebrâr ve Müsameretü'l-Ahyâr,
Kelamu'l-Abâdile, Tacu'r-Resail ve Minhacu'l-Vesâil,*

Mevaqiu'n-Nucûm ve Metali' Ehilletü'l-Esrar ve'l-Ulûm, Ruhu'l-Quds fi Münasahati'n-Nefs, et-Tenezzülatü'l-Mevsiliyye fi Esrari't-Taharatve's-Salavat, Kitabu'l-Esfar, el-İsfar an Netaici'l-Esfar.

Muhammed Nur-ül Arabi

Son dönem Melamiliğin piri. 1228/1813 yılında Mısır'ın başkenti Kahire'de doğmuştur. Soyunun Hazreti Muhammed'e dayandığı öne sürülmektedir. 12 Mart 1887 *(29 Cemaziyelâhir 1305)* Pazartesi gecesi vefat etmiştir. Hayatının büyük kısmını Anadolu ve Rumeli topraklarında seyahat edip ilim yaymakla geçirmiştir. Eserleri: *Mecalis Zehra AlesSelatil Kübra, El Letaifüt tahkikat fi şerhil varidat (Şeyh Bedrettin'in eserinin yorumu), El envarül Muhammediye fi şerhi risalet el vücud, Nokta Risalesi, Tevhid Risalesi, Melamilik Risalesi, Niyazi Mısri Divanı Şerhi, Muhyiddin İbn Arabi'nin Gavsiyye Risalesi Şerhi.*

Yunus Emre

Yunus Emre 1228 yılında Mihalıçcık, Eskişehir'de doğdu. Anadolu'da yaşamış tasavvuf ve halk şairi Türk İslam düşünürü, âlim. 1991 yılı UNESCO tarafından Yunus Emre'nin doğumunun 750. Yılı olarak anılmıştır.

Yaşamı ve kişiliği üzerine pek az şey bilinen Yunus Emre, Anadolu Selçuklu Devleti'nin dağılmaya ve Anadolu'nun çeşitli bölgelerinde büyük küçük Türk beyliklerinin kurulmaya başlandığı 13. yüzyıl ortalarından Osmanlı Beyliği'nin kurulmaya başlandığı 14. yüzyılın ilk çeyreğine kadar Orta Anadolu havzasında doğup yaşamış bir şair ve erendir. Yunus Emre, Hacı Bektaş-ı Veli Dergâhında bulunduysa da, onu "Bizim Yunus" yapan manevi yükselişini Hacı Bektaş Veli'nin kendisini yolladığı Taptuk Emre Dergâhı'nda yaşamıştır ve dergâha çok hizmetler etmiştir.

Yunus'un yaşadığı yıllar, Anadolu Türklüğü'nün Moğol akın ve yağmalarıyla, iç kavga ve çekişmelerle, siyasî otorite zayıflığıyla, dahası kıtlık ve kuraklıklarla perişan olduğu yıllardır. 13. yüzyılın ikinci yarısı, sadece siyasi çekişmelerin değil, çeşitli mezhep ve inançların, batınî ve mutezilî görüşlerin de yoğun bir şekilde yayılmaya başladığı bir zamandır. Böyle bir ortamda, Mevlânâ Celaleddin-i Rûmî, Hacı Bektaş-ı Velî, Ahî Evrân-ı Velî gibi ilim ve irfan önderleriyle birlikte Yunus Emre, Allah sevgisini aşk ve güzel ahlâkla ilgili düşüncelerini, İslam tasavvufunu işleyerek yüceltmiştir. Yûnus Emre, *"Risalet-ün Nushiyye"* adlı mesnevîsinin sonunda verdiği; "Söze târîh yedi yüz yediydi, Yûnus cânı bu yolda fidîyidi." beytinden anlaşıldığı kadarıyla H. 707 (M. 1307-8) tarihlerinde hayattadır. Yine, Adnan Erzi tarafından Beyazıt Devlet Kütüphanesi'nde bulunan 7912 numaralı yazmada şu ifadelere rastlanmaktadır:

Yunus Emre'nin şiirlerinden ve menkıbelerinden insan hayalinde canlanan simasının belli başlı çizgileri bunlardır. Yunus; duymuş, düşünmüş, inanmış ve bütün bu duyuş, düşünüş ve inanışlarını büyük bir sadelik ve kolaylıkla şiirleştirmeye muvaffak olmuştur. İslami taassubun, üzerinde durmaktan çekindiği birçok iman meseleleriyle "cennet, cehennem, sırat" ve benzeri gibi kavramlar, onun en zeki ve en hür düşüncelerine konu olmuştur. Şiirlerini, her dilin söyleyemeyeceği bir açıklık ve kolaylıkla söylenmiştir.

Yunus Emre'nin Eserleri:

Divan

Yunus Emre'nin şiirleri bu Divanda toplanmıştır. Şiirler aruz ölçüsüyle ve hece ölçüsüyle yazılmıştır. Fatih nüshası, Nuruosmaniye nüshası, Yahya Efendi nüshası, Kahraman nüshası, Balıkesir nüshası, Niyazi Mısrî nüshası, Bursa nüshası diye nüshaları bulunmaktadır.

Risaletü'n Nushiye

1307'de yazıldığı sanılmaktadır. Eser, mesnevi tarzında yazılmıştır ve 573 beyitten oluşmaktadır. Eser; dinî, tasavvufî, ahlakî bir kitaptır. "Öğütler Kitabı" anlamına gelmektedir.

Niyazi Mısrî

17. yüzyıl Halvetiye tarikatının Niyâziyye veya Mısriyye kolunun kurucusu, büyük bir sûfî ve tasavvuf edebiyatı ustası şair. 12 Rebiülevvel 1027 / 8 Şubat 1618'de Malatya'nın şimdiki adı Soğanlı köyü olan İşpozi Kasabasında dünyaya gelmiştir. 1655 yılında Halveti şeyhi Sinan-ı Ümmi'den hilafet alarak memleketin pek çok yerinde vaazlar vererek halkı irşad etmeye çalışmıştır. Şiirlerinin bir kısmını aruz ölçüsüyle, bir kısmınıysa heceyle yazmıştır.

Türkçe eserleri: *Divân*.

Risaleleri: *Risâle-i Devriyye, Risâle-i Es'ile ve Ecvibe-i Mutasavvufâne, Risâle-i Eşrâtü's-Sâat, Tabirnâme, Risâle-i Haseneyn.*

Tefsirleri: *Tefsîr-i sûre-i Yûsuf, Tefsîr-i innâerad-na'l-emânete, Tefsîr-i lemyekünîllezînekeferû, Allâhunû-*

ru's-semâvâtive'l-ard-, Tefsîr-i âyet-i iz kale rabbüke, Tefsîr-i âyet-i innallahe.

Arapça eserleri: *Mevâidü'l-irfân, Devre-i Arşiyye, Tesbî-i Kasîde-i Bür'e (Bürde), Tefsîr-i Fâtihatü'l-Kitâb, Mecâlis.*

Hüseyin Hallac-ı Mansur

Abbâsî Halifesi Muktedir Bi'llâh'ın emriyle idam edilen büyük sufi ve şair. Babasının mesleğinden dolayı "Hallâc" lakabını almıştır. Tahirîler devri İranının günümüz Güney Horasan eyaletine bağlı Nehbendan'ın Meyghan Kasabasının Tûr köyünde Ağustos 858'de dünyaya geldi. Ailesi göç edince Vasıt'a yerleştiler ve kendisi de burada 12 yaşında hafız oldu. 20 yaşında Basra'ya gitti. Buradan Bağdat'a giderek tanınmış sufilerin sohbetlerine katıldı ve Emr el-Mekkî ile Cûneyd-î Bağdâdî'nin talebesi oldu. Fars'ta halka vaazlar verdi, onlar için eserler yazdı. Ardından Ahvaz'a gitti. Ahvaz'da meclis kurup vaazlar vermeye başlayan Hallâc, halkın ve aydınların büyük teveccühüne mazhar oldu ve burada *Hallâc-ı Esrâr* diye tanındı. Daha sonra ailesini Ahvaz'da bırakarak dört yüz müridiyle birlikte ikinci defa hac yapmak üzere Basra üzerinden Mekke'ye gitti. Hac dönüşü Basra'da bir ay kaldıktan sonra Ahvaz'a gelen Hallâc, ailesini ve buranın ileri gelenlerinden bir grubu yanına alarak Bağdat'a geçti. Burada bir sene kaldı; ardından küfür ve şirk beldelerini Allah'ın dinine davet etmek için manevi bir işaret aldığını söyleyerek ailesini müritlerinden birine emanet edip deniz yoluyla Hindistan'a gitti. Horasan, Tâlek-n, Mâverâünnehir, Türkistan, Maçin, Turfan ve Keşmir'i dolaştı. Gezdiği yerlerdeki halk için eserler yazarak İslam'a girmelerinde etkili oldu. Onun tesiriyle Müslüman olanlara Mansûrî deniliyordu. Bu durum kendisini büyük bir üne kavuşturdu. *Enel-Hakk* sözü bahane edilerek 912 yılında tutuklandı ve sekiz sene hapiste tutuldu. 26 Mart 922 tarihinde Bağdat'ın Bâbüttâk denilen semtinde önce kırbaçlandı; burnu, kolları ve ayakları kesildikten sonra idam edildi. Başı kesilerek Dicle üzerindeki köprüye dikildi; gövdesi yakılıp külleri nehrin sularına savruldu. Kesik başı iki gün köprüde dikili bırakıldıktan sonra Horasan'a gönderilerek bölgede dolaştırıldı. Eserleri: *Ta'Sînû'l Ezel ve'l-Cevherû'l-Ekber ve'ş-Şeceretû'n-Nûr'iyye (Kitâb-ûtTavâsîn)*. Bu eserleri dışında 49 tane kayıp risalesi olduğu söylenmektedir.

Mevlânâ

Büyük Mevlevi mutasavvıf, şair, âlim. 30 Eylül 1207'de Horasan'ın Belh bölgesinde, bugün Tacikistan sınırları içinde kalan Vahş Kasabasında doğdu. Dönemin İslâm kültür merkezlerinden Belh kentinde hocalık yapan ve Âlimlerin Sultanı lakabıyla anılan Bahaeddin Veled'in oğludur. Bahaeddin Veled, Harezmşahlar hükümdarı Alaeddin Muhammed Tökiş ile arasında geçen bir olaydan sonra ülkeyi terk eder. Yolculuğu esnasında birçok ülke dolaşır, ünlü mutasavvıflarla buluşur. Nişapur kentinde ünlü şeyh Ferîdüddîn-i Attâr onları karşılar. Mevlânâ o sırada küçüktür, ama aralarında geçen manevi konuşmaları dinler. Attâr, *Esrarname* adlı ünlü kitabını Celâleddîn'e hediye eder ve yanlarından ayrılırken küçük Celaleddin'i kastederek, yanındakilere "Bir deniz bir ırmağın ardına düşmüş gidiyor" der.

Kafile buradan Bağdat'a geçer, orada üç gün kaldıktan sonra hac için Arabistan'a yönelir. Hac dönüşü,

Şam'dan Anadolu'ya geçerler ve Erzincan, Akşehir, Larende'de (günümüzde Karaman) konaklarlar. Bu konaklama, yedi yıl sürer. Mevlânâ on sekiz yaşına gelmiştir ve Semerkandlı Lala Şerafettin'in kızı Gevher Hatun ile evlendirilir. Oğulları Mehmet Bahaeddin (Sultan Veled) ile Alaeddin Mehmet, Larende'de doğarlar. Selçuklu sultanı Alaeddin Keykubat, sonunda Bahaeddin Veled'i ve Celâleddîn'i Konya'ya yerleşmeye razı eder. Başta hükümdar olmak üzere saray adamları, ordu ileri gelenleri, medreseliler ve halk, Bahaeddin Veled'e büyük bir saygıyla bağlanır ve onun müridi olurlar. Bahaeddin Veled 1231'de Konya'da öldüğünde Selçuklu Sarayı'nda *gül bahçesi* denilen yere defnedilir.

Mevlânâ, babası Bahaeddin Veled'in ölümünden bir yıl sonra, 1232 yılında Konya'ya gelen Seyyid Burhaneddin'in mânevi terbiyesi altına girmiş ve dokuz yıl ona hizmet etmiştir. Babasının vasiyeti, Selçuklu sultanının buyruğu ve Bahaeddin Veled'in müritlerinin ısrarlarıyla Celâleddîn babasının yerine geçti. Bir yıl süreyle ders, vaaz ve fetva verdi.

1244'te Konya'nın ünlü Şeker Tacirleri Hanı'na *(Şeker Furuşan)* baştan ayağa karalar giymiş bir gezgin indi. Adı Şemsettin Muhammed Tebrizi *(Tebrizli Şems)* idi. Yaygın inanca göre Ebubekir Selebaf adlı Ümmî bir şeyhin müridiydi. Gezici bir tüccar olduğunu söylüyordu. Sonradan Hacı Bektaş Veli'nin *Makalat (Sözler)* adlı kitabında da anlattığına göre, bir aradığı vardı. Aradığını Konya'da bulacaktı, gönlü böyle diyordu. Yolculuk ve arayış bitmişti. Ders saatinin bitiminde İplikçi Medresesi'ne doğru yola çıktı ve Mevlânâ'yı atının üstünde danişmentleriyle birlikte gelirken buldu. Atın dizginlerini tutarak sordu: "Ey bilginler bilgini, söyle bana, Muhammed *mi büyük-*

tür, yoksa Beyâzîd Bistâmî *mi?*» Mevlânâ, yolunu kesen bu garip yolcudan çok etkilenmiş, sorduğu sorudan ötürü şaşırmıştı: "Bu nasıl sorudur?" diye kükredi. "O ki peygamberlerin sonuncusudur; O'nun yanında Beyâzîd Bistâmî'in sözü mü olur?" Bunun üstüne Tebrizli Şems şöyle dedi: "Neden Muhammed 'Kalbim paslanır da bu yüzden Rabb'ime günde yetmiş kez istiğfar ederim' diyor da, Beyâzîd, 'Kendimi noksan sıfatlardan uzak tutarım, cübbemin içinde Allah'tan başka varlık yok' diyor; buna ne dersin?" Bu soruyu Mevlânâ şöyle cevapladı: "Muhammed her gün yetmiş makam aşıyordu. Her makamın yüceliğine vardığında önceki makam ve mertebedeki bilgisinin yetmezliğinden istiğfar ediyordu. Oysa Beyâzîd *ulaştığı mâkamın yüceliğinde doyuma ulaştı ve kendinden geçti, gücü sınırlıydı onun için böyle konuştu.*"

Tebrizli Şems bu yorum karşısında "Allah, Allah" diye haykırarak onu kucakladı. Evet, aradığı oydu. Kaynaklar, bu buluşmanın olduğu yeri *Merec-el Bahreyn* (iki denizin buluştuğu nokta) diye adlandırdı.

1245 yılında Şems'in fitneler üzerine habersizce Konya'yı terkine kadar birbirlerini eğittiler. Mevlânâ, Tebrizli Şems'in gidişinden çok etkilendi, kimseyi görmek istemedi, kimseyi kabul etmedi, hatta yemeden içmeden kesildi. Tek yaptığı özlem ve aşk dolu gazeller söylemek ve gidebileceği her yere gönderdiği ulaklar aracılığıyla Tebrizli Şems'i bulmaktı. Sonunda onun Şam'da olduğu öğrenildi. Sultan Veled ve yirmi kadar arkadaşı Tebrizli Şems'i alıp getirmek üzere acele Şam'a gittiler. Mevlânâ'nın geri dönmesi için yanıp yakardığı gazelleri ona sundular. Tebrizli Şems, Sultan Veled'in ricalarını kırmadı. Konya'ya dönünce kısa süreli bir barış yaşandı; aleyhinde olanlar gelip özür dilediler.

Mevlânâ ile Tebrizli Şems eski düzenlerini sürdürdüler. Ancak bu durum pek fazla uzun sürmedi. Dervişler, Mevlânâ'yı Tebrizli Şems'ten uzak tutmaya çalışıyorlardı. Halk da Mevlânâ'ya Tebrizli Şems geldikten sonra ders ve vaaz vermeyi bıraktığı, sema ve raksa başladığı, fıkıh bilginlerine özgü kıyafetini değiştirip Hint alacası renginde bir hırka ve bal rengi bir külah giydiği için kızıyordu. Tebrizli Şems'e karşı birleşenler arasında bu kez Mevlânâ'nın ikinci oğlu Alaeddin Çelebi de vardı.

Sonunda sabrı tükenen Tebrizli Şems "Bu sefer öyle bir gideceğim ki, nerede olduğumu kimse bilmeyecek" deyip, 1247 yılında bir gün ortadan kayboldu (bir rivayete göre kaybolmamıştır, aralarında Mevlânâ'nın oğlu Alaeddin'in de bulunduğu bir grup tarafından öldürülmüştür).

Mevlânâ, Şems'in sırlanışından sonra onun yokluk acısını onunla özdeşleştirdiği Selahattin Zerküb ile giderdi. Selahattin, erdemli ama okuması yazması olmayan bir kuyumcuydu. Aradan geçen kısa zaman içerisinde müritler de Şems yerine Selahattin'i hedef edindiler. Ne var ki Mevlâna ve Selahattin kendilerine karşı duyulan tepkiye aldırmadılar. Selahattin'in kızı *"Fatma Hatun"* ile Sultan Veled evlendirildi. Mevlânâ ile Selahattin on yıl süreyle bir arada bulundular. Zaman zaman Selahattin'e suikast girişimlerinde bulunuldu ama kurtuldu, fakat bir gün Selahattin'in Mevlânâ'dan "bu vücut zindanından kurtulmak için izin istediği" rivayeti yayıldı, üç gün sonra da Aralık 1258'de Selahattin öldü.

Selahattin'in yerini Hüsamettin Çelebi aldı. Hüsamettin, Vefaiyye tarikatının kurucusu ve Tacu'l Arifin diye bilinen Ebu'l Vefa Kürdi'nin soyundan olup dedeleri Urmiye'den göçüp Konya'ya yerleşmişlerdi. Varlıklı bir kişiydi ve Mevlânâ'ya mürit olduktan sonra bütün servetini onun müritleri için harcadı. Beraberlikleri Mevlânâ'nın ölümüne kadar on yıl sürdü. O aynı zamanda Vezir Ziyaettin tekkesinin de şeyhiydi ve iki ayrı mâkam sahibiydi. İslâm tasavvufunun en önemli ve en büyük yapıtı kabul edilen *Mesnevî*, Hüsamettin Çelebi aracılığıyla yazılmıştır. Bu çalışma yıllar boyu sürdü. *Mesnevî* bittiği zaman artık epeyce yaşlanmış olan Mevlânâ yorgun düşmüştü ve sağlığı da bozulmuştu. 17 Aralık 1273'te de vefat etti. Mevlânâ'nın vefat ettiği gün olan 17 Aralık, düğün gecesi anlamına geldiği ve sevgilisi olan Rabb'ine kavuşma günü olduğu için, Şeb-i Arûs olarak anılır.

Eserleri: *Mesnevî, Divan-ı Kebir, FihiMa-Fih, Mecalis-i Seb'a, Mektubat.*

Şems-i Tebrizî

İslam âlimi ve mutasavvıf. 1185 yılında Tebriz'de doğdu. Küçük yaşlarda, manevi ilimleri tahsilde gösterdiği kabiliyetle dikkat çeken Şems, din ilimleri tahsilinden sonra, genç yaşlarında Tebrizli Ebubekir Sellaf'a mürit olmuş, ününü duyduğu bütün meşhur şeyhlerden feyz almaya çalışmış ve bu sebeple diyar diyar dolaşmıştır. Bu gezginliğinden dolayı kendisine *Şemseddin Perende (Uçan Şemseddin)* denilmiş, ayrıca Tebriz'de tarikat pîrleri ve hakikat arifleri ona *Kâmil-i Tebrizî* adını vermişlerdir. Daha sonraları Sacaslı Şeyh Rukneddin, Tebrizli Selahaddin Mahmut ile mutasavvıf Necmüddin Kübra'nın halifelerinden Centli Baba Kemal'e intisap ederek onlardan feyz almıştır. Şemseddin-i Tebrizî, devamlı bir arayış içerisinde olmuş, manevî bir işaret üzerine de Mevlânâ Celâleddîn Rûmî'yi arayıp bulmuştur. Şems dünyaya, kılık ve kıyafete önem vermeyen çok kuvvetli bir din âlimidir.

Dîvan-ı Şems-i Tebrizi isimli bir eseri vardır.

Beyazıt-ı Bestami

Fars İslam âlimi ve filozof. Günümüzde İran'ın Semnan eyaletinde bulunan Bistam şehrinde 804 yılında doğmuştur. Çocukluğunun çoğunu evde ve camide tek başına geçirdi. İlerleyen yıllarda da yalnız bir yaşantısı olmasına rağmen evine sık sık sufilik üzerinde tartışmak maksadıyla ziyaretçileri kabul etti. Allah ile baş başa kalmak amacıyla tüm dünyevî arzularını terk etmiş *(Melamilik-Kalenderîlik)* bir şekilde zühd hayatı sürdürmekteydi. Allah'a olan hislerini çok samimi ve açık yüreklilikle dile getirdiğinden *Sarhôş Sûfî* lakabıyla anıldı. "İlâhî Aşk" kavramını sufiliğe kazandıran kişi Bestami'dir.

On İki İmamlardan Musa Kâzım ve Ali Rıza'ya karşı büyük bir muhabbet besliyordu, bu karşılık buldu ve İmam Ali Rıza'nın öğrencisi oldu. 874 - 877/878 yılında Bistam'da vefat etti.

Hacı Bektaşi Veli

XIII. yüzyılda yaşamış Türk-İslam mutasavvıfıdır. Mevlânâ, Yunus Emre, Ahi Evren gibi uluların çağdaşıdır. 1209 yılında Horasan'ın Nişabur kentinde dünyaya geldi. Çocukluğu ve gençliği Horasan'da geçti. Ahmet Yesevi Kültür Ocağında Lokman Perende'de temel dersler almış, ayrıca burada felsefe, matematik, edebiyat, sosyal bilimler ve fen bilimlerini öğrenmiştir. Küçük yaşlardan itibaren yeteneği görünür olmuştur. Ahmet Yesevi emanetini Anadolu'ya taşıma vakti geldiğinde yola çıkmıştır. Önce İran, Irak, Arabistan ve Suriye'yi gezmiş, buralarda gerekli araştırma ve incelemelerini yaparak hacı olmuş, Anadolu'ya bilgi edinerek gitmiştir. Gittiği dönemde karışık bir siyasi hava hüküm sürmektedir. Anadolu Selçuklu Devleti dağılmak üzeredir, Hacı Bektaş üç yüz Horasan eriyle Anadolu'ya geçer. Antep ve Maraş üzerinden Sivas'a uğrar, oradan Amasya'ya geçer, Kayseri'de bir süre kaldıktan sonra yoluna devam eder. Kırşehir, Sulucakarahöyük'te bugün adı Hacıbektaş olan yerde ikamet etmeye başlar ve faaliyetlerine başlar. İşe Anadolu insanının gelenek ve göreneklerini izlemekle başlar, sonrasında bu kültür üzerine felsefesini inşa etmeye başlar. Felsefesi tüm Anadolu'ya hızlıca yayılır ve bulunduğu yer adeta bir çekim merkezi haline gelir. Onun öğrencileri Balkanlara, Arnavutluk'a, Irak'a, Suriye'ye, Mısır'a kadar giderek Bektaşilik ekolünü anlatırlar. Felsefesi, öylesine hızla ve sağlam temellerle yayılmıştır ki bir grup askerin biat etmesiyle yüzyıllar sürecek Yeniçerilerin Bektaşi olma geleneği de böyle başlar. 1271 tarihinde ölene kadar devlet erkanına da yol gösterir, örgütlenmelerine yardımcı olur.

Eserleri: *Makalat, Kitabu'l Fevaid, Besmele Şerhi, Şathiye, Makalat-ı Gaybiyye ve Kelimat-ı Ayniye.*

Nesimi

Şair, mutasavvıf. Doğum tarihinin 1369-1370 yılları arasında olduğu tahmin ediliyorsa da net olarak belli değildir. Kimi kaynaklara göre Azerbaycan'ın Şamahı şehrinde, kimine göreyse Şiraz ya da Şirvan'da, dünyaya geldiği söylenmektedir. Farsça ve Azerice, Arapça divanlar yazmıştır. Fazlullah'ın yaymaya çalıştığı, Nâimî'den öğrendiği Hurûfiliği kabul etmiş, bu mezhebin önde gelen savunucularından olmuş ve şiirleriyle bu fikirleri yaymaya çalışmıştır. Hallâc-ı Mansûr'u hatırlatan ifadelerinin yanı sıra, "Tanrı'nın insan yüzünde tecelli etmesi" ve "vücudun bütün organlarını harflerle izah" gibi fikirleri Sünni çevrelerde tepkiyle karşılanmış. Bir süre sonra Halep uleması, görüşlerinin İslam'a aykırı olduğunu ileri sürerek öldürülmesi için fetva vermiş. Muavyed Şeyh'in onayını alan saltanat naibi Emir Yeşbek tarafından boynu vurulup derisi yüzülmek suretiyle 1417 yılında öldürülmüş. Şiirleri dönemin şairlerini etkilemiştir.

Veysel Karani

Doğum tarihi bilinmemekle birlikte Yemen'in Karn Köyünde doğduğu bilinmektedir. Peygamberin sağlığında Müslüman oldu. Peygamberin hadislerde işaret ettiği sevilen bir zattı. Deve güderek yaşıyor, annesine bakıyordu. Peygamberi görmek istese de annesinin rızasını alamadığından göremedi. Kendilerinin vefatından sonra Hz. Ömer halifeliği sırasında gittiğinde hem Hz. Ömer'den hem Hz. Ali'den hürmet ve sevgi gördü. Peygamberin hırkası hediye edildi. 657 senesinde şehîd edilene kadar samimi bir Allah aşkıyla yaşayıp dillere destan oldu. Ondan miras gelen hırka günümüzde Hırka-i Şerif'te bulunan hırkadır.

Şihabeddin Sühreverdi

Şihabeddin Sühreverdi, filozof. İşrakilik akımının kurucusu. 1155'de İran Sühreverd'de doğdu. Eğitimini tamamladıktan sonra Anadolu'yu dolaşarak birçok âlimle tanıştı ve fikri tartışmalarda bulundu. İşrakilik ekolünün öncüsüdür. Metot bakımından Aristo geleneğine dayanan diğer felsefi akımlardan farklı olarak en büyük özelliği akıl yoluyla hakikate ulaşılamayacağı, hakikate ulaşmanın tek yolunun bir tür manevi sezgicilik olduğu düşüncesidir. Fikirlerini geliştirirken Sünni çevrelerin ve fakihlerin şimşeklerini üzerine çekti. Henüz otuzlu yaşlarındayken Halep fakihlerinin kararıyla 1191'de idam edildi.

Eserleri: *Hikmet'ülİşrâk*, *Pertev-Nâme*, *Heyâkilu'n-Nûr*, *Elvâhu'l-İmâdiyye*.

İsmail Maşuki

Bayrami-Melami tarikatından sufi büyüğü. 1508 tarihinde, Anadolu Aksaray'ında doğmuştur. Babası Pir Ali Sultan'ın vefatından sonra tarikatın başına kendisi geçmiştir. Kanuni Sultan Süleyman'ın emriyle on iki öğrencisiyle beraber padişahın yanına gelen İsmail Maşuki, padişahın önünde yargılanmıştır. Vahdet-i vücuda dair görüşünde ısrar ettiği için Şeyhülislam İbn Kemal'in fetvasıyla öğrencileriyle birlikte 1528'de Sultanahmet'teki At Meydanı'nda idam edilmiştir.

Hamza Bali

Bayrami-Melami tarikatından sufi. Bosna'nın İzvornik Kasabasında doğmuştur, tarihi belli değildir. Kanuni Sultan Süleyman devrinde yaşamıştır, Hüsameddin Ankaravi'nin öğrencisidir. Hocasının ölümünden sonra irşada başlamıştır. Sıra dışı bir tarzı vardır, meyhanelere giderek insanlara sufizmden bahsetmiştir. Mürit sayısı çoğaldığında dikkat çekmeye başlar. Onun görüşlerini İsmail Maşuki'ye benzetirler. Bosna'da ondan rahatsız olan yetkililer tarafından şikayet edilir. Padişah araştırma için birini gönderir, onun da görüşü Bali'nin cahil ve sapkın olduğudur. Bunun üzerine İstanbul'a getirilir ve Süleymaniye'de idam edilir.

Saint Germain

Tarihteki bu ilginç, biraz da gizemli şahıs hakkında yıllar boyunca birçok şey yazılıp hikâyeler anlatıldı. Saint Germain yeryüzündeki birçok yaşamında, değişik kimlikleri ve maceralarıyla dikkatleri üzerine çekmiş olan bir varlıktır. Saint Germain 18.yy'da Saint-Germain olarak bilinen yaşamında, İspanya bölgesinde Portekizli Musevi bir baba ve İspanyol kraliyet kanına sahip bir anneden doğmuştur. Kendisine Saint Germain Kontu adını vererek Avrupa'da birçok seyahat yapmıştır. Krallar ve diğer asillere danışmanlık yapmış ve büyük bir simyacı –enerji hareket ettiricisi- olarak tanınmıştır.

Saint Germain, Romanya, Macaristan ve Transilvanya'da birçok gizem okulu kurduğunu iddia etmektedir. Wikipedia'ya göre, St. Germain Kontu (1710–1784) farklı şekillerde saray mensubu, maceracı, şarlatan, mucit, simyacı, piyanist, viyolonist ve amatör besteci olarak tanımlanmıştır. En çok da Okültizm'in çeşitli aşamalarındaki hikâyelerde –özellikle, tanrısala yakın güçleri ve uzun ömrü ile tanınan ve aynı zamanda Üstat Rakoczi veya Üstat R olarak da bilindiği Teosofi ile ilgili olanlarda- sık sık karşılaşılan bir şahıs olarak bilinir. Bazı kaynaklar adının aileye ait olmadığını ama "Kutsal Hermann" veya "Kutsal Birader Herman" anlamında Latin Sanctus Germanus'un kendisi tarafından uydurulmuş olan Fransızcası olduğunu, St. Germanus'un Benedict düzeninde gönüllü çalışan bir rahip olduğunu yazmaktadır.

Şehbenderzâde Filibeli Ahmed Hilmi

(1865 - 17 Ekim 1914)

Tanınmış Türk mutasavvıf ve düşünürüdür. Vahdet-i Vücud inancının sadık takipçilerindendir. *A'mâk-ı Hayâl (Hayalin Derinlikleri)* romanında Vahdet-i Vücud inancını manevi hikâyeler yardımıyla anlatmaktadır. Yazarlığının yanı sıra Dârü'l-Fünûn'da felsefe öğretmenliği yapmıştır. Birçok kitap ve makale yazmıştır.

Katade Bin Diame

(680-735)

Yedinci ve sekizinci yüzyılda, Emevi Devleti'nin hüküm sürdüğü bir dönemde yaşamıştır. Sahabeye yetişmiş, bazılarından ders almış ve dolayısıyla tabiin sınıfına dahil olmuş ünlü müfessirlerdendir. Doğuştan âmâ olarak dünyaya gelmiştir. Güçlü hafızasıyla dikkatleri üzerine çekmiş ve bu özelliğiyle halk arasında tanınıp meşhur olmuştur. Aralarında sahabenin de bulunduğu birçok tanınmış simadan ders almış, hadis öğrenmiş ve eğitim görmüştür. Aslen Basralı olmayıp ailesi sonradan buraya yerleşmiştir. İslam dünyasında fitnenin baş gösterdiği, siyasi çalkantı ve karışıklıkların yaşandığı bir dönemde yaşamış olmasına rağmen bundan azami ölçüde kaçınmış ve taraf olmamıştır. Zamanının ve enerjisinin önemli bir kısmını ilim ve irfan için harcamıştır. *Risale-i Nur*'da ismi zikredilirken kendisinden, "İmam-ı Katade" diye söz edilmekte ve büyük İslam âlimleriyle birlikte ismi zikredilmektedir. Lakabı Ebü'l-Hattab olup künyesi, Ebü'l-Hattab Katade bin Daime bin Katade es-Sedusî el-Basrî şeklindedir.

Ebü'l Ala El-Maarrı

(973-1057)

Kötümserliği ve karamsarlığıyla meşhur, Arapların ünlü filozof ve şairlerinden olan Ebü'l-Ala, 973 yılında Halep ile Humus arasında bulunan Maaretü'n-Nu'man kasabasında doğdu. Baba tarafından Tenuh, anne tarafından Beni Sebike kabilesindendir. Künyesi; Ebü'l-Ala Ahmed bin Abdullah bin Süleyman el-Maarri şeklindedir. Ebü'l-Ala henüz daha dört yaşında iken geçirdiği çiçek hastalığı neticesinde önce sol sonra sağ olmak üzere iki gözünü de kaybetti. Kısa boyu, zayıflığı ve çirkin olması sebebiyle ömür boyu aşağılık duygusundan kurtulamadı. Hem mağrur hem de çok alıngandı. Çabuk öfkelenen bir kişiliği olmasının yanında ince ruhlu ve yalnızlığı seven özelliklere sahipti.

Eserleri: *Saktü'z-zend, El-Lüzumiyya, El-Fusulve'l-gayat fi temcidillahve'l-meva'iz, Mülka's-sebil fi'l-va'z-ve'z-zühd, Zecrü'n-nâbih.*

Kryon

Manyetik hizmetten görevli yüksek varlıklardan biri olduğu iddia edilir. Yazıcı-medyum vasıtasıyla bizlerin anlayabileceği bir dil tarzıyla konuştuğu söylenir. Gerçek sözler partneri-medyumun zihni tarafından çevrilip aktarılmaktadır. Kryon aslında ne erkek ne de dişidir, yani herhangi bir cinsiyete sahip değildir. Kryon da onun adı değildir. O aslında onu kuşatan ve tüm diğer varlıklar tarafından tanınabilen bir "düşünce grubu" ya da "enerji paketi"dir. Bu paketler, onun iletişimleriyle aktarılır ve her zaman onu tanımlar.